基于行为选择的交通需求管理

——理论、方法演进与案例

主　编　杨　飞　杨　敏

西南交通大学出版社

·成　都·

图书在版编目（CIP）数据

基于行为选择的交通需求管理：理论、方法演进与案例 / 杨飞，杨敏主编. —成都：西南交通大学出版社，2021.11
ISBN 978-7-5643-7906-3

Ⅰ. ①基… Ⅱ. ①杨… ②杨… Ⅲ. ①交通需求－需求管理－交通运输管理－高等学校－教材 Ⅳ. ①F502

中国版本图书馆 CIP 数据核字（2020）第 255671 号

Jiyu Xingwei Xuanze de Jiaotong Xuqiu Guanli
——Lilun, Fangfa Yanjin yu Anli

基于行为选择的交通需求管理
——理论、方法演进与案例

主　编 / 杨　飞　杨　敏

责任编辑 / 孟秀芝
封面设计 / 原谋书装

西南交通大学出版社出版发行
（四川省成都市金牛区二环路北一段 111 号西南交通大学创新大厦 21 楼　610031）
发行部电话：028-87600564　　028-87600533
网址：http://www.xnjdcbs.com
印刷：四川森林印务有限责任公司

成品尺寸　185 mm × 260 mm
印张　13.5　　字数　288 千
版次　2021 年 11 月第 1 版　　印次　2021 年 11 月第 1 次

书号　ISBN 978-7-5643-7906-3
定价　38.00 元

课件咨询电话：028-81435775
图书如有印装质量问题　本社负责退换

前言 Preface

交通需求管理作为治理和应对城市交通问题的重要管理手段，近几十年以来在国内外有广泛的实践并在多个城市取得了积极效果。随着我国城镇化持续快速发展，我国的城市交通问题日益复杂，尤其大城市和超大城市的交通治理越来越转向有赖于从需求源头角度寻求对策而非继续增加道路交通供应。编者结合近年来对于交通需求管理的实践总结和理论研究成果，系统化整理相关资料，编写了该教材，从而为交通工程专业人才培养提供支撑。本教材由西南交通大学交通运输与物流学院杨飞教授和东南大学交通学院杨敏教授联合编写，融合了两位学者在交通需求管理和交通行为、交通大数据研究领域中的重要成果。

本教材包含交通需求管理的实践经验和案例总结、相关基础理论两大部分。第一部分包括交通需求管理的概念、定义，以及常用的具体管理政策的功能描述和案例总结等定性介绍，并结合大型城市活动对交通需求管理的综合实践案例进行了分析；第二部分介绍了从调查问卷设计到模型推导和应用的定量分析方法，同时还将标定行为模型的常用软件工具使用方法进行了整理，便于读者阅读。本教材还结合国家提出的“新工科”教学改革理念，增加了大数据、信息化技术等前沿研究理念对行为模型的发展趋势并进行了展望，例如融合多源大数据的出行选择行为模型精度校核、基于手机信令数据的潜在类别混合选择模型构建等，在基础专业知识学习过程中融合前沿研究的启发思考。

本教材依托国家自然科学基金面上项目“区块链环境下基于新一代手机通信数据的交通出行分析可靠度评估研究”（项目编号：52072313）的相关研究成果进行总结整理。

在教材的编写过程中，要感谢博士研究生陈林、黄奕慧、侯宗廷、周建尧以及硕士研究生杨安国、段冉冉、马赛、张楚良、宋思扬、刘伟勋、徐鑫榆、刘姜、谢思源等同学的辛勤付出。

由于作者专业视野和学术水平有限，本书中难免有错漏和不足之处，敬请读者批评指正。本书适用于交通工程、城乡规划、智慧交通等相关专业的高年级本科生和研究生参考。

编　者

2021 年 6 月

目录 Contents

第1章
绪　论

1.1　交通需求管理的定义

国内外对于交通需求管理（Traffic Demand Management, TDM）并没有一个统一的定义。广义上的交通需求管理可以简单概括为通过影响出行者的行为，而达到减少或重新分配出行对空间和时间需求的目的。狭义的交通需求管理指削减小汽车的出行或促使小汽车出行的时空均衡化。

国内研究交通需求管理的专家根据自己的研究和理解对交通需求管理进行定义，下面是一些关于交通需求管理定义的主要观点。

（1）所谓交通需求管理，指政府采用控制交通行为方法促使出行者合理选择交通方式、线路与时间，以消除或缓解交通拥挤的行为。这种说法偏重对交通出行者行为的管理引导。

（2）交通需求管理指运用经济和法规等手段对交通需求进行科学的控制与调节，削减不合理的交通需求，分解、转移相对集中的交通需求，从而使供需达到相对平衡，以保证城市交通系统的有效运行，缓解交通拥挤，改善城市生态环境和居民生活环境质量。

（3）交通需求管理就是根据交通出行需求产生的内在动力与出行过程中所表现出来的时空消耗特性，通过各种政策、法规、现代化信息设备、合理开发土地使用等对交通需求进行管理、控制、限制或诱导，减少出行的产生，降低出行过程中时空消耗，建立平衡可达的交通系统。

1.2　交通需求管理的基本原理

交通需求管理的最终目的是在满足资源（土地、能源）和环境容量限制条件下，使交通需求和供给达到平衡，促进城市的可持续发展。以前这种平衡主要由提高交通设施的供给能力来满足，而交通需求管理策略的出现，改变了这种被动的供需平衡调节关系。传统方法与交通需求管理方法的不同之处在于：

解决供需矛盾的传统方法是单方面地提高交通供给能力，而交通需求管理方法是在适度的交通建设规模下，控制交通需求总量，削减不合理的交通需求，即通过减少或分散需求使供需平衡，保证交通系统的有效运行，让客货出行迅速、安全地到达目的地，缓解交通拥挤，改善城市生态环境和居民生活环境质量。

当现有交通需求高于交通供给时，交通系统的平衡被打破，此时交通拥挤出现、交通污染严重、交通出行环境恶化等诸多交通问题就会暴露。依传统的方法，通常会通过各项措施，比如投资新的建设项目、改扩建交通基础设施等方式，提高交通供给，以此满足日益增长的交通需求。但该种方法是被动的，某些情况下甚至是“饮鸩止渴”的行为。实际上，盲目增建道路设施，导致“修一条路，堵一条路”的情况屡见不鲜。盲目地增加供给会破坏环境容量的限制，引发新的环境问题，给社会造成更大的负担。

与传统方法不同，交通需求管理考虑在环境容量的限制下，使交通需求和交通供给达到一个新的平衡，所使用的方法是在适度增加交通供给的同时，强调对交通需求的管理和控制，降低交通需求，从而解决交通拥挤问题。

1.3 交通需求管理的内涵

城市交通需求管理的基本理念就是引导人们采取科学的交通出行方式，理智地使用道路交通设施等有限资源。通过交通需求内在动力和规律，运用多项政策调整交通需求和修正交通行为，改变交通量的时空分布以及人们的出行观念，以达到缓解交通拥挤、提高交通效率、减少道路和停车场建设费用，提高出行安全，保障环境、能源可持续发展的目的。交通需求管理强调，交通运输的实质是实现人和物的移动，而不是车辆的移动。基于这个原则，在城市拥挤状况下，交通需求管理以效率和消耗的综合效应为基础，对各种出行方式进行优先级划分。效率高而消耗低的方式优于效率低而消耗高的方式，被赋予高的优先级，鼓励出行才用该方式。通常，交通需求管理策略优先考虑的是公共交通以及慢行交通。

不同的交通需求管理措施对交通运输系统的影响是不同的。某些措施改变了出行的时间、路线、目的及方式，而另一些措施则通过改变土地开发利用减少不必要的交通需求。因此，交通需求管理从广义上讲指通过交通政策或措施的导向作用，促使交通参与者的交通选择行为变更，以减少机动车出行量，促进交通量时空均衡分布，减轻或消除交通拥挤。狭义的交通需求管理指为削减高峰期间低载客率的小汽车出行量而采取的综合性交通政策与措施。

1.4 本书框架和主要内容

本书内容共 9 章。1~5 章主要是系统介绍交通需求管理的含义与基础理论，总结了国内外典型城市的交通需求管理政策的经验和教训；选择北京、广州、杭州、深圳和上海等城市为案例，详细介绍了其交通需求管理的措施与取得的效果；介绍了如何针对交通需求管理措施进行效果预测与评价。6~9 章重点介绍了离散选择模型的经济学基础、相关数理统计理论及融合大数据的离散选择模型研究展望；介绍了离散选择模型的数据调查手段，介绍了意愿调查与行为调查的差异以及意愿调查问卷的具体设计过程；结合停车需求管理的经典案例，详细介绍了离散选择模型的参数标定和模型的解释与应用。

第 2 章

国内外交通需求管理政策发展概述

2.1 国外交通需求管理政策经验概述

2.1.1 新加坡

2.1.1.1 需求管理政策措施

新加坡通过用地和交通的综合协调发展，欲打造与小汽车交通竞争的公共交通系统，致力于建设一个“世界一流”的城市交通系统。在大力推进轨道交通建设和提高公交服务水平的同时，政府实施了卓有成效的交通需求管理政策措施，实现了以公交为主导的交通模式。

自 20 世纪 70 年代开始，新加坡将交通需求管理引入交通发展政策和措施中，保持交通供给和需求的平衡，有效地缓解了城市交通拥挤。新加坡人口密度高达 6 400 人/(km)^2，但新加坡并没有出现严重的交通拥挤现象，在早、晚高峰时期，其平均车速可达 30 km/h，其中各种交通需求管理政策和措施起到了重要的作用。新加坡交通需求管理的主要计划及实施时间，如表 2.1 所示。

表 2.1 新加坡交通需求管理计划实施

年份	行动内容
1968	成立交通部，进口车加税 30%
1970	巴士服务改革
1972	实行 ARF[①]，进口税提高到 45%
1973	巴士服务一体化
1974	ARF 提高到 55%
1975	初步拟订 ALS 区域许可证计划，ARF 提高到 100%，启动特惠 ARF
1978	ARF 提高到 125%
1980	ARF 提高到 150%
1983	ARF 提高到 175%
1987	启动大容量交通系统计划

① ARF（Additional Registration Fee），附加注册费。

续表

年份	行动内容
1989	全面推广 ALS[①]计划
1990	启动车辆限额计划
1994	全天实施 ALS 计划
1995	快速道上实行道路收费
1998	启动 ERP 电子道路收费系统
1999	ERP 应用于各级公路

资料来源：Dr. Shobhakar Dhakal, De-coupling of urban mobility need from environmental degradation in Singapore.

新加坡在交通需求管理方面所采取的具有代表性的措施有以下四个方面：

（1）实行拥车证制度，严格控制机动车增长率。

新加坡拥车证制度于 1990 年启动，由政府相关部门计划定额发放每年的拥车证，如表 2.2 所示。其主要目的是控制机动车拥有量的年增长率在 3%以内，严格控制机动车的增长。

表 2.2　拥车证数量变化（1999—2009）　单位：辆

年份	小汽车与出租车	机动车（总和）	货车与公共汽车	摩托车	E 类车
2008—2009	75 223	115 916	9 049	10 684	20 990
2007—2008	78 798	127 021	10 671	11 468	26 084
2006—2007	79 223	131 127	13 524	11 717	26 663
2005—2006	79 030	132 581	14 104	12 146	27 301
2004—2005	68 772	120 538	15 127	11 981	24 658
2003—2004	57 166	106 231	14 427	13 356	21 282
2002—2003	39 895	93 346	12 134	19 965	21 352
2001—2002	48 204	86 831	7 882	14 667	16 078
2000—2001	45 242	109 452	29 423	12 534	22 253
1999—2000	32 475	68 191	13 600	10 115	12 001

通过实施拥车证制度，1997—2007 年新加坡机动车拥有量增长了 15.7 万辆，其中小汽车增长了 11.8 万辆，有效地控制了机动车和小汽车的增长，如图 2.1 所示。

（2）实行区域许可证制度（ALS）。

新加坡于 1975 年实施区域许可证制度，要求在高峰时段进入中心城区范围内的车辆必须持有许可证。该制度对不同类型车辆进行了区域限制，对城市中心区的交通畅通起到了重要作用。

① ALS（Area License Scheme），区域许可证制度。

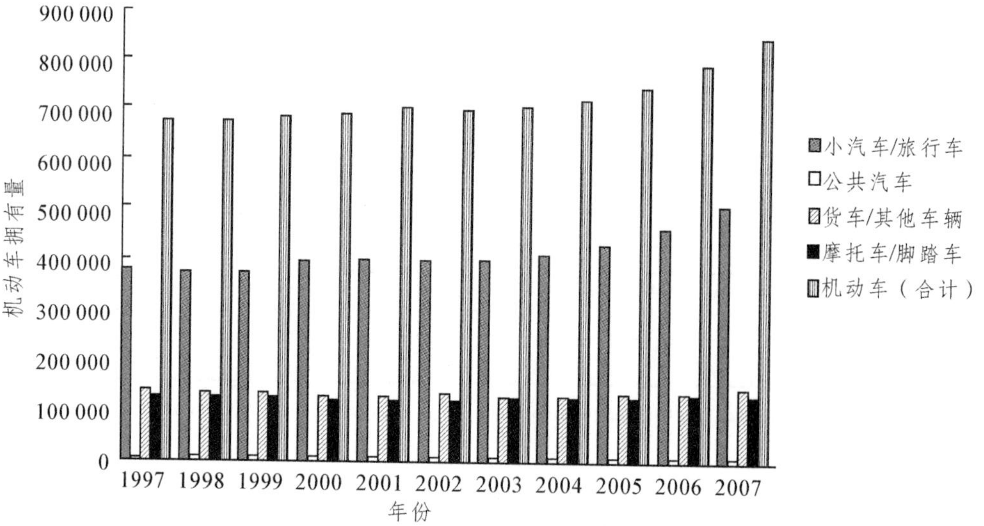

图 2.1　新加坡 1997—2007 年各类机动车变化

（3）电子道路收费系统（ERP）。

新加坡是世界上第一个在大范围内通过实施收费来缓解高峰时段交通拥挤的国家。ALS 通过人工收费，既耗费人力也不能保证收费的准确性。在 ALS 的基础上，1998 年新加坡政府启动了 ERP，对车辆进行全自动化检测和收费。ERP 的收费金额只与道路实时拥挤程度有关，效果较好，并被市民所接受。

（4）建设大容量交通系统（MRT）。

1987 年，新加坡开始建设大容量交通系统（MRT），并在此基础上构建了快速公交网络。截至 2006 年，MRT 日运送人数接近 150 万人次。

（5）完善公交优先。

新加坡对各类公共交通工具的服务功能进行了明确界定，形成了以地铁为骨干服务于中长距离出行、轻轨服务于社区接驳型出行、巴士填补轨道出行的公交体系框架。同时新加坡在道路设计上对落实公交优先政策起到较好的支撑作用，2008 年以来，新加坡的公交专用道长度已由 120 km 延长至 150 km，分为全天候和固定时间专用两种，通过特殊的标志标线来标示，在出入站行驶段使公交车享有绝对的优先通行权[1]。此外新加坡在公交设施建设方面也取得了巨大成效。2012 年新加坡推行公交服务提升计划，与公交公司运营合作，显著提高公交运力。新加坡还采取了如步行—乘坐计划和完善换乘等措施，提高公交系统服务品质。

2.1.1.2　经验与总结

新加坡始终贯彻机动车的增长速度必须与道路容量相适应的原则，通过拥车证制度、电子道路收费系统等多项交通需求管理措施，控制与调节机动车的拥有和使用情况。如表 2.3 所示，在高峰时段快速路车速达 60 km/h，干道车速达 25 km/h，2016 年新加坡公共交通高峰小时分担率高达 66%，2020 年这一比例进一步提高到 75%[1]。这都归于新加坡成功的交通需求管理措施。

表 2.3　新加坡道路运行情况

年份	每日平均进入 CBD 交通流量/（车次/日）	高峰时段平均速度/（km/h）	
		快速路	干道
2002	24 500	64.8	24.6
2003	24 400	64.4	24.8
2004	24 600	62.9	25.8
2005	24 400	62.8	26.7

2.1.2　韩国首尔

近年来首尔的交通系统已经处于饱和状态，机动车的数量多达 280 万辆，远超过 200 万辆的容量限制。面对巨大的交通压力，首尔政府意识到增加道路交通设施已无法满足日益增长的交通需求，从而采取了以大力发展公共交通、限制小汽车使用为代表的多项交通需求管理政策和措施。

2.1.2.1　需求管理政策措施

1）大力发展公共交通

首尔交通拥堵的主要原因是公共交通服务水平低，难以满足人们的日常出行需求，造成大量的小汽车出行。为了解决城市交通拥堵问题，促进城市的可持续发展，首尔决定对公交系统进行重新规划和建设，提高公交系统的运营水平。

公交系统改革的主要任务就是建设一个崭新的公交运营和保障系统。2004 年，首尔政府实施系统性的地面公交系统改革（图 2.2）。新的公交运营系统包括两部分：一是干线和支线系统；二是新的公交商业运行计划。为了支持该计划，首尔政府还相应开发 11 个配套项目，如中央公交专用道、智能卡等项目。

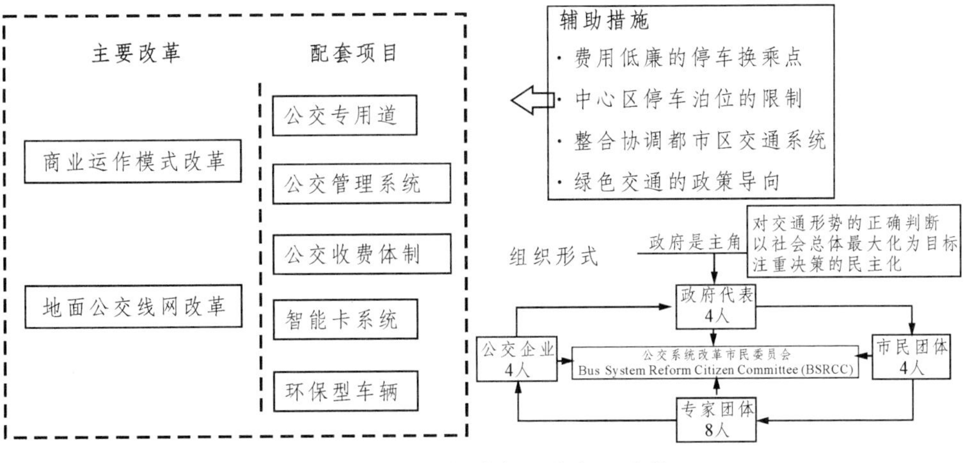

图 2.2　2004 年首尔公共交通改革

经过这一系列的改革，首尔公交系统得到了改善，城市交通通畅能力得到了增强，公交客流和公交车速都有了明显增长（表 2.4、表 2.5）。

表 2.4　公交改革前后对比

	2003 年（改革前）	2004 年（改革后）
市区乘坐公交的人数/（万人/天）	487	535
公交汽车速度/（km/h）	13	17.3

表 2.5　公交车和小汽车车速同步提高

概述		改革前速度	改革后速度	增长率/%
道路 A	公交车（专用车道）	11	20.3	85
	小汽车（其他车道）	18.5	19.9	7.6
道路 B	公交车（专用车道）	13.1	22.5	72
	小汽车（其他车道）	20.3	21.0	3.4
道路 C	公交车（专用车道）	13.0	17.2	32
	小汽车（其他车道）	18.0	19.1	6.1

2）限制小汽车使用

首尔市采用多项交通需求管理措施，用以限制小汽车使用：① 提高燃油税，征收道路使用费。② 在车辆拥堵严重地区收取交通堵塞费和较高的停车费。③ 轿车自律停驶制度。首尔市自 2003 年开始实施轿车自律停驶制度，车主在每周五个工作日中自愿选择一天不驾驶小汽车出行。政府对参加了此项活动的车辆采取减免汽车税等一系列优惠措施，同时一些民间机构也提供加油折扣等优惠。该制度使首尔市交通通行的速度整体提高了 0.18 km/h。④ 鼓励合乘。6 人以上合乘的汽车可使用公交专用道。

3）倡导以人为本的智慧出行[2]。

2013 年首尔市公布了《首尔市交通整顿基本计划（方案）》，其中包含今后 20 年间首尔交通需求管理等方面的长期构想。其中政策模式将实现从“求个体便利”到“谋社会价值”的转变；基础设施从过去的以个体交通为中心，转变到现在的以公共交通为中心，未来将会以人为先，同时实现积极的交通需求管理。措施包括：① 创建共享道路、扩大道路瘦身、减少已有车道、扩建人行道和自行车道、引进停车预约制度，将车辆曾占据的空间归还给行人；② 普及共享汽车、引进共享公交、扩大共享自行车，以有效利用交通资源。

2.1.2.2　经验与总结

首尔过于关注交通发展的数量和速度，走上了以汽车为中心的发展道路。面对严峻的交通形势，首尔政府意识到大力发展公共交通才是缓解城市交通拥堵的根本选择。通过一系列的公交改革措施，实现了公交线路经营权回归政府。公交运营模式的改变使公交企业以客流竞争为准则的恶性竞争，转变为以高品质服务为目标的良性竞争。高品质的公交服务水平，加上与之相适应的小汽车限制措施，最终使首尔回归以公交为主体的发展模式，有效地缓解了城市交通的巨大压力。

2.1.3 日本东京

20 世纪 90 年代初期，日本开始认识到交通需求管理在解决城市交通拥挤问题方面的重要性，制定并实施了一系列交通需求管理措施。日本制定交通需求管理的主要目标包括以下三个方面：① 控制交通总量，维持交通供需的平衡；② 减少车辆交通量，降低道路交通拥挤和排放；③ 均衡交通量，通过交通发生时间和空间分散化避免拥挤。

根据以上三个目标，日本已实施的交通需求管理主要措施如表 2.6 所示。

表 2.6 日本交通需求管理的主要措施

<table>
<tr><th>目标</th><th colspan="2">措施</th></tr>
<tr><td rowspan="3">控制交通总量</td><td rowspan="3">活动的节制</td><td>弹性工作制</td></tr>
<tr><td>电子通勤</td></tr>
<tr><td>土地利用政策</td></tr>
<tr><td rowspan="5">减少车辆交通量</td><td rowspan="2">车辆有效使用</td><td>汽车合乘</td></tr>
<tr><td>联合布局系统</td></tr>
<tr><td rowspan="3">方式转换</td><td>停车换乘枢纽</td></tr>
<tr><td>改善公共系统</td></tr>
<tr><td>改善行人和自行车系统</td></tr>
<tr><td rowspan="6">均衡交通量</td><td rowspan="3">时间改变</td><td>灵活工作计划</td></tr>
<tr><td>货车运行时间限制</td></tr>
<tr><td>无小汽车日</td></tr>
<tr><td rowspan="3">变更路线/目的地</td><td>行人/自行车、公交优先区域</td></tr>
<tr><td>货车路径的设计</td></tr>
<tr><td>停车管理</td></tr>
</table>

资料来源：日本运输省运输政策局《都市交通年报》，2000 年；本谷直俊，《城市交通的危机》，白桃书房，1999 年。

2.1.3.1 需求管理政策措施

东京大力发展轨道交通，并引导城市由单中心结构向多中心结构发展，主要采取了以下交通需求管理措施。

1）大力发展轨道交通

东京多中心的城市布局（图 2.3），为轨道交通的发展提供了基础。目前东京已经是世界上轨道交通最发达的城市之一，2018 年东京地铁日均客运量达到 1 078.6 万人次。

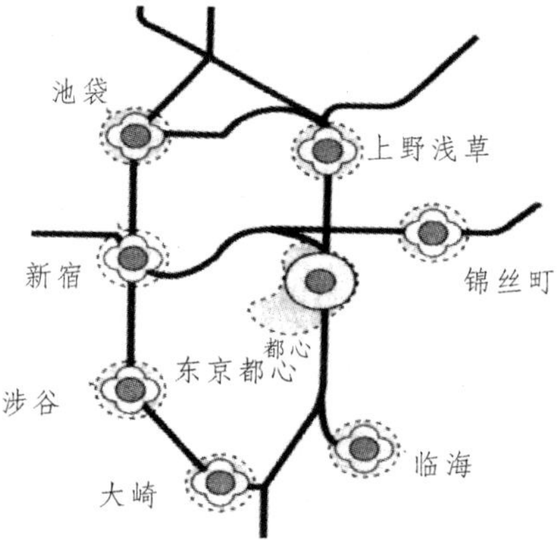

图 2.3　东京中心城“一核七心”的城市结构

在大力发展轨道交通的同时，东京也一直鼓励公共交通政策。东京与其他国际化大城市的不同之处在于，东京中心高密度开发地区的城市环路不是快速汽车道路，而是环形铁路（图 2.4）。东京的高密度开发地区在环形铁路和中央线的车站附近，因此人们乘坐地铁或轻轨是最方便和常用的出行方式。围绕大型车站布置形成公共交通社区。该布置方式不仅有效地降低了社区内机动车的交通量，还吸引人们使用铁路进行远距离的出行。

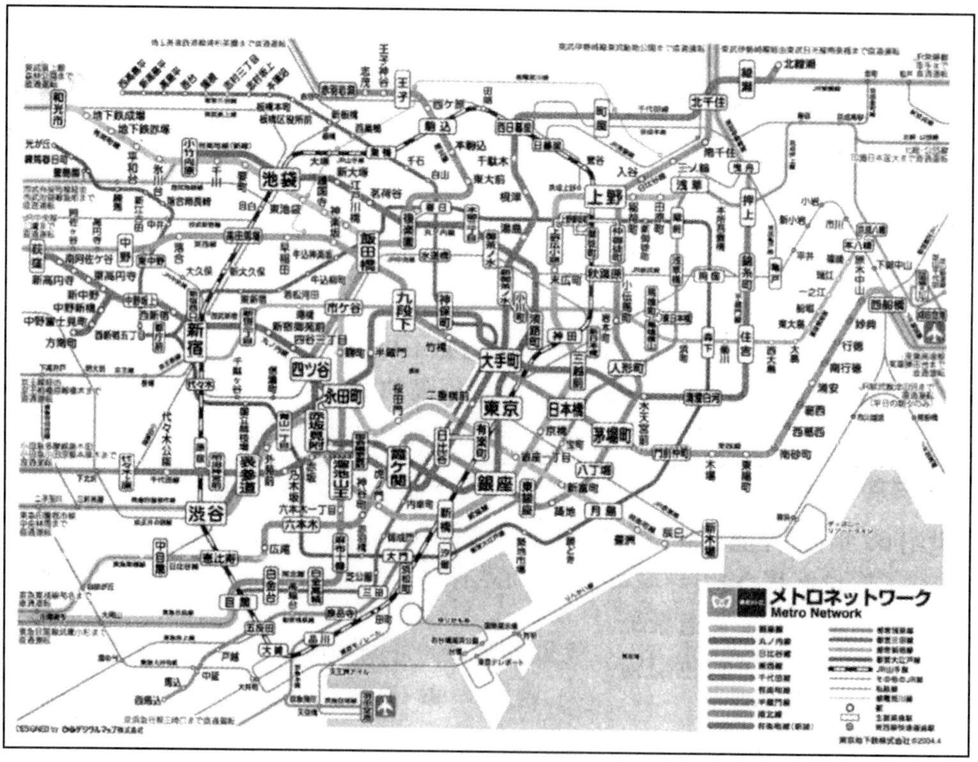

图 2.4　东京轨道交通网

2）采用多中心的用地规划

随着日本经济的高速发展，东京中心地区的商务功能得到快速发展，形成了高度集中的商务中心。与此同时，大量的居民往外迁移，由此产生了严重的交通拥挤、通勤时间过长等交通问题。东京政府意识到需抑制商务功能向市中心聚集，鼓励向外转移，实现工作和居住相互平衡的土地开发布局。因此，东京提出建设副中心，引导城市由单中心向多中心的城市结构布局转移。经过几十年的建设，东京已经形成了由七个副中心和五个核都市的多中心结构，有效地控制了中央商务功能的聚集，缓解了相关的交通问题。

3）严格控制停车位

东京政府严格控制中心区的停车位使用，引导民众使用轨道等公共交通通勤。

4）限制小汽车出行

（1）通过差别化停车收费、征（增）收税费等管理手段与经济手段，从严管理小汽车使用，降低私家车的使用率，引导和鼓励小汽车使用者转向选择公共交通方式。

（2）重磅整治乱停行为，显著提高道路服务水平。东京政府采取了严厉的处罚措施以重磅整治乱停现象。对普通轿车违章行为，在重罚 1.5 万日元的基础上，额外处以扣 2 分惩罚，而日本驾照一年满分仅为 6 分[3]。

2.1.3.2 经验与总结

东京是典型的以轨道交通为主体的公共交通模式，东京城市交通的发展基本上是以轨道交通为主的发展，这种发展模式使东京形成了“一核七心”的多级城市结构特征。根据东京的城市结构特点，政府通过各种激励措施引导民众出行行为的改变，使民众形成使用公共交通出行的意识，同时采取严格的停车条例作为补充。

2.1.4 美 国

美国是一个以小汽车为主导的交通模式的国家，私人小汽车拥有量水平较高。美国对交通需求管理的可行性一度引起激烈的争论。美国学者于 1992 年出版了《交通需求管理手册》来宣传交通需求管理的重要性，以此来获得公众的支持。在争论期间对交通需求管理的研究并没有停止，但是这些研究只停留在实际操作层面上，没有形成完整的理论体系。

从美国 20 多年来实施交通需求管理措施的效果来看，这些措施在缓解城市交通拥挤问题上具有显著的效果，下面以洛杉矶和纽约曼哈顿区为例介绍。

2.1.4.1 洛杉矶

20 世纪 80 年代，洛杉矶经济快速增长带来的机动车辆急速增加，使洛杉矶遭遇了严重的交通阻塞问题。为此，洛杉矶政府自 90 年代开始制定针对交通拥堵的交通管理规划措施，包括两部分：第一，通过对现有道路网络的延伸和拓展来提高道路的整体容量；第二，采取一些积极有效的交通管理需求措施。这里主要介绍其采用的交通管理需求措施。

1）实施高载客汽车（HOV）专用道

为了提高现有道路系统的容量，以及现有系统的效率，洛杉矶实施高载客汽车专用道来。同时，采取小汽车合乘措施，充分利用现有的道路设施，有效地缓解了道路的拥堵状况，提高了运输效率。除了 HOV 车道的实施，加利福尼亚州还在一些立交附近设置停车换乘区，在其区域内设有停车场和通往市区的公交，以方便人们换乘。通过公交进入市区，能减少通往市区的交通量，缓解交通拥挤状况。

2）鼓励公共交通，实施地铁化快速公交

洛杉矶充分利用现有的公共交通系统，将它作为私家车出行的最佳替代方式。同时，轨道交通系统的扩展使公共交通系统的客流上涨。洛杉矶于 2006 年引入地铁化快速公交，该项目通过实施交通信号优先、隔离式公交车站、减少上下客时间、低底板车辆等七项措施来缩短出行时间，取得了显著成效。

3）实施土地开展利用的交通影响计划

土地开发利用的交通影响计划是分析土地开发利用对市域范围内的区域性交通系统的影响，该计划是交通拥挤管理规划的一部分。洛杉矶采取的土地开发利用的交通影响计划的主要内容是：在轨道交通站 800 m 范围内，可以进行高密度的住宅开发。在此范围内混合开发时，高密度的住宅开发超过开发土地面积一半的，必须有相应的商业和零售业开发，这种集住宅、商业和办公于一体的混合土地开发将有效地减少人们的出行需求。

4）多部门共同实施交通需求管理

洛杉矶从 1993 年开始，就有 80 多个地方部门共同参与了交通需求管理计划。其目标是通过制定相应的措施来减少小汽车交通量，促使人们选择公共交通方式出行。这些措施包括改善公共交通设施、小汽车合乘停车换乘等。这些措施的实施之所以能够取得良好的效果，与各部门的良好合作是分不开的。

5）实施区域交通规划平衡交通需求

洛杉矶从交通运行和管理、交通与土地利用协调开发和技术创新等角度发布了到 2030 年的区域交通规划，以平衡地面交通[4]。

（1）发展智能交通（ITS），减少交通延误时间，提高道路运行能力。

（2）引导居民采用其他交通模式，如合乘、公共交通和慢行交通。

（3）发展 BRT，使公共交通成为更吸引人的交通模式，减少单独驾驶的比例。

2.1.4.2 纽约曼哈顿

曼哈顿是纽约的中心地区，这里集中了大量的工作岗位，同时也是世界上就业岗位最集中的地区，这里的岗位数达居住人口的 3 倍。其中心城区高密度的就业岗位，导致了严重的交通拥挤问题。纽约为解决这些问题采取了以下有特色的措施。

1）中心城区限制小汽车

曼哈顿区高密度的就业岗位带来了大量的交通出行，每天都有大量的通勤客流进入曼哈顿。即使曼哈顿具有高密度的城市道路网，也无法满足其大量的交通需求。因此，纽约对进入曼哈顿的小汽车进行了严格的控制，同时通过发达的地铁和铁路网来满足人们的出行需求。由于采取了该项限制措施，曼哈顿道路中的交通量始终保持稳定，该地区小汽车出行仅占 11.6%，公共交通则高达 60%，有效地缓解了交通拥堵问题。

2）中心区道路设施公交优先

早在 1982 年，麦弗逊大道上修建了第一条同向双车道的公交专用道，这条车道有效地提高了其中心城区的公交服务水平。公交专用道的实施对道路上其他车辆没有产生不利的影响，反而减少了公交车的干扰，提高了道路上其他车辆的运行速度。

3）高速公路和隧道设置公交专用道

早在 1970 年，从新泽西通向曼哈顿的林肯隧道首先开设了公交专用道，规定 16 人以上的公交车在 6：00—22：00 这段时间内可以使用专用道，公交出行时间缩短了 18 分钟。1971 年，从长岛进入曼哈顿的区段高速公路实施了 3 km 的公交专用道，规定在早高峰时段只有公交车和出租车才能通行。1996—2001 年，纽约先后开设了出租车、公共汽车和合乘车的专用道，出行时间可以节省 20 分钟。

4）停车设施管控政策

曼哈顿核心区在调节停车供需矛盾方面，主要采取两种管理措施：其一，通过公共交通、限时停车、高停车费及汽车共乘等抑制公共停车需求；其二，通过智能停车，高效利用城市空间[5]。具体措施如下：

（1）完善公共交通系统。极大地降低了曼哈顿核心区的汽车驶入量，进而减少了对停车位的需求。

（2）停车限时增加收费。在规定时间段，只允许商用货车停在规定路段内计时收费停车，一般只允许 1 小时，最多不超过 2 小时。而私家车则必须停入收费昂贵的路外停车场。以曼哈顿中城停车场为例，每小时收费在 7.99 ~ 20 美元不等。因而，许多居民为免交停车费，将车停在长岛或邻近的新泽西州，然后乘地铁到曼哈顿。

（3）倡导汽车合乘。纽约市政府在分区法案中鼓励开发商在路外公共停车场或居住区和商业区的配建停车场中专门提供合乘车泊位，从而达到居民汽车共乘的目的，有利于降低对停车场的需求、交通成本和汽车拥有量等。

（4）推广智能停车。为缓解交通拥挤，纽约市政府设立了“智能停车”（Park Smart），允许在停车高峰期时期，对路面停车空间需求大的地方进行智能停车。此措施在曼哈顿格林威治村和布鲁克林公园坡等地已成功施行。

2.1.4.3 经验与总结

美国的交通需求管理措施主要由地方政府或公司组织实施，根据不同的特点和交通需求人群实施相对高效的交通需求管理措施，取得了较好的成效。由于美国基础设施建设较为完善，资源相对富裕，交通供需矛盾不太突出，美国属于交通需求管理难以推进的地区。但是，美国的交通需求管理实践表明，交通需求管理对于构筑一个可持续的交通体系，具有长远的意义和作用。

2.1.5 英国伦敦

伦敦拥有高密度的轨道和铁路网，但是伦敦仍然面临严重的交通拥挤问题。伦敦中心城区道路网络自中世纪以来没有扩建过，道路承载力有限。伦敦的出行交通方式包括步行、出租车、公共汽车和地铁等，居民以地铁出行为主，高峰时期小汽车出行分担率约为 10%。这种出行结构特征，使得伦敦特别适合采取拥挤收费政策。

2.1.5.1 需求管理政策措施

1）拥挤收费

2003 年 2 月 17 日，伦敦开始实行交通拥挤收费。其主要思路是划出特定区域，在固定时间段对其出入车辆实行交通收费管制，以此控制交通流量，改善出行结构，促使一部分居民尽可能选择其他交通方式出行，达到缓解拥挤区域交通拥挤水平的目的。

该政策的主要内容是在伦敦内环道路所围成的区域（该区域占伦敦市区总面积的 1.3%）内，每周一到周五 7:00—18:30 进入该区域的车辆征收 5 英镑的交通拥挤费用。其收费方式灵活多样，可以通过零售商店、手机、网站等方式按天、按星期或者按月缴费。而延迟缴纳交通拥挤费用的，将被处以加倍罚款。

2）提升公共交通服务水平

2011 年伦敦提出了新的“市长交通战略”，目标是提高市民生活质量、完善系统服务、应对气候变化以及保障奥运会等，措施包括提高公共交通服务满意度、节能减排改善环境、减少交通事故、鼓励步行和自行车交通。由此城市交通系统进入功能优化提升阶段[6]。

2.1.5.2 效果及评价

根据统计，伦敦交通拥挤收费政策产生了明显的效果：① 收费地区拥挤减少 30%；② 小汽车出行减少 30%；③ 公交和出租车出行增加 20%；④ 早高峰选择公交方式进入收费区客流增加 29 000 人次；⑤ 公交可靠性和出行时间得到改善，服务质量得到提高，收费地区效果更加明显；⑥ 收费地区公交线路由交通延迟导致的中断减少 60%。

此外，实行拥挤收费后，伦敦中心区的交通结构产生巨大变化，如图 2.5 所示。

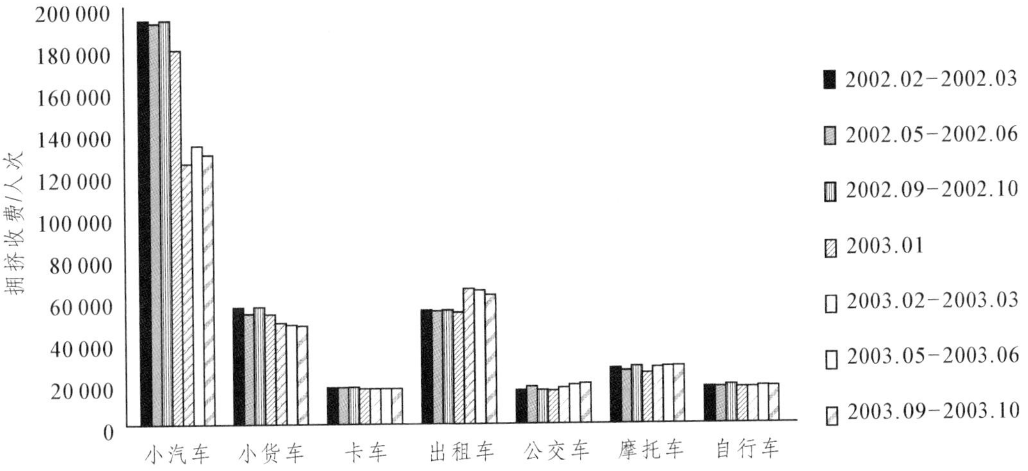

图 2.5　收费时段进入收费区域的交通构成

虽然伦敦的交通拥挤收费措施取得了良好的效果，受到了大部分市民的支持，但该措施仍然存在一些不足：① 收费标准未考虑车辆在收费区内的行驶里程；② 费用没有时间性差异，如高峰时期与平时费用相同；③ 费用没有地点性差异（如高拥挤地点费用应该更高）；④ 拥挤收费系统造价昂贵；⑤ 公共交通服务水平仍有待提高。

2.1.5.3　经验与总结

伦敦拥挤收费政策是比较成功的案例，效果比较明显。由于私人小汽车出行者对收费价格比较敏感，此类政策对于减少私人小汽车出行、缓解交通拥堵起到一定效果。尽管该政策一开始实施时遭到了强烈的质疑，但后期良好的效果使得公众开始接受并希望拓宽收费的区域，由此说明民意在一项政策实施前的倾向性，并不一定能够真实反映政策实施的效果。伦敦的交通拥挤收费仍存在着不足之处，其他城市实行相似措施时，可借鉴伦敦的经验与不足，制定更加灵活的收费标准，提高公平性，以达到实施该项政策能获得最大化效应的目的。

2.2　国内交通需求管理实践综述

2.2.1　中国香港

香港是人口最为稠密的城市之一，香港地理条件并不理想。基于如此地理条件以及高密度的人口，香港交通还能保持通畅并有效地控制污染，这很大程度上归功于公共交通社区式的城市布局和一系列有效的交通需求管理措施。

由于其地理条件的限制，香港不能提供大量的道路使用面积。但是香港经济发展、人口密集造就大量的交通需求，迫切需要高效率的道路交通。因此，香港将建设大容量的轨道交通和城市土地开发利用相结合。香港指出了交通需求管理的重要性，为了达到缓解城市交通问题，香港也采取了以下交通需求管理措施。

1）地铁站高强度集中开发

20世纪60年代，香港就开始了关于交通和土地开发的研究，并以十年为周期发表“交通政策和规划白皮书”，从而在相当一段时间内指导香港的交通运输。因而在地铁还未建设时，就制定了居住区的开发强度，充分考虑地铁的可达性。在规划时，通过考虑车站与地块的距离来确定土地的利用性质和开发强度。例如在车站边建设活动性较强的用地类型，如写字楼、商场等，提高其开发强度，扩大地铁的服务范围，增强地铁的吸引力。而在离地铁车站较远的地区，政府采取强制手段控制这些地区的土地开发容量，以减少交通生成量。通过这些规划，香港真正实现了“零换乘”。

换乘枢纽的规划设计也是香港地铁网络规划的一个重要内容。通过减少换乘中心来实现不同线路之间的同台换乘，从而引导地铁的进一步发展，提高地铁网络的运输效率。

通过这种公共交通社区式的城市土地规划和利用，香港的公共交通分担率超80%，这就为香港保持交通通畅、保护环境提供了良好的基础。

2）提高小汽车税率

提高小汽车税率是影响比较大的一项交通管理需求措施。在香港，车辆首次登记税是控制车辆拥有的一项重要措施。在申请首次登记车辆时，要填表并交给运输署审核。审核后车主必须缴纳首次登记税、登记费、车辆牌照费等一系列费用后方能获得牌照。车辆牌照每4个月登记一次，登记后车辆才能使用。香港首次登记税率是按香港海关评定的应缴价值乘以税率计算得到的，其税率如表2.7所示。

表2.7　香港机动车首次登记税率

类　型	税率
小于10万港币的私家车	40%
超过10万港币但是不超过20万港币的私家车	45%
超过20万港币但是不超过30万港币的私家车	50%
超过30万港币的私家车	60%

3）停车需求管理

香港政府采取了严格的停车位指标控制和高收费停车政策。香港采用了较低的停车位指标，在一些住宅区平均4~8户居民拥有1个停车位指标，而且在商业办公区、靠近地铁和枢纽的地区停车位也比较少。同时，该政策还与高额的停车收费相结合。

停车费用与地段和停车条件相关，在中心区域和黄金时段，停车费用将大幅度提高，很多停车场每小时收费在25港币以上。停车费用也是由市场来决定的，停车场将根据车位的供需来提高或者降低停车费用，所以在这一政策下，香港的停车位有限，也很少出现车位不足的现象。

4）提高燃油税

香港通过提高燃油税来提高小汽车出行的成本，从而减少小汽车出行量。香港标号汽油的价格是每公升 4~5 港币，但是其每公升燃油税却高达 6 港币，远远高于汽油本身的价值。这样小汽车的使用费用就会大幅度增加，以达到控制小汽车的使用频率的目的。

除此之外，香港还采取了提高隧道通行费用等措施，有效地控制了小汽车的增长，保持交通顺畅。这些措施在香港能够取得成功，归功于在香港经济还没有飞速发展之前，香港就采用了比较成熟的规划和交通理念模式，大力发展地铁等形式的公共交通，并且较早实施了首次登记税和燃油税。因此在实施燃油税的时候遇到的阻力小，公众愿意接受。

2.2.2 中国内地

2.2.2.1 北京

伴随着经济的飞速发展，北京城市规模与人口不断扩大，交通需求也不断增加，城市交通拥堵也越来越严重。近年来，北京市一直在推进城市道路基础设施的建设，大量的道路建设在一定程度上满足了交通需求[9]。但是，新建道路会诱导交通需求增加，从而又出现交通拥挤现象。因此，单纯通过道路建设从根本上解决交通拥堵问题是不可行的。北京市将交通需求管理措施同道路建设相结合，在一定程度上缓解了交通拥挤问题。北京采取了如下交通需求管理措施。

1）大力发展公共交通

2015 年，北京基本建成覆盖中心城区和各主要枢纽地区的中心城区轨道交通网络，同时北京的 7 个新区均有轨道线路与中心城区相连通，这样可以有效地调整城市的土地开发和城市结构布局，以缓解中心城区的交通压力[10]。

在配置公交专用道方面，北京在 1997 年建成第一条公交专用道，到 2004 年共拥有公交专用道 44 条，总里程达到 103 km。北京公交专用道一般是在早晚高峰时段只有公交车可以通行，禁止非公交车通行，在非高峰时段允许其他车辆通行。

在建设大容量的快速公交（BRT）方面，北京在 2004 年开辟了第一条地面快速公交线路。BRT 兼具轨道交通的大容量、速度快，虽其建设运营和维修成本低，却能实现轨道交通式的公交运营服务，达到轻轨的服务水平，而且在交叉口 BRT 可以使用信号优先控制。

2）停车政策

随着北京小汽车保有量和出行量的迅速增加，北京停车费用也在不断调整，通过制定更加细化的标准，实施分时段、分地段的差别化停车收费标准，通过增加小汽车使用费用，缓解城市中心区的交通压力。

3）限制外地车辆和货车进入市区

外地车辆要进入北京四环路以内的地区，就必须按规定办理“北京市区通行证”，同时还必须有地级市以上政府的相关部门开具的进京介绍信，并交给当地公安机关交通部门审查。北京市区通行证的期限为 3 天，货车为 1 天。通过限制外地车辆和货车进入市区，减少市区的交通量。

4）限制摩托车、电动自行车

北京很早就认识到摩托车和电动车给城市交通带来的问题，因此北京对摩托车和电动车采取了严格的限制措施。

2.2.2.2 杭州

杭州市政府于 2016 年与企业协作共同尝试打造一个人工智能中枢——“城市数据大脑”。城市数据大脑即城市大脑，是一座城市的人工智能中枢，其建设的内部核心是技术支持，即采用人工智能技术，对整个城市信息数据进行动态实时分析，实现资源共享和自动调配公共资源。

1）道路通行状况

通过视频技术进行实时分析的人工智能系统，以交通治堵为切入口，利用 5 万多个摄像头，收集了大量与民生有关的杭州交通层面数据、市民公共服务数据、平台运营商运行数据等，最终评估结果为市区试点的中河—上塘高架道路、莫干山路等主干道平均延误分别下降 15.3%和 8.5%，高架道路出行时间节省 4.6 分钟；萧山区 5 平方千米试点范围内平均通行速度提升超过 15%，平均节省出行时间 3 分钟。

2）预判路况与识别警情

“城市大脑”每两分钟对城市道路交通状况进行一次扫描，实时感知在途交通量、延误指数、快速路车速等 7 项交通指标，并自动提前研判路况趋势，为交通诱导和勤务部署赢得时间[11]。“城市大脑”能够自动识别 110 种警情，日均自动发现并识别警情 3 万余起，准确率达 95%以上；从发现到报警平均用时仅 10 秒钟，并可就近调度警力第一时间快速处置，将事故导致的交通拥堵影响降到最低[12]。2018 年，杭州市交通违法非现场执法总量达 1 355 万起，处罚数量位居全国第一。

3）公共交通智慧化应用

搭建一站式公交云服务出行平台。首先，借助“城市大脑”的大数据和云技术，综合高德地图等 GIS（地理信息系统）信息、路口信息和交通量 OD 信息，结合公交 GPS 信息和移动支付数据，开发公交动态模型，在此基础上进行区域公交线路联动优化，并推出公交快线、定制公交、数字旅游专线等多元化出行方案。其次，基于精准动态客流 OD 信息及基于乘客习惯的 OD 预测信息，自动编排行车作业计划，实现“全自动 + 人工辅助”的智能调度，从而合理配置运力，提升调度效率[13]。

4）提升绿色出行品质

以共享单车投放优化为例，决策者运用智慧模型可以分析共享单车的时空分布数据，通过单车使用率等指标来判断共享单车在各个停车点的投放数量是否合理，了解居民使用共享单车的行为习惯；根据居民使用单车的习惯，可以预测城市共享单车的适宜投放地点及数量；综合预测结果，运用智慧模型可以生成多种单车投放方案；可以构建指标体系，对这些方案的综合效益做出评估，根据评估结果选择最优的单车投放方案。

2.2.2.3 深圳

深圳市尝试利用预约通行的方式进行交通需求管理。预约通行是指在特定的时间周期内，对交通拥堵片区（景区）的道路交通出行次数和强度进行供需合理配置，确定出行配额，同时通过行政性手段使市民提前预约、计划出行，从而精准调控区域出行需求，使片区内交通运行处于合理可控范围内的一种交通需求管理政策的总称[14]。这一手段打破了传统需求管理以“禁”“限”为主的粗放式管理方式，实现对热点片区（景区）的交通需求的“柔性”预约通行调控。

预约通行管理方式主要包括针对特定区域的预约通行配额、时段、车型管理和预约的方式渠道等。系统化管理监测平台，即基于前端车牌识别系统的预约通行管理和实时监测平台，可以实现对片区预约情况、进出片区流量及其 OD 信息的实时监测管理。配套保障机制则主要包括配套的法律支撑、执法管理、备案制管理、信用管理以及宣传引导等方面的机制保障内容。

1）预约管理具体实施方式

（1）预约配额及时段管理。首先，根据道路承载能力、片区内部停车泊位供给及周转率、景区服务承载力等综合确定预约配额，同时需综合考虑景区内部商户数量，并分配一定的商户预约配额。其次，根据片区内部不同时段的流量分布特征，对预约配额进行分时段差异配给。

（2）车型管理。仅 9 座及以下蓝牌小型客车为政策管理车型。以下三类车辆不受预约出行政策影响：第一类为过境交通；第二类为多乘员绿色出行车辆，包括 10 座及以上客车、出租车等；第三类为执行任务的特殊车辆，如货运车辆、警车、消防车、救护车、工程救险车等。

（3）预约方式。根据预约通行政策影响的受众需求特点，保证片区内部政府、机构、企业、居民的生产生活的基础上，面向本地居民、商户、游客三类人群采取不同的预约管理方式。

2）预约管理实施效果

2018 年“五一”期间，东部景区的大鹏半岛率先进行预约通行政策试点，从其预约总量、交通运行及景区服务水平三方面，以东部景区大鹏半岛为例，进行实施后的效果评估。

（1）预约总量。预约通行政策管控区域总预约车辆数共 47 109 辆（企业预约除外），日均预约车辆数为 15 703 辆，预约配额饱和度为 78.5%。

（2）片区。大鹏半岛（大鹏和南澳交通小区）整体平均车速为 33.55 km/h，同比提升 51.5%；拥堵指数降至 2.1，同比下降 40%。

（3）走廊。对管控区域盐坝高速、深盐二通道、坪葵路等主要对外通道高峰交通运行情况进行分析，其中盐坝高速东、西行方向平均车速分别为 64.3 km/h、58 km/h，同比分别提升了 16%和 1%；深盐二通道东、西行方向平均车速分别提升了 7%和 8%；坪葵路北、南行方向平均车速分别提升了 10%和 14%；坪西路北行方向平均车速提升了 26.8%。

（4）旅游交通量。从出行 OD 分布来看，预约车辆中深圳车辆占比 55%，外地车中广东省预约车辆最多的三个城市分别为东莞（4 621 辆，占 9.83%）、惠州（2 977 辆，占 6.33%）、广州（1 327 辆，占 2.82%），外地车辆占比 45%，同比 2017 年 44%的外地车比例基本持平，预约通行政策并未对外地车辆来深圳旅游比例造成显著影响。

2.2.2.3 上海

上海市政府在加大道路建设的同时考虑了较多的交通需求管理，希望通过这两个大政策来缓解上海的交通拥堵。上海采用的交通需求管理措施有[15]：

（1）实施可变车道。上海根据交通潮汐的特点，在市区部分道路上的早晚高峰时段实行不同车道划分。这项措施在缓解早晚高峰时段交通拥挤方面取得了良好的效果。

（2）错时上班。

（3）限制货车在白天进入市区。

（4）限制助力车。

助力车就是类似于电动自行车和摩托车的交通工具，上海认识到其对交通造成的危害，对助力车采取了严格的控制，减少了助力车在市区的使用。

2.2.2.4 南京

南京所采取的交通管理措施主要集中在控制机动车的使用和拥有方面，其采用的主要措施有：

（1）征收车辆购置税。

南京市为控制机动车的拥有量，对于购置车辆，按照车辆的价格征收 10%~15%的车辆购置税。同时，还要缴纳如城市道路建设费等费用。通过提高小汽车的成本，控制机动车辆的增加[16]。

（2）限制助力车。

南京市对摩托车一类的助力车实施限额竞标的措施，逐步限制和淘汰这种助力车辆的使用。

（3）停车限制。

禁止车辆乱停乱放，开辟停车场，供公众使用。

（4）地区和路径方向的禁行。

在高峰时段南京市限制出租车进入中心城区，同时对某些路径只允许单方向行驶。南京市通过这些措施有效地限制了中心城区机动车的拥有量和使用，从而缓解了交通压力。

2.2.2.5 广州

在中心城区路网趋于饱和的情况下，广州市的交通需求呈现持续增长的趋势，需求增加幅度明显高于供给。在此条件下，广州市为缓解城市交通拥堵、改善城市交通环境，持续开展多种交通需求管理策略的研究与应用[17]。

1）产生与分布阶段管理策略

（1）规划引导交通与土地利用协同发展。通过控制土地开发强度、优化功能布局等，以合理控制用地开发所产生的交通需求规模。

（2）优化综合交通枢纽的规模与总体布局。

（3）以公共交通为导向引导用地开发。

2）出行方式选择阶段管理策略

（1）落实公交优先政策，积极创建“公交都市”。形成“以轨道交通为骨干，常规公交为主体，水上巴士、如约巴士等多元化交通方式为补充”的层次清晰、模式丰富、换乘便捷的公共交通系统。

（2）实施中小客车总量调控政策，限制车辆拥有。

（3）针对不同区域、不同方式，限制机动车使用。包括分号限行、不同区域分车型及分时段限货措施、非本市籍车辆限行政策（“开四停四”管控措施）等。

（4）优化调整差别化停车场收费方案。运用价格杠杆，以经济手段引导机动车合理停放和使用，鼓励公交出行，优化出行结构。

（5）限制拥有及使用的摩托车限行政策。

（6）改善步行和自行车的出行环境。

3）时空分布调节阶段管理策略

（1）实施灵活的交通组织措施。2013 年，广州市在人民桥路段启用首条潮汐可变车道，随后在海珠桥等合适的路段推广可变车道。同时广州市在老城区设置了多处标志、标线完善的单行线，基本形成微循环系统。

（2）实施错峰上下班政策。

（3）建立智能交通系统。搭建了一个中心、三大平台、四项保障的智慧交通总体框架，建设交通大数据中心，以重大节日、重要活动交通运输保障需求为导向，构建交通运行监测与辅助决策体系。建立高清道路卡口、交通监控系统、电子警察系统、交通信号控制系统、交通诱导系统等，提高交通决策支持服务水平。

2.2.3 我国交通需求管理面临的问题

（1）我国对交通需求管理的研究不多，已有研究多是介绍交通需求管理的措施和方法，很多观点大致相同。在研究交通需求管理举措时，大多也是照搬国外已有研究，很少结合中国城市实际情况。

（2）我国交通需求管理只是停留在思维层面，没有上升到制度层面。交通需求管理作为城市管理的制度，必须有法律作为其支撑和依靠。应该将交通需求管理的举措和法律相结合，以确立交通需求管理的法律地位。

（3）现有研究偏重交通需求管理在城市交通监控、组织与管理层次的应用，而在交通的总体和综合规划这两个层次的研究却很少。现有研究往往就交通需求管理谈交通需求管理，少有研究如何将交通需求管理与其他交通管理政策、城市管理政策、经济政策相结合，以及各部门应该如何合作保证交通需求管理取得最大的效果。

（4）缺乏实证研究，缺乏通过实证方法去检验在国内实施的交通需求管理的各措施在实践中的作用的研究。效果评价基础工作薄弱，数据和资料缺乏积累，这使得实际需求管理措施的实施面临困难。

参考文献

[1] 李君羡，沈宙彪. 新加坡交通规划与管理策略分析[J]. 交通科技与经济，2017, 19(4): 1-8, 76.

[2] Kwang Sik KIM. 首尔：城市交通兴衰的经验与教训[J]. 中国公路，2018(14): 24-25.

[3] 张暄. 精细化与交通需求管理：东京交通拥堵治理[J]. 江西广播电视大学学报，2014(4): 54-57, 84.

[4] 李涵，王晶，王铁军. 洛杉矶城市交通发展经验对重庆的启示[J]. 城市公共交通，2015(7): 27-32.

[5] 殷秀梅，唐顺英，刘婷婷. 曼哈顿公共停车设施的理性管控与中国借鉴[J]. 上海城市管理, 2013, 22(1): 58-63.

[6] 钱喆，吴翱翔，张海霞. 世界级城市交通发展战略演变综述及启示[J]. 城市交通，2015, 13(1): 52-59.

[7] 楼栋, 周畅. 杭州交通发展对策研究——基于伦敦综合交通调研[J]. 城市建设理论研究(电子版), 2019(12): 123.

[8] 钟文玲，张晓东. 大伦敦综合交通规划解析与启示[J]. 交通工程，2017, 17(2): 18-26.

[9] 祝超，孙玲，顾涛，等. 北京市交通需求管理政策 20 年发展历程及反思[J]. 交通运输研究, 2018, 4(3): 1-8.

[10] 余水仙，杨涛，钱林波，等. 国内外特大城市交通需求管理政策与实施效果比较研究[J]. 交通与港航, 2020, 7(6): 23-30.
[11] 孔万锋. 杭州“城市数据大脑”：交通治堵的探索和实践[J]. 公安学刊(浙江警察学院学报), 2018(1): 54-58.
[12] 杭州市交通运输局. 杭州“城市大脑”智治交通拥堵[N]. 2019-12-23(001).
[13] 牛强，夏源，牛雪蕊，等. 智慧城市的大脑——智慧模型的概念、类型和作用[J]. 上海城市规划, 2018(1): 40-43, 62.
[14] 王乐. 交通预约通行政策与深圳市实践[J]. 交通与运输，2019，32(S1)：97-102, 107.
[15] 杨铭. 基于交通需求管理的探究——以北京、上海为例[J]. 城市建筑, 2020, 17(12): 47-49.
[16] 李效，叶坚，徐冉，等. 南京市城区交通供需分析及管理方法思考[J]. 现代交通技术, 2018, 15(6): 50-55.
[17] 李晓玉，苏跃江，崔昂. 广州市交通需求管理策略应用与思考[J]. 交通与港航, 2020, 7(6): 13-22.

第 3 章

交通需求管理的相关理论和研究

交通供需平衡理论是借助经济学中商品市场供需平衡的理论类比应用到交通工程领域，分析交通需求与交通供应的变动、移动规律以及交通供需平衡状态的特征，用以从宏观层面解释城市交通拥堵的本质原因。

离散选择模型是以经济学中的效用理论为基础，运用概率论推导建立起来的，在交通工程领域最早应用到四阶段交通需求预测模型的交通方式划分中。结合意愿调查（SP，Stated Preference），离散选择模型可用于评估交通需求管理措施的实施效果[1]。

拥挤定价理论主要用于分析拥挤收费这项交通需求管理措施中的收费价格确定问题，讨论不同定价水平下这项交通需求管理措施的效果。

3.1　交通供需平衡理论

交通供需平衡理论是借助经济学中商品市场供给与需求基本理论进行类比应用，解释城市交通中不同供需条件下交通运行状态的变化规律，分析交通需求与交通供给的变动、移动规律以及交通供需平衡状态的特征，能够从宏观层面揭露城市交通拥堵的本质原因，为缓解城市交通拥堵提供对策与思路[2]。

3.1.1　商品市场供需平衡理论

供需平衡理论用于诠释消费者的偏好如何决定商品的消费需求，同时企业成本又如何成为商品供给的基础，供给和需求的变动导致产出和价格的变动。本节主要引入经济学中关于供给和需求的概念与理论，为分析交通供需平衡提供基础，主要内容包括需求曲线和供给曲线的特征、移动规律、变动规律及其影响因素，供给与需求的均衡特征和变动规律等。

3.1.1.1　需求曲线

1）需求表

人们购买商品的数量取决于它的价格。相同条件下，物品价格越高，人们愿意购买的数量越少；而市场价格越低，人们购买的数量就越多。相同条件时，一种物品的市场价格与该物品的需求数量存在一定关系，价格与需求之间的这种关系称为需求表（Demand Schedule），或需求曲线（Demand Curve）。表 3.1 提供了一个假想的玉米麦片需求表，反映每一价格水平对应消费者购买的玉米麦片数量。

在较低的价格水平下，消费者倾向购买更多的玉米麦片，例如当价格从 4 元/盒下降到 3 元/盒时，购买需求量从 1 000 万盒/年增长到 1 200 万盒/年。

表 3.1　需求量和价格相结合的需求表

玉米麦片需求表		
	（1）价格（美元/盒）P	（2）需求量（百万盒/年）Q
A	5	9
B	4	10
C	3	12
D	2	15
E	1	20

2）需求曲线、特征及原因

需求曲线就是用图形表示的需求表，横轴代表玉米麦片数量，纵轴代表玉米麦片价格，将需求表绘制为需求曲线，如图 3.1 所示。该曲线从左上方向右下方倾斜，具有“需求向下倾斜规律”（Law of Downward-Sloping Demand）：其他条件不变，当一种商品的价格上升时，购买者倾向购买更少的数量。

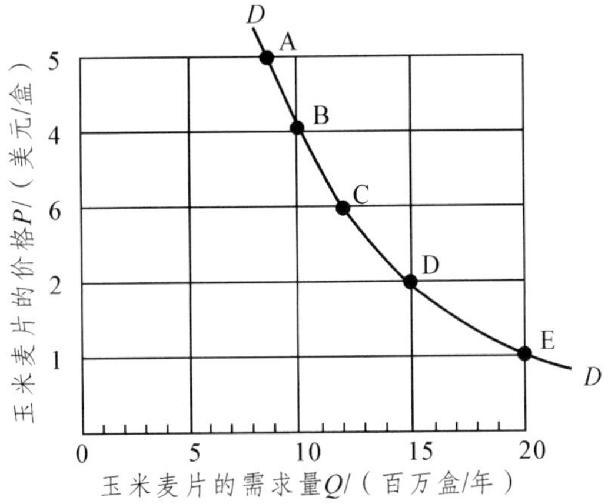

图 3.1　向下倾斜的需求曲线将需求量与价格联系起来

产生需求向下倾斜规律的原因有两个：① 替代效应（Substitution Effect），消费者会用其他类似的物品替代当前价格上涨的物品；② 收入效应（Income Effect），价格上升可以等同于消费者收入降低，相应地会削减物品的购买数量。

3）需求变动与移动规律

沿着需求曲线变动是指其他条件保持不变的情况下，仅价格的变化引起的购买数量的变化。例如，当价格下降时消费者可能会购买更多的产品，但购买量的增加并不是来源于需求的增加。

需求曲线的移动是指当影响需求曲线的某种因素发生变化时，需求总量会发生变化，从而导致需求曲线的移动。例如，收入的增长会导致在同一价格水平下产品购买数量的增加，即需求总量的增加，如图 3.2 所示，需求曲线 *DD* 将整体向右移动至 *D′D′*。

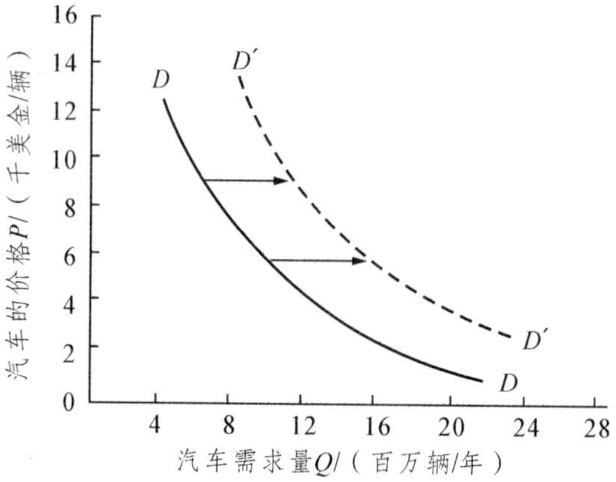

图 3.2　汽车需求增加

3.1.1.2　供给曲线

1）供给表的概念

供给表（Supply Schedule）是指在其他条件不变时，该商品的市场价格与生产商愿意生产和销售的数量之间的关系。表 3.2 给出了一个假想的玉米麦片供给表。当玉米麦片价格较低时，生产商能够获取的利润较少，因此会减少生产该产品；如果玉米麦片的价格上升，在生产成本不变的情况下，生产更多的玉米麦片意味着能够获取更多的利润，生产商则愿意生产更多的玉米麦片。

表 3.2　供给表

玉米麦片供给表		
	（1）价格（美元/盒）*P*	（2）需求量（百万盒/年）*Q*
A	5	18
B	4	16
C	3	12
D	2	7
E	1	0

2）供给曲线和特征

供给曲线就是用图形表示的供给表，横轴代表玉米麦片的供应量，纵轴代表玉米麦片的价格，如图 3.3 所示。该曲线具有向上倾斜的特征：其他条件不变的情况下，产品市场价格上升，供应商愿意生产更多的产品。

生产者提供商品是为了利润，而不是为了乐趣或博爱。决定供给的一个关键因素是生产成本，当一种产品的生产成本相比市场价格较低时，生产者大量供给该物品就有利可图；当生产成本价格较高时，生产者会提供较少的数量，而转向生产其他更高利润的产品或退出该行业。

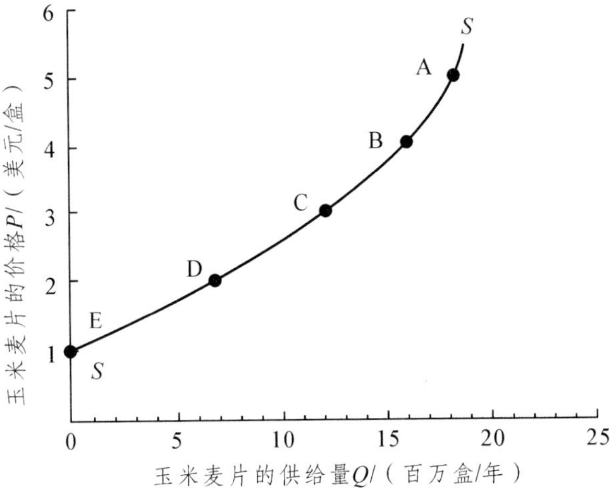

图 3.3　供给曲线

3）供给变动与移动规律

沿着供应曲线的变动是指其他条件保持不变的情况下，仅价格的变化引起的产品供给量的变化。例如，产品价格上涨，供应商会生产更多的产品。

供应曲线的移动是指当物品自身价格之外的其他任何因素发生变动时，供给曲线会发生移动，即产品在同一价格水平上供给总量会发生变化。例如，汽车生产零部件的成本下降使得汽车生产成本降低。因此，在价格不变的情况下，生产商愿意生产更多的汽车数量以获得更大利润，总的汽车供给量增加，如图 3.4 所示，供给曲线将从 *SS* 整体向右移动到 *S′S′*。

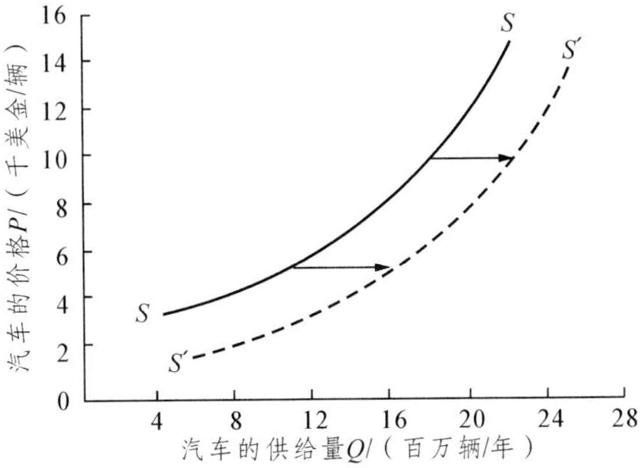

图 3.4　汽车供给增加

3.1.1.3 供应与需求的均衡

1）市场均衡

以上单独分析了供给和需求的规律，当两者放在一起同时考察时，供给与需求的力量相互作用将达到市场均衡（Market Equilibrium），从而产生均衡价格和均衡数量，在均衡点上，消费者愿意购买的数量正好等于供应商愿意生产的数量。如图 3.5 所示，在 3 美元的价格水平时，消费者愿意购买的数量和生产者愿意供给的数量都为 12 个单位，处于市场均衡状态；当价格水平低于均衡价格时，例如 2 美元，消费者需要的数量小于生产商供给的数量，出现了市场短缺，处于供不应求的市场状态；当价格水平，超过均衡价格时，例如 5 美元，消费者愿意购买的数量大于生产商愿意供给的数量，处于供过于求的市场状态。

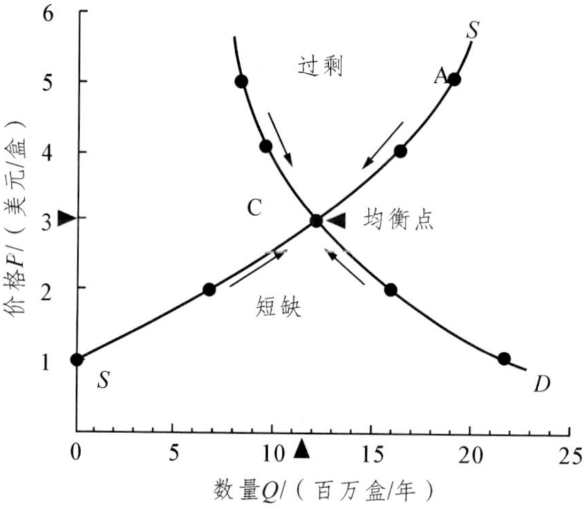

图 3.5 市场均衡发生在供给与需求曲线的交点

2）供给或需求变化对均衡状态的影响

供给曲线和需求曲线的移动会改变均衡价格和均衡数量。需求增加将提高均衡价格和均衡数量，需求曲线向右移动；供给增加将使得供给曲线向右移动，会降低价格和提高需求量。供给和需求的移动对均衡价格和数量的影响如表 3.3 和图 3.6 所示。

表 3.3 供给和需求的移动对均衡价格和均衡数量的影响

变化情况	移动方向	价格和数量的影响	均衡点
需求上升	需求曲线向右移动	价格上升数量上升	见图 3.6
需求下降	需求曲线向左移动	价格下降数量下降	
供给上升	供给曲线向右移动	价格下降数量上升	
供给下降	供给曲线向左移动	价格上升数量下降	

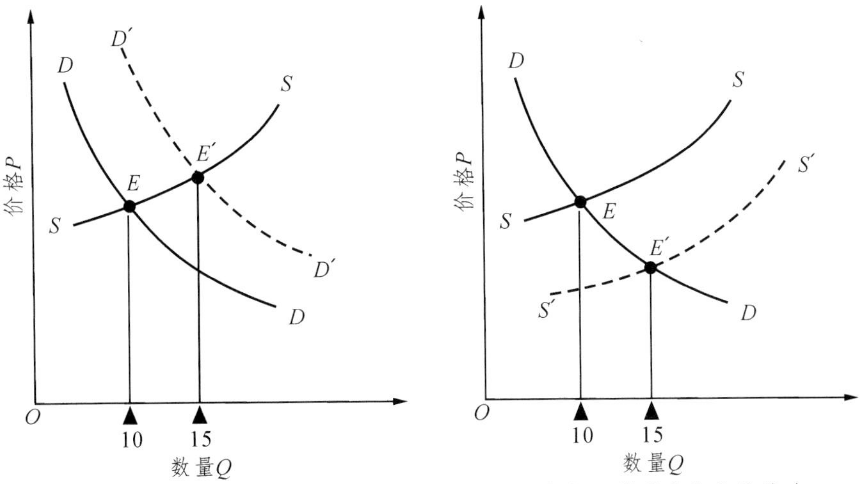

（a）需求的移动　　（a）沿着需求曲线的移动

图 3.6　需求的移动与沿需求曲线的移动

3.1.2　交通供需平衡理论

交通可以视为由交通行业市场提供给出行者的一种服务，这个市场中有道路建设部门、车辆生产商、公共交通运营商、交通管理者等。与其他类型的服务产业类似，交通行业的产品可以用不同价格条件下的服务水平进行表征，如出行时间、安全性、准点性、舒服度等。交通的服务水平不是固定不变的，而是随着交通出行者的使用量的变化而变化。例如，城市中两个交通小区之间有一条公交线路相连接，如果大多数出行者都选择乘坐公交，那么这条公交线路会变得比较拥挤，即使公交价格维持不变的条件下，公交的服务水平也在下降。这种情况下，可以用两个函数进行分析：① 服务函数，用于描述交通服务水平随出行量的变化规律；② 需求函数，用于描述出行者的数量如何随着交通服务水平的变化而改变。这两个函数定义的前提是在给定的价格水平、交通设施等的情况下。

在分析交通供需平衡时，通常将服务水平视为商品市场中的供给，将出行量类比视为商品市场中的需求，可以借助商品市场中的供需平衡理论解释交通行业市场中的变化规律。

1）交通供应：服务水平

服务函数用以描述交通服务水平的变化规律，其定义如下：

$$s = J(T,\ V) \tag{3.1}$$

式中：s——服务水平，简化起见，用出行时间 t 的倒数来表示，即 $s=1/t$；

J——服务函数；

T——交通系统；

V——出行量。

从定义 3.1 可以看出，服务水平与交通系统 T 本身和出行量 V 两个影响因素相关。根据实际情况分析，得出其规律：

（1）服务水平与交通系统呈正比。交通系统的设施越好，供给交通服务水平越高。

（2）在交通系统一定的条件下，服务水平与出行量呈反比。当交通系统维持 T_0 状态，出行量越大，拥挤程度越高，服务水平则越低。

服务函数曲线如图 3.7（a）所示。为了便于分析交通供需平衡，将服务函数的纵坐标转化为出行时间 t 表示，则服务函数曲线如图 3.7（b）所示。

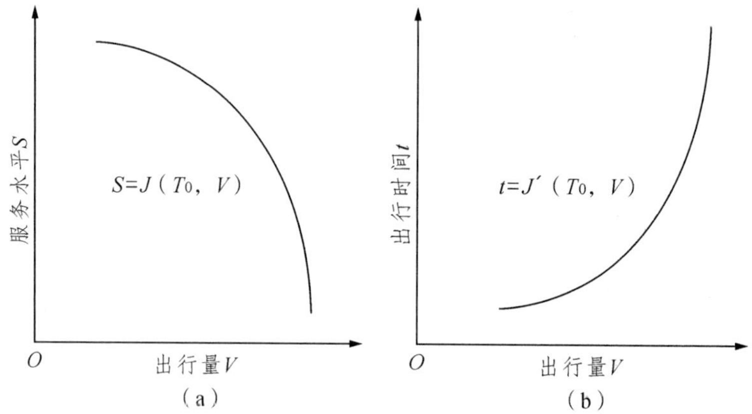

图 3.7　服务函数曲线变化规律

2）交通需求：出行量

需求函数用以描述交通需求的变化规律，其定义如下：

$$V = D(A, s) \tag{3.2}$$

式中：V——出行量；

D——需求函数；

A——社会活动系统；

s——服务水平。

从式（3.2）可以看出，出行量受社会活动系统和服务水平两方面因素的共同影响，存在如下规律：

（1）出行量与社会活动系统强度呈正比。社会活动越频繁、强度越大，出行量越多。社会活动系统强度与多种因素相关，例如，经济水平越高，人均出行次数越大，相应的社会活动系统强度越高。

（2）出行量与服务水平呈正比。在社会活动系统维持在一定的强度（A_0）下，服务水平升高，出行者出行意愿会增加。

需求函数曲线如图 3.8（a）所示。为了便于分析交通供需平衡，将需求函数的纵坐标转化为出行时间 t 表示，则需求函数曲线如图 3.8（b）所示。

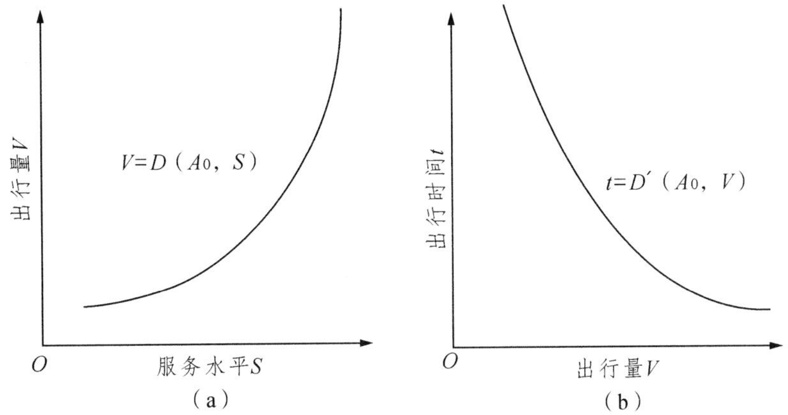

图 3.8　需求函数曲线变化规律

3）交通供需均衡、演化和特征

（1）交通供需均衡状态。

在一定的社会活动强度（A_0）和交通系统（T_0）的条件下，交通供需在点 F_0 处于均衡状态，如图 3.9 所示，在均衡状态、出行时间为 t_0 的服务水平下，出行者的出行需求等于交通部门能够供给满足的出行量 V_0。

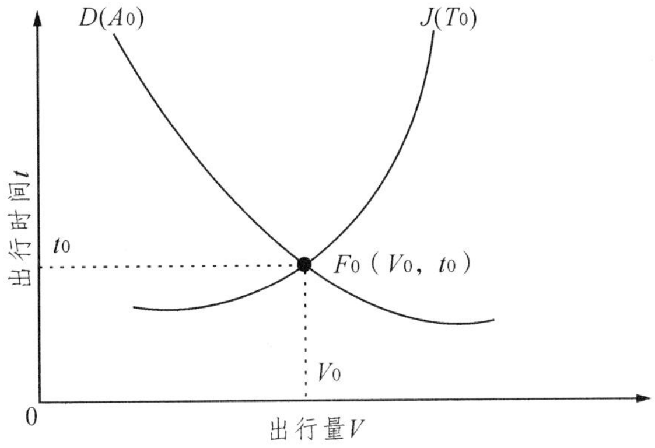

图 3.9　交通供需均衡状态

（2）交通供需均衡的演进规律。

交通供需均衡不是一成不变的，而是一种动态平衡，它受到交通市场中相关因素的影响而产生变化，主要的演进规律是：

① 随着经济增长、城市化进程推进，社会活动系统强度、交通系统等相关因素会发生变化，这些变化通常是交替出现的，而不是同时发生的。

② 根据大量城市交通发展实际，交通系统的改善通常滞后于社会活动系统的变化。首先，受收入增加、人口增长、城市开发密度增大等影响，社会活动系统强度增大，由 A_0 增强为 A_1，社会总的交通需求增加，需求曲线向右移动，如图 3.10 所示，交通供需均衡点从 F_0 沿着供给曲线 $J(T_0)$移动到 F_1，在新的均衡点 F_1 处，均衡

出行时间增加到 t_1，均衡出行量增大为 V_1，这个过程中交通供给或者服务水平没有发生变化。

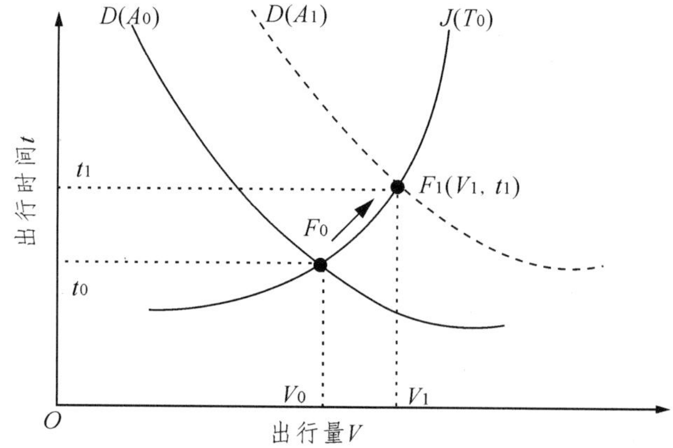

图 3.10　交通需求增加、需求函数曲线右移后达到新的供需均衡 F_1

（3）交通供需均衡特征。

① 需求增加导致出行量增大，当其达到或者超过原有交通供给的承载力时，交通管理部门会对交通系统进行改善，使其从 T_0 提升为 T_1，这时社会总的交通供给增加、服务水平提升，服务函数曲线右移动，如图 3.11 所示，交通供需均衡点从 F_1 沿着需求曲线 $D(A_1)$移动到 F_2，在新的均衡点 F_2 处，均衡出行时间下降到 t_2，但出行量仍然被刺激增加，均衡出行量达到 V_2。

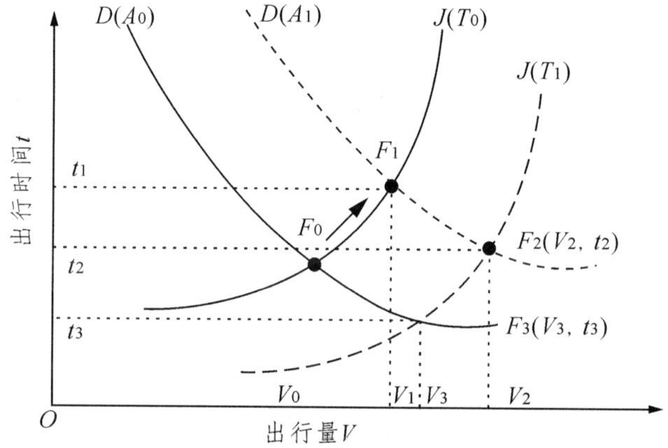

图 3.11　交通供给增加、服务函数曲线右移后达到新的供需均衡 F_2 和 F_3

② 实际上，也存在交通系统的改善先于社会活动系统的变化情况。例如，为了带动支撑新城开发建设，优先开通连接新城与主城的轨道交通，发挥交通先导作用。在此情况下，首先是交通供给增加、服务函数曲线右移，如图 3.11 所示，交通供需均衡从 F_0 沿着需求曲线 $D(A_0)$移动到 F_3，在新的均衡点 F_3 处，均衡出行时间相比原有均衡降低到 t_3，但由于服务水平的提升会刺激诱增交通需求，均衡出行量会增加到 V_3，从而带动新城开发建设。

3.1.3 讨论与应用

从交通供给的有限性与交通需求的无止境关于“路不是越多越好，也不是越宽越好”的观点，讨论交通供给的有限性：道路面积率、公交发班间隔频率极限等。深化理解交通需求管理的重要意义。

3.2 离散选择模型

3.2.1 发展背景

离散选择模型是根据经济学的基础理论提出来的，从 20 世纪 70 年代开始，美、日等国的学者对离散选择模型的理论与应用做了深入研究。由于离散选择模型具有许多集计模型无法比拟的优点，近年来，离散选择模型作为代替、补充集计模型的手段，越来越多地被应用到工程实践当中，为我国交通工程领域的研究和应用提供了一个有力的工具[3]。

交通需求预测是进行交通规划乃至城市规划、地区规划必不可少的前提，是确保交通规划符合未来发展状况的重要条件。在当今交通需求预测方法中，应用最广泛的理论及模型当是四阶段预测法。随着生产力水平的日益提高，世界上一些较早实现工业化的国家，相继出现了社会需求多样化，导致交通需求多样化的趋势，从而导致交通规划的目的、限定的时间范围以及对象范围也呈现多样化的趋势。然而，以往那些以集计模型为基础的交通需求预测方法越来越不能适应这种多样化的需要，在这种背景下，人们开始用新的理论来代替集计分析的研究工作。

1970 年，美国加州伯克利分校经济系教授麦克法登在旧金山市铁路系统交通方式需求预测中提出了 MNL 模型（Multinomial Logit Model），为离散选择模型在交通及经济等领域中的研究开辟了一个新的方向，从而带动了美国的 Ben-Akiva，Lerman 等人的研究小组将这项研究推向实用化阶段。离散选择模型的建模思路具有很大的优势，尤其是模型中能够导入多种政策变量，进而可以评价和决策多种政策方案的实施效果。基于个人决策的非集计分析与传统的集计分析相比，在分析单位、模型标定方法、适用范围、政策表现能力、数据的使用效率和自变量导入可能性等方面均不相同。通常离散选择模型所研究的对象是非连续量（离散量），比如公共汽车、小汽车及地铁等交通方式中的某一个，出行路径 1、2、3 中的某一条等。

从 20 世纪 70 年代起，离散选择模型被广泛应用并不断发展。但是，80 年代左右的研究方法主要受到离散选择模型构造的限制，即模型中为了满足其数值可解性而假设个人效用函数随机项具有独立同分布特性（IID），这虽然在很大程度上简化了 MNL

模型的应用和分析，但由此造成的选择项之间的独立不相关性（IIA）等特性，使此类模型往往不能真实地反映现实情况。

20 世纪 90 年代以来，离散选择模型的研究取得了很大的突破。围绕解决 IIA 的问题，出现了许多新的模型和不同的模型求解方法，离散选择模型在交通需求预测、计量经济学和市场需求预测等领域得到了持续发展。根据对效用函数随机项的分布函数的假设不同，可以将模型划分为两大类：第一类模型，假设效用函数的随机项服从极值分布。这类模型以 MNL 模型[4]为核心，包括分层 Logit 模型、派对 Logit 模型、交叉分层 Logit 模型、通用分层 Logit 模型、混合 Logit 模型[5]等。第二类模型，假设效用函数的随机项服从正态分布。其代表模型为 Probit 模型，它的提出和应用虽然早于 MNL 模型，但由于对它的求解不能仅仅通过解析方法，而需要依赖随机模拟方法，所以其应用范围一直不是很广泛。离散选择模型是本书的重点，本节仅简要介绍离散选择模型的发展以及简单离散选择模型的构建，有关更详细的离散选择模型介绍，如 Probit 模型、Nest Logit 模型、Mixed Logit 模型的建模、问卷设计、模型标定与分析等内容，请详见本书第 7~9 章。

3.2.2　模型推导

离散选择模型是在效用最大化原则下进行推导的。Thurstone（1927）最早用心理学中的刺激因素为背景引出这个推导概念，并建立了二项 Probit 模型，分析受访者在不同程度刺激因素下的反应情况。Marschak（1960）将心理学中的刺激因素转换为效用并推导出效用最大化假设条件下的选择模型。

随机效用最大化模型（Random utility models，RUMs）假设决策者 n 有 J 个方案可供选择，并能够从每个方案中获取一定的效用。U_{nj} 表示决策者 n 从方案 j 中获得的效用，$j = 1, \cdots, J$。这个效用对决策者是已知的，但对于研究人员是未知的，决策者将会选择对他来说获得最大效用的方案。因此，选择行为模型可以表达为：如果 $U_{ni} > U_{nj}$，决策者会选择方案 i，$j \neq i$。

研究人员无法观测到决策者的效用，只能观测到选择方案的某些特征（x_{nj}）和决策者的某些特征（s_n），以此为基础确定决策者的效用变量函数 $V_{nj}=V(x_{nj}, s_n)$，称为表征效用（Representative Utility）。

由于无法观测到全部效用，则 $V_{nj} \neq U_{nj}$，效用可以分解表达为 $U_{nj} = V_{nj}+\varepsilon_{nj}$。其中 V_{nj} 称为效用确定项或者表征效用；ε_{nj} 为随机项，可综合反映没有被观测到的但能影响效用的相关因素。

ε_{nj} 作为随机变量，其联合密度函数为 $f(\varepsilon_n')$，$\varepsilon_n' = <\varepsilon_{n1}, \cdots, \varepsilon_{nJ}>$，根据选择行为模型，决策者 n 选择方案 i 的概率为

$$
\begin{aligned}
P_{ni} &= P(U_{ni} > U_{nj}, j \neq i) \\
&= P(V_{ni} + \varepsilon_{ni} > V_{nj} + \varepsilon_{nj}, j \neq i\ ) \\
&= P(\varepsilon_{nj} - \varepsilon_{ni} < V_{ni} - V_{nj}, j \neq i)
\end{aligned} \tag{3.3}
$$

式（3.3）是离散选择模型的通用表达形式。不同的效用随机项变量分布和假设条件下将推导出不同的模型表达。例如，多项 Logit 模型中假设随机项变量 ε 相互独立且具有相同的二重指数（Gumbel）分布，Probit 模型中假设随机项变量 ε 服从多维正态分布。为了便于理解，以二项 Logit 模型为例进行推导演算。

决策者 n 有方案 1 和 2 可供选择，两个方案的效用分别为 U_{n1}，U_{n2}，按照式（3.3），决策者 n 选择方案 1 的概率为

$$
\begin{aligned}
P_{n1} &= P(U_{n1} > U_{n2}) = P(V_{n1} + \varepsilon_{n1} > V_{n2} + \varepsilon_{n2}) \\
&= P(\varepsilon_{n2} < V_{n1} - V_{n2} + \varepsilon_{n1})
\end{aligned} \tag{3.4}
$$

假设 ε_{n1}，ε_{n2} 相互独立且共同服从二重指数分布，其概率分布函数和概率密度函数分别为

$$
\begin{aligned}
&F(y) = \exp[-\exp(-by)] \\
&f(y) = bF(y)\exp(-by)
\end{aligned} \tag{3.5}
$$

其中，$b>0$ 为尺度参数。式（3.4）中假设 ε_{n1} 为定值，那么相应的选择方案 1 的概率为二重指数分布函数，即

$$
\begin{aligned}
P_{n1} \mid \varepsilon_{n1} &= F(\varepsilon_{n2} < V_{n1} - V_{n2} + \varepsilon_{n1}) \\
&= \exp\{-\exp[-b(V_{n1} - V_{n2} + \varepsilon_{n1})]\}
\end{aligned} \tag{3.6}
$$

事实上，ε_{n1} 并非定值，因此，最终的选择方案 1 的概率为以 ε_{n1} 概率密度为权重对所有 ε_{n1} 相应的 $P_{n1}|\varepsilon_{n1}$ 的积分：

$$
P_{n1} = \int_{-\infty}^{+\infty} \exp\{-\exp[-b(V_{n1} - V_{n2} + \varepsilon_{n1})]\} \cdot b\exp(-b\varepsilon_{n1}) \cdot \exp[-\exp(-b\varepsilon_{n1})]\mathrm{d}\varepsilon_{n1} \tag{3.7}
$$

令

$$
\begin{aligned}
w &= \exp[-\exp(-b\varepsilon_{n1})]\exp\{-\exp[-b(V_{n1} - V_{n2} + \varepsilon_{n1})]\} \\
&= \exp\{-\exp(-b\varepsilon_{n1})[1 + \exp(b\ V_{n2} - b\ V_{n1})]\} \\
\frac{\mathrm{d}w}{\mathrm{d}\varepsilon_{n1}} &= bw \cdot \exp(-b\varepsilon_{n1})[1 + \exp(bV_{n2} - bV_{n1})]
\end{aligned} \tag{3.8}
$$

当 $\varepsilon_{n1} = \infty$ 时， $w = \exp(0) = 1$；当 $\varepsilon_{n1} = -\infty$ 时， $w = \exp(-\infty) = 1$ 。故有

$$
\begin{aligned}
P_{n1} &= b\int_{-\infty}^{+\infty} w \cdot \exp(-b\varepsilon_{n1})\mathrm{d}\varepsilon_{n1} \\
&= \int_0^1 \frac{w \cdot \exp(-b\varepsilon_{n1})}{w \cdot \exp(-b\varepsilon_{n1})[1+\exp(bV_{n2}-bV_{n1})]}\mathrm{d}w \\
&= \frac{1}{1+\exp(bV_{n2}-bV_{n1})}
\end{aligned} \tag{3.9}
$$

式 3-9 为二项 Logit 模型表达形式，简记为 BNL（Binary-nomial Logit）。同理，可推导出多项 Logit 模型，简记为 MNL（Multi-nomial Logit），即某决策者 n 选择方案 j 的概率 P_{nj} 为

$$
P_{nj} = \frac{\exp(bV_{nj})}{\sum_{i=1}^{J}\exp(bV_{ni})} = \frac{1}{1+\sum_{i \neq j}\exp[b(V_{ni}-V_{nj})]} \tag{3.10}
$$

效用确定项与 Logit 模型选择概率关系曲线如图 3.12 所示。该曲线呈 S 形，其曲线特征表明：

（1）当某方案的效用确定项观测值相对于其他备选方案较小时，其效用在小范围内的提高几乎无法提高该方案被选择的概率。

（2）类似地，如果某选择方案的效用确定项观测值远高于其他备选方案，其效用的提高也无法显著提高其被选择的概率。

（3）在概率点 0.5 附近提高效用确定项的取值，才可能较大程度地提高该方案被选择的概率。事实上，大多数离散选择模型的选择概率与选择方案效用确定项之间都具有 S 型特征关系，这对于实际中的政策决策者有重要指导意义。例如，有两个待改善的地区，一个是公共交通服务很差、很少有出行者愿意选择的，另一个是公共交通服务水平已经很高、大多数出行者愿意选择的（当然不是所有人都会选择），如果以提高公共交通的乘坐率为目标，实施相同的改善措施，后者情况下增加的公共交通乘坐率要高于前者。

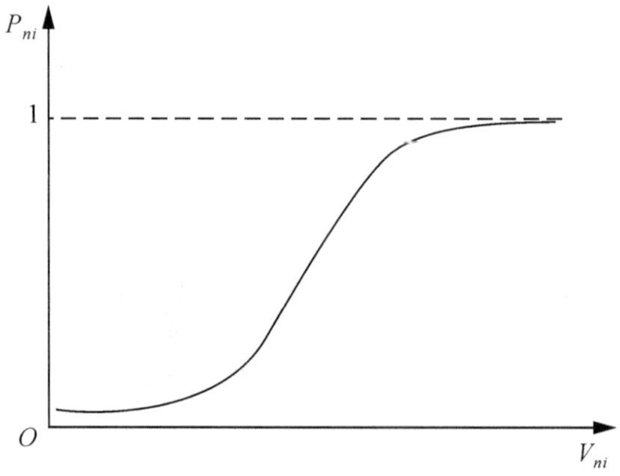

图 3.12　Logit 模型概率与效用确定项关系曲线

3.2.3 效用函数确定项的定义

效用函数确定项取为决策者特性和选择方案的特性的线性函数。[①]决策者 n 选择方案 j 的效用函数确定项 V_{nj} 的定义为

$$V_{nj}=k_j+\beta_1 X_{nj1}+\beta_2 X_{nj2}+\cdots+\beta_K X_{njK} \tag{3.11}$$

式中：X_{nj} 为决策者 n 和选择方案 j 的特性变量观测值；β_k 为待标定的未知参数；k_j 为选择方案 j 的固有常数项（Alternative-Specific Constant），类似于回归模型中的常数项。在讲解具体的效用函数确定项定义方法前，对离散选择模型中的“效用差值”（Differences in Utility）的本质进行重点介绍。

根据选择概率的表达形式，选择方案 i 的概率为

$$P_{ni}=P(U_{ni}>U_{nj},\forall j\neq i)=P(U_{ni}-U_{nj}>0,\forall j\neq i) \tag{3.12}$$

从式（3-12）可以看出，方案 i 的选择概率取决于方案之间的效用差，而不是方案的效用绝对值，如果对每个方案的效用都增加一个相同的常数，各个方案的选择概率也不会增加。这个特性对离散选择模型效用函数确定项的定义有指导意义，只有能够反映出方案效用差异的观测值和参数才有必要进行确定与估计，也才可以作参数简化处理。

1）选择方案的固有常数项

选择方案的固有常数项 k_j，综合反映没有包含在该线性表达式中但对效用有影响的因素平均效果。根据“效用差值”特性，能够影响方案选择概率的是各方案固有常数项之间的差值，而不是常数项本身的绝对取值，因此，定义固有常数项时没有必要每个方案都设定。以公共汽车和小汽车两种交通出行方式选择为例，设小汽车效用为 U_c，公共汽车效用为 U_b，考虑出行时间和出行费用两个影响因素，则可以定义两组效用变量：

$$\left.\begin{aligned}U_{\mathrm{c}}^0&=V_{\mathrm{c}}^0+\varepsilon_{\mathrm{c}}=\beta_1 T_{\mathrm{c}}+\beta_2 M_{\mathrm{c}}+k_{\mathrm{c}}^0+\varepsilon_{\mathrm{c}}\\U_{\mathrm{b}}^0&=V_{\mathrm{b}}^0+\varepsilon_{\mathrm{b}}=\beta_1 T_{\mathrm{b}}+\beta_2 M_{\mathrm{b}}+k_{\mathrm{b}}^0+\varepsilon_{\mathrm{b}}\end{aligned}\right\} \tag{3.13}$$

$$\left.\begin{aligned}U_{\mathrm{c}}^1&=V_{\mathrm{c}}^1+\varepsilon_{\mathrm{c}}=\beta_1 T_{\mathrm{c}}+\beta_2 M_{\mathrm{c}}+k_{\mathrm{c}}^1+\varepsilon_{\mathrm{c}}\\U_{\mathrm{b}}^1&=V_{\mathrm{b}}^1+\varepsilon_{\mathrm{b}}=\beta_1 T_{\mathrm{b}}+\beta_2 M_{\mathrm{b}}+k_{\mathrm{b}}^1+\varepsilon_{\mathrm{b}}\end{aligned}\right\} \tag{3.14}$$

式中：T_{c}，T_{b} 分别为小汽车和公共汽车的出行时间；M_{c}，M_{b} 分别为小汽车和公共汽车的出行费用。当常数项之差 $k_{\mathrm{b}}^1-k_{\mathrm{c}}^1=d=k_{\mathrm{b}}^0-k_{\mathrm{c}}^0$ 时，式（3.13）与式（3.14）两组效用完全等价，其他参数不变的条件下，任何具有相同常数项之差 d 的离散选择模型都会得到同样的结果，这意味着在模型参数标定时没有必要标定两个常数项参数，可以将参

① David Alan Hensher, William Greene. Applied Choice Analysis.

数作标准化处理以减少参数标定工作量，即将其中一个常数项参数设为 0。因此，小汽车和公共汽车的例子中效用可以标准化为

$$
\begin{aligned}
U_c &= \beta_1 T_c + \beta_2 M_c + \varepsilon_c \\
U_b &= \beta_1 T_b + \beta_2 M_b + k_b + \varepsilon_b
\end{aligned}
\qquad (3.15)
$$

标准化后，k_b 为之前方案的常数项差值 d。若备选方案中有 J 个方案可供选择，效用定义时只需要 J–1 个固有常数项参数，其中一个选择方案的常数项标准化为 0，当然也可以设为其数值，这都不会影响模型结果，但设为 0 的处理方法最为简便，可以达到减少模型标定参数的目的。

2）决策者个人特性变量的定义

对每个决策者来讲，个人收入、年龄等特性变量不随选择方案的变化而改变，必须通过定义不同的参数反映出效用差异，否则在模型中就没有意义。仍以小汽车和公共汽车两个选择方案为例，设小汽车效用为 U_c，公共汽车效用为 U_b，考虑决策者收入、出行时间和出行费用三个影响因素，定义效用函数为

$$
\left.
\begin{aligned}
U_c &= \beta_1 T_c + \beta_2 M_c + \beta_{3c} Y + \varepsilon_c \\
U_b &= \beta_1 T_b + \beta_2 M_b + \beta_{3b} Y + k_b + \varepsilon_b
\end{aligned}
\right\}
\qquad (3.16)
$$

式中：Y 为个体收入；T_c，T_b 分别为小汽车和公共汽车的出行时间；M_c，M_b 分别为小汽车和公共汽车的出行费用；β_{3c}，β_{3b} 分别为反映收入对于选择小汽车或者公共汽车影响的效用参数。这里，$\beta_{3c} \neq \beta_{3b}$，否则，在效用差中收入变量为 0，相当于没有考虑收入因素的影响。在效用差中，收入因素的差值项为（$\beta_{3b} - \beta_{3c}$）Y，按照“效用差值”特性，类似于固有常数项的标准化方法，将其中一个收入变量参数设为 0，则效用函数可以标准化为

$$
\left.
\begin{aligned}
U_c &= \beta_1 T_c + \beta_2 M_c + \varepsilon_c \\
U_b &= \beta_1 T_b + \beta_2 M_b + \beta_3 Y + k_b + \varepsilon_b
\end{aligned}
\right\}
\qquad (3.17)
$$

其中：$\beta_3 = \beta_{3b} - \beta_{3c}$。

3）选择方案的特性变量

对于选择方案的特性变量，不同方案本身已经表现出不同特征，能够在选择方案的效用中反映出差异，因此没有必要对相应的参数进行标准化。例如，在小汽车和公共汽车案例中，对应出行成本变量的效用差为 $\beta_2(M_c - M_b)$，由于小汽车与公共汽车的出行成本不同，这两种交通方式的出行成本变量的差值能够体现出效用差异，就不需要为小汽车和公共汽车两种方案分别定义不同的参数。在式（3.5）和式（3.17）中，反映选择方案特性变量的出行时间和出行成本的参数对所有备选方案都相同，分别为 β_1，β_2。

4）定义原则与示例

（1）效用变量定义原则。

效用函数确定项可以划分为两大类别，即选择方案变量和决策者变量。前者可以

进一步划分为选择方案固有常数项（Alternative Specific Constant）、选择方案特有变量（Alternative Specific Variables）和选择方案公共变量（Common Variables）。选择方案特有变量，如“小汽车油耗”“有无自行车”等。选择方案公共变量，如“出行时间”等。选择方案固有常数项，通常要转化为变量形式，如方案 j 固有常数项 k_j 转化为固有常数项变量 $\beta_j X_{nj}$，其中 β_j 为常数项变量参数，X_{nj} 为常数变量（取值为 1），$k_j=\beta_j X_{nj}$。

假设备选方案有 J 个，根据“效用差值”特性，效用函数确定项的定义原则如下：

① 选择方案固有常数项变量数量为 J−1 个。

② 选择方案特有变量只对应于相应的选择方案。例如，对于没有小汽车的决策者，就没有反映小汽车油耗的变量。

③选择方案公共变量定义 1 个参数即可反映出效用差异。

④决策者特性变量数量为 J–1 个。

⑤定性的特性变量采用 0-1 取值。

（2）定义示例。

假设有 3 个备选方案的集合 $A=\{j=1$（自行车），$j=2$（地铁），$j=3$（小汽车）$\}$，考虑选择方案变量有出行时间、出行费用、收入、年龄等，则效用函数确定项的定义如表 3.4 所示。

表 3.4　效用函数确定项定义示例

效用	选择方案特性变量					决策者特性变量					
	固有常数项		选择方案特有变量		选择方案公共变量						
						是否有小汽车	是否有自行车	收入		年龄	
	X_{ni1}	X_{ni2}	燃油费 X_{ni3}	车票费 X_{ni4}	出行时间 X_{ni5}	X_{ni6}	X_{ni7}	X_{ni8}	X_{ni9}	X_{ni10}	X_{ni11}
自行车 V_{n1}	1	0	0	0	X_{n15}	0	X_{n17}	X_{n18}	0	X_{n110}	0
地铁 V_{n2}	0	1	0	X_{n24}	X_{n25}	0	0	0	X_{n29}	0	X_{n211}
小汽车 V_{n3}	0	0	X_{n33}	0	X_{n35}	X_{n36}	0	0	0	0	0
参数	β_1	β_2	β_3	β_4	β_5	β_6	β_7	β_8	β_9	β_{10}	β_{11}

其中：X_{n33} 为小汽车出行燃油费实际花费值；X_{n24} 为采用地铁方式的实际票价；X_{n15}，X_{n25}，X_{n35} 分别为自行车、地铁和小汽车出行时间实际值；X_{ni6}，X_{ni7} 为定性变量，采用 0-1 取值，即{有=1，无=0}；X_{n18}，X_{n29} 相等且为决策者实际收入；X_{n110}，X_{n211} 相等且为决策者实际年龄。在应用模型时，这些变量取值通过询问决策者调查获得。根据表 3.4，写出三种交通出行方式的效用函数确定项：

$$\left.\begin{aligned}V_{n1}&=\beta_1+\beta_5X_{n15}+\beta_7X_{n17}+\beta_8X_{n18}+\beta_{10}X_{n110}\\V_{n2}&=\beta_2+\beta_4X_{n24}+\beta_5X_{n25}+\beta_9X_{n29}+\beta_{11}X_{n211}\\V_{n3}&=\beta_3X_{n33}+\beta_5X_{n35}+\beta_6X_{n36}\end{aligned}\right\}\tag{3.18}$$

需要注意，小汽车效用确定项只包含三项因素："燃油费""出行时间"和"是否有小汽车"，但绝对不意味着只有这三个因素对其效用存在影响。相应的三种选择方案效用差为

$$\left.\begin{aligned}V_{n1}-V_{n2}&=(\beta_1-\beta_2)-\beta_4X_{n24}+\beta_5(X_{n15}-X_{n25})+\\&\quad\beta_7X_{n17}+(\beta_8-\beta_9)X_{n18}+(\beta_{10}-\beta_{11})X_{n211}\\V_{n1}-V_{n3}&=\beta_1-\beta_3X_{n33}+\beta_5(X_{n15}-X_{n35})-\beta_6X_{n36}+\\&\quad\beta_7X_{n17}+\beta_8X_{n18}+\beta_{10}X_{n110}\\V_{n2}-V_{n3}&=\beta_2-\beta_3X_{n33}+\beta_5(X_{n25}-X_{n35})-\beta_6X_{n36}+\\&\quad\beta_9X_{n29}+\beta_{11}X_{n211}\end{aligned}\right\}\tag{3.19}$$

3.3 拥挤定价理论

拥挤定价又称拥挤收费，以 Pigou[7]和 Knight[8]提出的道路定价为理论基础。Pigou 提出由边际成本定价原理将外部效应内在化，这一理论在交通经济学中得到广泛的运用。拥挤定价指将拥挤所带来的外部效应，通过价格形式内部化以改善道路的不经济和过度使用的状况。

城市道路拥挤收费有广义和狭义之分。广义的收费指为解决城市拥挤问题，对城市道路使用者从车辆拥有到道路使用的全程收费，包括道路使用费、燃油税、拥挤税、购置税等。狭义的收费指交通出行者在经过交通拥挤区段时要缴纳道路拥挤费。

3.3.1 拥挤定价理论的分类

1）按照出行链的时间和空间属性分类

拥挤定价理论按照出行链的时间和空间属性可以分为两大类：动态拥挤定价理论和静态拥挤定价理论。

动态拥挤定价是考虑了拥挤定价的时间和空间属性，认为出行的费用和出行需求是时刻变化的，因此拥挤收费也应该是时刻变化的。

静态拥挤定价只考虑拥挤定价的空间属性，该理论适用于没有时变性的交通网络。由于静态拥挤定价理论没有考虑其时间属性，该理论也就没有考虑当前拥挤定价对以后交通拥挤水平的影响。

2）按照研究方法分类

拥挤定价理论按照其研究方法可以分为两类：最优拥挤定价理论和次优拥挤定价理论。

最优拥挤定价理论又称边际成本定价理论。该理论假定已经有了收费体制，对路网中每个用户收取与边际成本费相等的拥挤费用，使用户平衡转移到系统最优平衡。

该理论在实际中运用较困难，因为它忽视了城市交通网络复杂性的特点，有些假设条件不具可行性。

次优拥挤定价理论则考虑的是一个存在约束的路网的道路拥挤收费问题，但是次优拥挤定价理论的约束条件过多从而造成建模复杂不宜求解。

3.3.2 外部效应

外部效应也称外部性或外在性，指一个经济主体对另外一个经济主体产生了外部影响，但是这种外部影响通过非价格机制传递，不能通过市场价格进行买卖。外部效应分为正外部效应和负外部效应。正外部效应指一些经济主体的生产和消费让另外一些经济主体受益却无法向后者收费的现象。负外部效应指一些经济主体的生产和消费让另外一些经济主体受到损失但是前者无法向后者补偿的现象。

1）城市交通的外部效应

城市交通具有很强的外部效应。其正外部效应体现为：城市交通系统为社会带来了巨大的经济效益和社会效益。先进的交通系统使区内外各经济联系加强，促进经济的发展，其所带来的社会效益和经济效益远大于其交通的直接成本和间接成本。其负外部效应包括城市交通系统对环境带来的冲击、交通事故、交通拥挤带来的时间和经济损失、燃油消耗等。

2）城市交通的出行成本

20 世纪初期，经济学家庇古倡导利用边际个人成本和边际社会成本来解决外部效应的问题。问题的关键在于所支付的成本是否小于其所获得的收益。

边际社会成本（MSC）指边际用户加入到交通运输系统后所产生的一系列外部效果，其主要是对其他用户的影响以及对非系统用户的影响。边际社会成本包括：用户自己承担部分，因交通拥挤等对其他用户的影响，以及非系统用户承担的部分，如环境污染、交通事故等。

边际个人成本（MPC）指出行者按照一次出行个人所支付的平均可变成本。平均可变成本是边际用户加入交通运输系统中所承担的直接费用。用户出行的直接费用包括车辆的运行费用和时间费用两部分。车辆的运行费用主要是燃料消耗、轮胎消耗等；时间费用则是出行时间对车辆和人的价值。在交通拥挤的状态下出行成本主要是时间费用且增加比较大。

图（3.13）中，*AD* 为需求曲线，*MSC* 为边际社会成本，*MPC* 为边际个人成本。*B* 点所对应的交通量 Q_0 代表城市道路的最佳流量，它反映了由社会成本来决定出行状况。如果城市交通流量限制在这个值范围内的话，那么出行所带来的社会效益远大于社会成本。*C* 点所对应的交通量 Q_e 代表城市道路的均衡流量，它反映了由个人费用来决定是否出行。均衡流量大于最佳流量是由于出行者没有考虑他们给其他车辆所带来的影响。

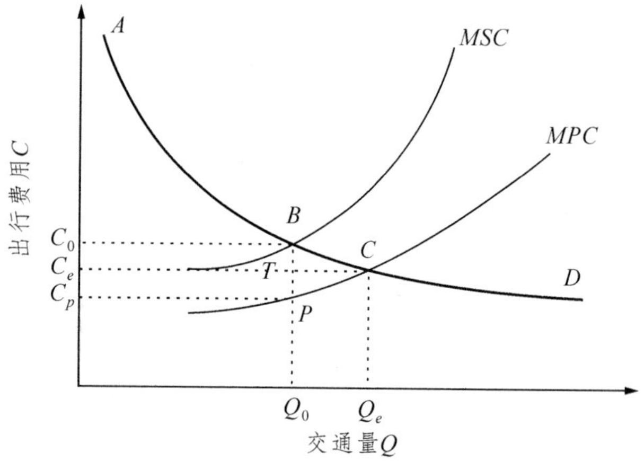

图 3.13　边际成本—流量—需求曲线

Q_0是最佳车流量，此时出行的净效益可以用面积△ABC_0来表示，但是边际出行者并没有考虑到对其他出行者的影响，而是按边际个人成本，此时车流量为 Q_e。当车流量从 Q_0上升到 Q_e时，出行的净效益表示为△$ABPC_p$。可见，车流量从 Q_e下降到 Q_0时，净效益增加了，其净效益等于面积△$ABPC_p$减去△ACC_e，表示那些因为费用提高而退出的出行者所享有的净效益减去退出的出行者在费用提高前所有的净效益。因此，如何让车流量从 Q_e下降到 Q_0，最简单可行的方法就是采取拥挤收费，在拥挤收费的情况下总能让一些出行者处于不利的情况而放弃出行，从而达到交通拥挤收费的目的。

交通拥挤收费的边际成本定价原理认为：为解决城市道路拥挤问题，对行驶在拥挤路段上的出行者征收一定的拥挤费用，其拥挤费用等于边际社会成本与边际个人成本的差值，才能抵消其所产生的负外部效应。

3.3.3　道路拥挤定价模型

目前拥挤定价的理论还不够完善，拥挤定价对用户社会福利和交通流分布的影响尚不明确。现在道路拥挤定价理论主要的研究方向有最优拥挤定价理论、次优拥挤定价理论、基于瓶颈理论的拥挤定价理论等几个方面。

3.3.3.1　最优拥挤定价理论模型

最优拥挤定价也称边际成本定价。该理论认为，为解决城市道路拥挤问题，对行驶在拥挤路段上的出行者征收一定的拥挤费用，其拥挤费用等于边际社会成本与边际个人成本的差值，才能抵消其所产生的负外部效应。该理论模型只考虑了出行者做出出行决策的时候的边际个人成本，忽略了其出行对现状交通造成的拥挤而带给其他出行者的额外成本。出行者只要认为出行所得到的额外个人效益大于其成本，那么出行就是可行的。

假设车辆行驶的成本 C 与速度 S 之间有如下关系：

$$C = F(S) \tag{3.20}$$

速度 S 与交通流量 V 之间有如下关系：

$$S = G(V) \tag{3.21}$$

则车辆行驶成本与交通流量的有以下关系：

$$C = F\left[G(V)\right] \tag{3.22}$$

因此，可以得到交通量为 V 时的总成本：

$$C_T = VC = VF\left[G(V)\right] \tag{3.23}$$

对 V 求微分，得到交通量增加对总成本的影响：

$$\frac{\mathrm{d}C_T}{\mathrm{d}V} = F\left[G(V)\right] + V\frac{\mathrm{d}F\left[G(V)\right]}{\mathrm{d}V} \tag{3.24}$$

式中：$F\left[G(V)\right]$ 为边际个人成本；

$V\dfrac{\mathrm{d}F[G(V)]}{\mathrm{d}V}$ 为拥挤成本，即单位交通量应该支付的交通拥挤费用为 $\dfrac{\mathrm{d}F[G(V)]}{\mathrm{d}V}$。

路网的最优定价理论认为，拥挤定价的目的是净社会效益最大。而净社会效益最大等于出行者愿意支付量减去出行成本：

$$NSB = \int_0^V \mathrm{P}(t)\mathrm{d}t - VF\left[G(V)\right] \tag{3.25}$$

式中：$P(t)$可以认为是出行者的出行价格。根据一阶最优条件对式（3.30）求 V 的积分，得到最优出行的价格：

$$P = F\left[G(V)\right] + V\frac{\mathrm{d}F\left[G(V)\right]}{\mathrm{d}V} \tag{3.26}$$

这与上述的分析一致，即在道路拥挤时出行者应该支付 $\dfrac{\mathrm{d}F[G(V)]}{\mathrm{d}V}$ 的交通拥挤费用，以补偿其出行给其他出行者带来的额外成本。

最优理论定价模型的理论基础浅显易懂，很多学者对其做了近一步的研究和发展。Walter 提出利用边际成本定价原理来评价路网的收费系统，建议将汽油税、里程税、道路拥挤费相互结合来收费。Wie 在边际成本定价理论的基础上讨论了一般交通网络的动态拥挤收费问题，并提出了两个动态收费模型：日复一日的动态用户平衡收费模型、瞬时动态收费模型。

3.3.3.2 基于瓶颈理论的拥挤定价理论模型

瓶颈模型假设在连接生活区和工作区的道路上存在一个通行能力的瓶颈，所有上班用户可能都受瓶颈的制约，总会有人早到和迟到。早到和迟到的费用称为计划延误费。在不收费时，出行费用由行驶时间费和计划延误费构成。当系统达到平衡时，所有用户的出行总费用相等。在动态收费时，一定时刻的收费水平等于不收费平衡时刻用户的等待时间费用，收费并不能改变高峰时段的计划延误费，但是在总的行驶时间中因消除了排队时间而让系统达到最优。瓶颈理论可以清晰地描述排队拥挤的消长和用户出行时间决策。

瓶颈模型假设交通拥挤表现为瓶颈处排队。假设在连接生活区和工作区的道路上存在一个通行能力的瓶颈，一辆车出行总费用由时间消耗、道路使用费和上班早到或晚到惩罚所构成，因此，对于 t 时刻出发的车辆，其总出行费用为

$$\mathrm{C}(t)=\begin{cases}\partial[t_1+q(t)/s]+\beta[t^*-(t+t_1+q(t)/s)]+p(t), & (t\in(t_b,t_0))\\ \partial[t_1+q(t)/s]+\gamma[t+t_1+q(t)/s-t^*]+p(t), & (t\in(t_0,t_e))\end{cases} \tag{3.27}$$

式中：∂——时间价值系数；

$\beta(\gamma)$——上班早到（晚到）的惩罚系数，且 $\gamma>\alpha>\beta$；

t^*——工作开始时间；

$p(t)$——t 时刻道路使用费；

$q(t)$——t 时刻的排队长度；

t_b——排队开始时间；

t_e——排队消失时间；

t_0——车辆准时到达时间。

为使车辆准时到达工作地，即 $t_0+t_1+q(t)/s=t^*$，在 $p(t)$=0 时，达系统平衡状态，每个出行者不能通过改变出行时间来降低出行费用，因此 $\frac{\mathrm{d}C(t)}{\mathrm{d}t}=0$。最早和最晚出发的车辆不参与排队，且出行费用相同，所以

$$\partial t_1+\beta[t^*-(t_b+t_1)]=\partial t_1+\gamma[(t_e+t_1)-t^*] \tag{3.28}$$

在$[t_b, t_e]$区内，瓶颈的通过率为 S，则有

$$N=S(t_b-t_e) \tag{3.29}$$

由式（3.33）和式（3.34）以及 t_0 的定义，可以确定三个时间未知数和$[t_b, t_e]$内每个出行者的成本：

$$t_b=t^*-\delta N/\beta S-t_1 \tag{3.30}$$

$$t_e=t^*+\delta N/\gamma S-t_1 \tag{3.31}$$

$$t_0=t^*-\delta N/\partial S-t_1 \tag{3.32}$$

$$C = \delta N / S + \partial t_1 \tag{3.33}$$

式中：$\delta = \beta\gamma / (\beta + \gamma)$。因此，可以实施一种动态收费措施调节车辆出发时刻，使在[t_b, t_e]内的离开率为常数 S，这样就可以消除排队现象，但是系统中没人时的成本依然是 $C = \delta N / S + \partial t_1$。因而动态收费水平应该是

$$p(t) = \begin{cases} C - \beta[t^* - (t + t_1)] - \partial t_1, & (t \in (t_b, t_0)) \\ \mathrm{C} - \gamma[(t + t_1) - t^*] - \partial t_1, & (t \in (t_0, t_e)) \end{cases} \tag{3.34}$$

很明显，不想排队而又希望在理想时刻到达上班地的，就应该多付钱；不愿付钱的人只要晚出发或者早点出发就可以不用排队。

瓶颈模型也称动态模型，它能根据不同时段和路段的瓶颈排队情况来确定最优收费。根据其收费方式的不同，瓶颈模型研究成果分为三类：由 Cohen 等先后推导出的最优惩罚收费模型、Aronnt 推导出的最优单节段拥挤收费模型以及 Laih 提出的阶梯式拥挤收费模型。

3.3.3.3 次优拥挤定价理论模型

次优拥挤定价作为最优拥挤定价的重要补充，已经成为交通拥挤定价的重要分支。次优概念最先是由加拿大经济学家 Lipsey 在研究税收制度中提出来的，后来次优逐步运用到拥挤定价的理论研究中并不断发展，进而成功地发展了最优定价理论。

次优拥挤定价研究包括：基于路网空间结构扩展的次优定价理论，基于多路段、多用户群扩展的次优定价理论，基于多种出行方式扩展的次优定价理论。这里主要介绍多时段简单路网次优拥挤定价模型。

假设出行者可以选择两个时段出行 h=1, 2, 其中 h_1 为高峰时段，h_2 为前高峰时段。起点（O）和终点（D）之间出行者可以选择两条路径出行 $r = t, f$，其中路径 t 为快速路，路径 f 为普通路。为了简化模型，在计算时路径就是路段，同时不考虑高占有率的车辆。次优收费的目标是社会福利 W 最大，同时只有快速路收费而普通路不收费。

$$\begin{aligned} \max W = & \int_{(0,0)}^{(v_1,v_2)} P_1(u_1,u_2)\mathrm{d}w_1 + P_2(u_1,u_2)\mathrm{d}w_2 - \\ & [x_{1t}c_{1t}(x_{1t}) + x_{1f}c_{1f}(x_{1f})] - [x_{2t}c_{2t}(x_{2t}) + x_{2f}c_{2f}(x_{2f})] \end{aligned} \tag{3.35}$$

式中　$v_1(v_2)$——1 时段/2 时段 OD 间的交通量；

$x_{1t}(x_{2t})$——在 1 时段/2 时段路径 t 上的交通量；

$c_{2t}(c_{2f})$——在 2 时段路径 t 或 f 上的出行成本。

出行成本的计算公式：

$$c_{hr}(x_{hr}) = L_r\left[\gamma_r + \delta_r\left(\frac{x_{hr}}{V_{kr}}\right)^4\right] \quad (h = 1, 2;\ r = t, f) \tag{3.36}$$

式中　L_r——路径长度；

V_{kr}——路径 r 的通行能力。

$$\gamma_r = \partial T_r^0 + \beta \tag{3.37}$$

$$\delta_r = 0.15\partial T_r^0 \tag{3.38}$$

式中　∂——出行时间价值（元/min）；

β——运营成本（元/km）；

T_r^0——每千米非拥挤出行时间（min）。

假设起点、终点间出行量与出行价格存在如下函数关系：

$$\begin{aligned} v_1 &= Q_1 - \beta_{11}P_1 + \beta_{12}P_2 \\ v_2 &= Q_2 - \beta_{21}P_1 + \beta_{22}P_2 \end{aligned} \tag{3.39}$$

由上述函数可以看出，高峰时段出行需求取决于不同时段的出行价格。根据需求理论，交叉价格系数 $\beta_{12}=\beta_{21}$。因此，可以得出其反函数，也即出行价格是线性函数：

$$\begin{aligned} P_1 &= A_1 - b_{11}v_1 - b_{12}v_2 \\ P_2 &= A_2 - b_{21}v_1 - b_{22}v_2 \end{aligned} \tag{3.40}$$

式中：$b_{12}=b_{21}$，即可积分条件 $\frac{\partial P_1}{\partial v_2}=\frac{\partial P_2}{\partial v_1}$ 满足，这就使得系统的总社会福利积分有意义且具有唯一性。而 Q_1，Q_2 的值应该是高峰时段应该征收的拥挤费用。

综上可以看出，次优拥挤定价模型最多考虑四维度中的三个。从上述模型可以看出，考虑一个维度所建立的模型已经很复杂，如果考虑多个维度，所建立的模型将更加复杂，从而难以求解。因此，同时考虑多路段、多方式、多时段这三个维度的相互影响的模型还没有出现。

3.3.4　拥挤收费意义

拥挤收费是交通需求管理的一个重要手段。城市可以通过拥挤收费缓解城市道路的过渡和不经济的使用，所征收的拥挤费用可以用于城市道路基础设施的维护与保养，同时提高城市道路的运输效率。科学的拥挤收费让路网的交通流量控制在一个最佳水平，从而使路网整体运营效率有效提高，提高了能源的利用效率并且减少了汽车的尾气排放，有利于环境保护，从而实现社会的净效益最大。

道路拥挤收费可以在战略、管理上为公共交通的优先发展创造条件。随着经济、人口的增长，城市发展公共交通是世界各大城市交通的优先发展战略。城市公交会受到私家车等的冲击，拥挤收费赋予了公共交通免费通行和优先通行的权利，提高了小汽车的出行成本，让部分出行者选择公共交通。所征收的拥挤费用可以投入公交建设，提高公交运营水平，增加公交分担率，让公共交通处于良好的运营状态。

城市道路拥挤收费体现了各种交通运输方式之间的公平性，体现了按照各种交通方式的效率来分配道路的优先使用权，同时也体现了社会的公平性。

参考文献

[1] 关宏志. 非集计模型：交通行为分析的工具[M]. 北京：人民交通出版社, 2004.

[2] 罗霞, 刘澜. 交通管理与控制 [M]. 2 版. 北京：人民交通出版社, 2008.

[3] John M. Applied choice analysis [M]. Cambridge University Press, 2005.

[4] Koppelman F S, Bhat C R. A self instructing course in mode choice modelling: Multinomial and nested logit models[J]. Logits, 2006.

[5] 刘建荣, 郝小妮. 基于随机系数 Logit 模型的市内出行方式选择行为研究[J]. 交通运输系统工程与信息, 2019, 19(5): 108-113.

[6] Laura Eboli, Gabriella Mazzulla. A stated preference experiment for measuring service quality in public transport[J]. Transportation Planning & Technology, 2008, 31(5): 509-523.

[7] Pigou A C. The economics of warfare[J]. American Economic Review, 1961: 54-56.

[8] Knight F H. Some fallacies in the interpretation of social cost[J]. Quarterly Journal of Economics, 1924(4): 582-606.

第 4 章

交通需求管理政策典型措施与实施效果

4.1 限制小汽车交通需求

4.1.1 拥挤收费

交通拥挤收费的概念于 19 世纪 70 年代提出，是指利用经济学中的价格原理对交通需求加以限制，使系统处于最优或者适度拥挤状态的交通管理手段，即在特定的时段和路段对车辆进行收费，使边际个人成本提高到边际社会水平，用于补偿由于该交通出行者的加入而给社会带来的外部不经济，从而减少繁忙时段和拥挤路段的交通负荷，达到缓解交通阻塞的目的。

4.1.1.1 国内外关于拥挤收费之现状

由于交通拥挤收费涉及面广，牵涉到各方利益的调整，各种不利影响也不能事先完全预测，很多国家仍处于探索阶段。目前，新加坡、伦敦、特隆赫姆、多伦多等城市已不同程度地在城市部分区域或道路上收取交通拥挤收费以调节交通需求，如表 4.1 所示。

目前，新加坡经多年的发展已经形成了一套完整的政策和措施，控制汽车的拥有和使用。车辆配额政策（Vehicle Quota System，VQS）和车辆使用权税是减缓汽车保有量增长的主要措施，电子道路收费（Electronic Road Pricing，ERP）和停车费是控制汽车使用的主要措施。伦敦则制定了 2025 年交通发展政策体系，引入基于排放的收费措施，改进收费技术，逐步应用基于电子标签收费技术，推行“分时段收费”。

我国还没有实施拥挤收费的先例，但受国外城市的成功实施鼓舞以及城市交通拥挤压力日益增大情况下，部分特大城市（例如上海、北京、深圳）对城市交通拥挤收费开展了研究。近年来，从技术方面来看，电子收费系统和收费监控系统能够准确无误地进行自动计费和收费，并且能够很好地保护出行者的隐私权，也为国内推行交通拥挤收费提供了一定的可行性[1],但是拥挤收费的实现必然要基于一些外延性的政策支持，例如高质量的公共交通服务体系、科学的城市规划布局等，同时还牵涉政治、经济、文化、公众心理等社会因素。各地政府对待交通拥挤收费，总体上都采取了“不急于实施、作为战略储备措施加以研究”的审慎态度。

表 4.1　世界部分大城市实施拥挤收费情况

国家	措　施	效　果
新加坡	20 世纪 70 年代设置一个近 600 公顷的收费区域（Restricted Zone，RZ）实行区域通行证制度（Area License Scheme，ALS），每个通行证每天需要 3 新加坡元（一个月 60 新加坡元）——每天 7:30 am—9:30 pm，除了公共车辆、高载客率的小汽车 HGV（含驾驶员 3 人）外，进入收费区的车辆必须出示区域通行证 AL。1998 年开始使用电子道路收费系统（ERP）替换区域通行证 ALS[2]	高峰小时交通量下降了 45%（其中 70%以上的为单独驾车），平均车速从每小时 18 千米增加到每小时 35 千米。使用公交上班的出行增加了近 50%，达到上班总出行的 46%，汽车合乘比例也大大提高
伦敦	2003 年 2 月，伦敦开始实施拥挤收费[3]，实施收费的区域为内环路以内。收费标准：每天每辆小汽车 5 英镑（2005 年 6 月开始为 8 英镑）。收费时间：周一至周五 7:00 am—6:00 pm。2007 年 2 月，收费区域向西部扩大	交通状况明显改善，收费区内通行时间减少了 30%。中央伦敦环路交通拥堵得到一定改善，通往收费区域的放射性道路交通拥堵得到明显改善。收费区域内的交通事故、汽车尾气排放量都有明显下降
特隆赫姆	1991 年引入交通收费制度。收费时间：周一至周五 6:00 am—6:00 pm。每当车辆进入收费区域或经过收费站点时，无人电子收费系统将自动从安装在车窗上的装置中扣除相关费用[4]。收费额度有所限制，可以采用投币方式。在交通高峰期间，收费相应增加，超重车辆加倍收费	高峰时期交通量下降了 10%；所征费用用于交通基础设施建设，如道路建设、购买公共交通工具以及建设自行车道，甚至为闹市区免费提供了 200 辆自行车

4.1.1.2　案例分析

伦敦首次成功实现了国际大都市通过拥挤收费来缓解交通拥挤状况的目的，是迄今为止影响最大且最有成效的案例。其所获得的宝贵经验以及出现的相关问题，引起了世界范围内的瞩目。

1）实施背景

伦敦总面积 1 580 平方千米，总人口 830 万人，常住居民 730 万人，外来人口 100 万人。其中，中央伦敦面积 27 平方千米，居民 20 万人，内伦敦其他地区面积 293 平方千米，居民 280 万人，外伦敦面积 1259 平方千米，居民 450 万人。居民日均出行中，伦敦内部出行 1 720 万人，其中，中央伦敦内部 80 万人，中央伦敦与内伦敦其他地区之间 120 万人，中央伦敦与外伦敦之间 90 万人，内伦敦其他地区内部 410 万人，内伦敦其他地区和外伦敦之间 160 万人，外伦敦内部 860 万人。

中心区作为伦敦发挥世界城市功能的核心地区，就业人口众多，通勤密度显著高于周边地区，巨大的交通流量导致交通拥堵日益严重，城市中心区的交通面临着前所未有的压力。2002 年，伦敦市中心城区全天平均速度仅为 14.3 千米/时，在非拥挤时段平均速度则为 32 千米/时，即交通拥挤时段要比相同时段平均每英里多花掉 3.7 分钟。

对此，伦敦交通管理局（Transport for London）和其他各相关部门经过充分的论证和广泛的公众咨询，决定实施拥挤收费，希望以此来达到四个战略目标：缓解交通堵塞；提高公共交通的服务水平；提高小汽车使用者行程时间的可靠度；提高货物配送服务的效率。拥挤收费前、后的伦敦交通如图 4.1、图 4.2 所示。

图 4.1　拥挤收费前的伦敦交通

图 4.2　伦敦拥挤收费路段

2）实施方案

2003 年 2 月 17 日，中央伦敦（Central London）拥挤收费系统（Congestion Charging Scheme, CCS）正式运行，在非法定节假日的周一至周五的 7:00—18:30，在伦敦市中心公共道路上行驶和停泊的私人车辆（不包括摩托车、机动自行车、急救车、巴士、长途公共汽车、出租车），每天每车支付 5 英镑。2005 年 7 月，收费标准上调为 8 英镑。2007 年 2 月 19 日，实行“西扩计划”，收费时段也调整为 7:00—18:00，收费区域由最初的伦敦中心城区向西扩展，包括中央伦敦和西部扩展区，形成一个大范围的“外延收费区域”（Extended Charging Zone）。西扩前、后的拥挤收费区域如图 4.3、图 4.4 所示。

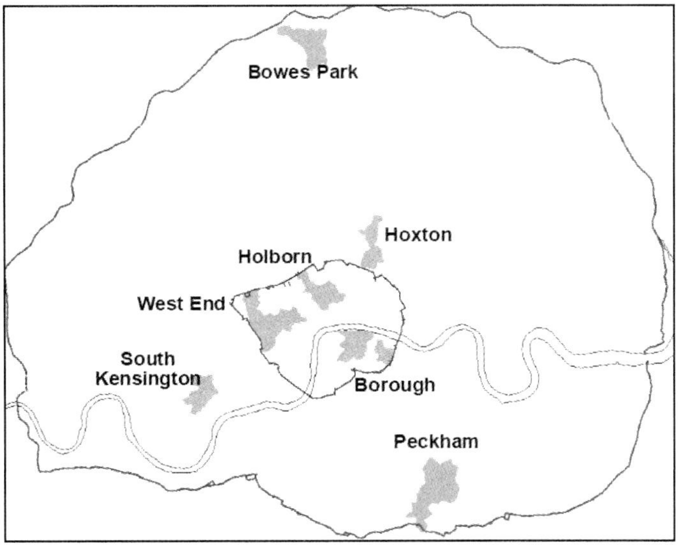

图 4.3　内伦敦和中央伦敦拥挤收费区域（2003 年）

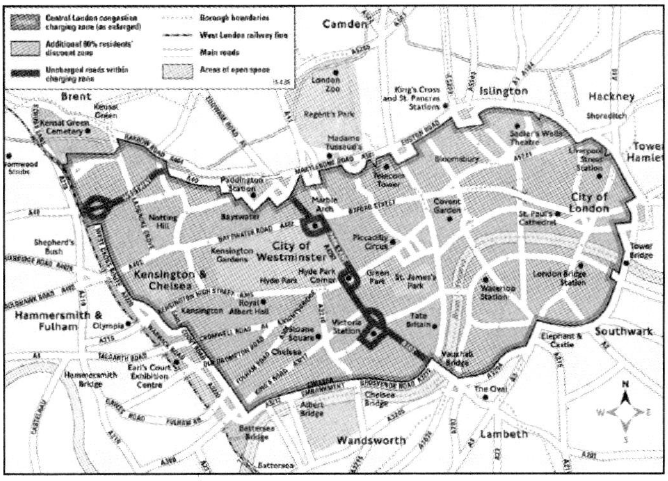

图 4.4　西扩后的拥挤收费区域（2007 年）

3）实施效果

（1）交通量。

与实施拥挤收费前的 2002 年相比，2007 年中央伦敦所有机动车的入境交通量（Traffic Entering）减少了 16%，其中小汽车的交通量减少了 21%，如表 4.2 所示。离境交通流量（Traffic Leaving）自 2003 年大幅下降以来，一直保持稳定水平，如图 4.5 所示。过境交通量（Traffic Circulating）用“车—千米”（vehicle-kilometres）来评价，比较 2005 年、2006 年、2007 年的指标，可以看出拥挤收费对过境交通的影响不太明显，如表 4.3 所示。

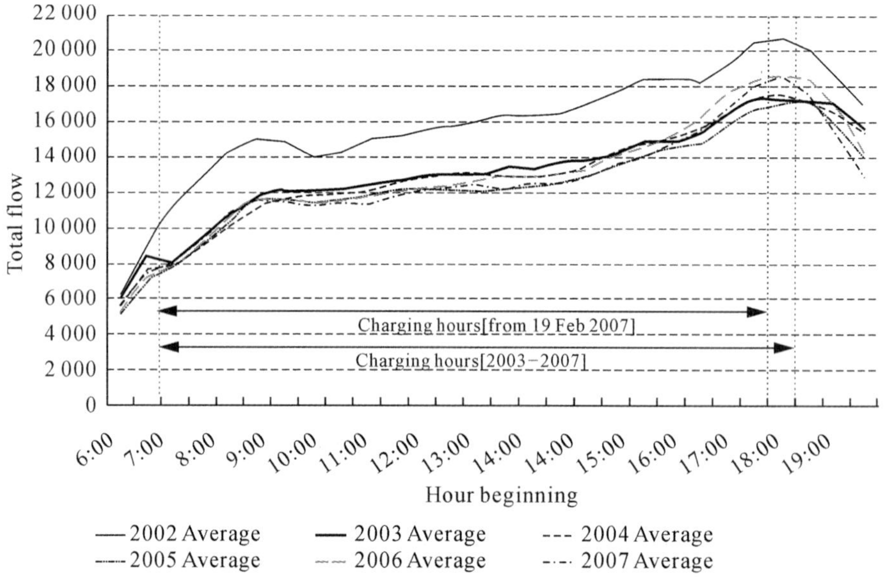

图 4.5　中央伦敦收费区域离境交通流量（2002—2007）

表 4.2　中央伦敦收费区域入境交通量比较（2002—2007）

类　型	2003vs 2002	2004vs 2003	2005vs 2004	2006vs 2005	2007vs 2006	2007vs 2002
机动车	−14%	0%	−2%	0%	0%	−16%
小汽车	−18%	−1%	−2%	−1%	0%	−21%
潜在收费车辆	−27%	−1%	−3%	0%	1%	−29%
——轿车、微型出租车	−33%	−1%	−3%	−1%	0%	−36%
——轻型货车	−11%	−1%	−4%	2%	1%	−13%
——卡车及其他	−10%	−5%	−4%	6%	9%	−5%
免收费车辆	17%	1%	−1%	−1%	−1%	15%
——特许出租车	17%	−1%	1%	−3%	−5%	7%
——短途和长途公交	23%	8%	−4%	−3%	5%	31%
——两轮机动车	13%	−2%	−9%	0%	−3%	−3%
——自行车	20%	8%	7%	7%	12%	66%

表 4.3　中央伦敦收费区域过境交通车千米数（v km）及各类型车辆的比重

类　型	2005		2006		2007		变化量	
	v km (000s)	比重	v km (000s)	比重	v km (000s)	比重	2005—2006	2006—2007
机动车	1.33	100%	1.34	100%	1.34	100%	1%	0%
小汽车	1.11	83%	1.12	84%	1.10	83%	1%	−2%

续表

类　型	2005		2006		2007		变化量	
	v km (000s)	比重	v km (000s)	比重	v km (000s)	比重	2005—2006	2006—2007
潜在收费车辆	0.76	57%	0.78	58%	0.77	58%	3%	-1%
——轿车、微型出租车	0.44	33%	0.46	34%	0.44	33%	4%	-4%
——轻型货车	0.25	19%	0.25	19%	0.25	19%	3%	0%
——卡车及其他	0.07	5%	0.07	5%	0.07	5%	2%	9%
免收费车辆	0.57	43%	0.56	42%	0.57	42%	-3%	2%
——特许出租车	0.29	22%	0.27	20%	0.27	20%	-5%	-1%
——短途和长途公交	0.06	5%	0.07	5%	0.06	4%	4%	-11%
——两轮机动车	0.13	9%	0.12	9%	0.12	9%	-4%	2%
——自行车	0.09	7%	0.09	7%	0.11	8%	-1%	17%

（2）交通堵塞。

伦敦市实施拥挤收费后，收费区内拥挤密度有所降低，这里采用“交通拥挤水平”作为评价指标。交通拥挤水平（见图 4.6），即每千米损耗通行时间（Lost Travel Time）或超额通行时间（Excess Travel Rate），与“交通通畅状态下每千米平均行驶时间”（Uncongested Network Travel Rate）之差。实行交通拥挤收费政策之前，拟收费区域的交通拥挤水平为 2.3 min/km；2003 年全年收费区域的整体交通拥挤水平的平均降幅达 30%；而 2007 年交通拥挤水平下降了 26%，维持在 1.8 min/km 左右。

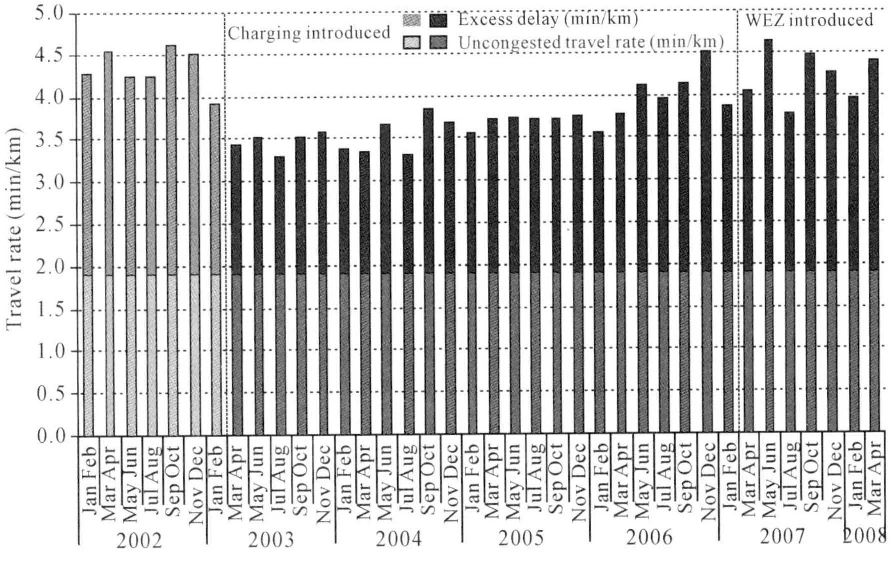

图 4.6　交通拥挤水平示意图（2002—2008）

（3）公共交通。

2003 年，中央伦敦的公共交通客运量相比实施拥挤收费前有大幅增加，之后 4 年一直保持在稳定水平，2007 年早高峰的公共交通客运量达 11.3 万人次。

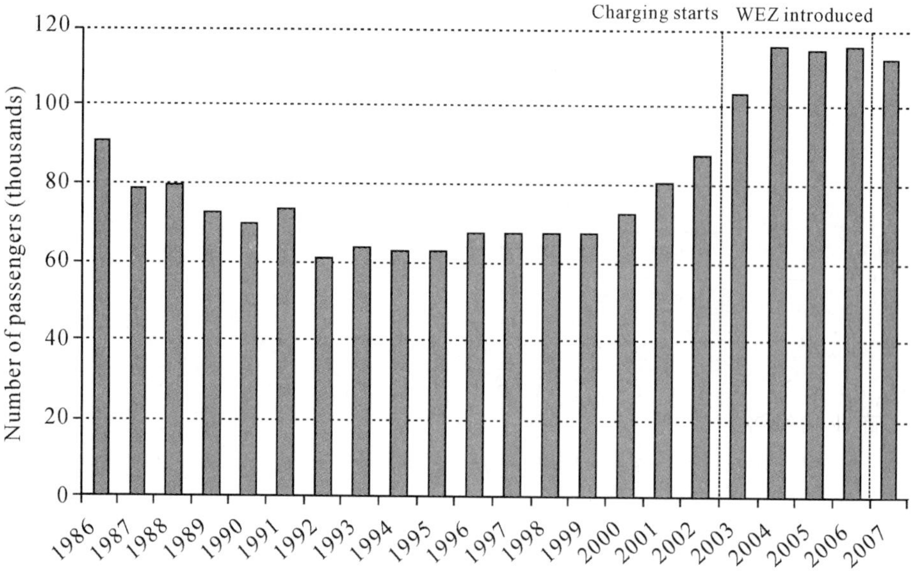

图 4.7　中央伦敦公共交通客运量（7:00—10:00，1986—2007）

4）出行行为与出行结构

从机动车出行的结构来看，中央伦敦收费区域各类型车辆交通量的构成呈现出不断优化的态势，如图 4.8 所示，出租车和公交车的交通量比重呈现较为快速的增长态势，由此可见，在交通拥挤收费政策实施之后，居民的出行方式和出行结构有了明显改善和优化。

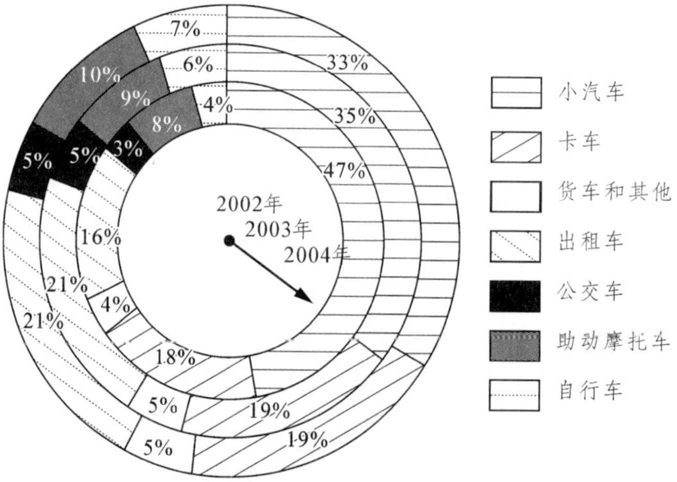

图 4.8　2002—2004 年度年均工作日交通流量结构变动示意图

在西部收费区域，自驾车出行意愿有所下降，其中，购物和休闲旅行减少了 67%，社交出行减少了 42%，工作出行减少了 38%，并且一些居民出行方式的选择也所改变，如图 4.9 所示。

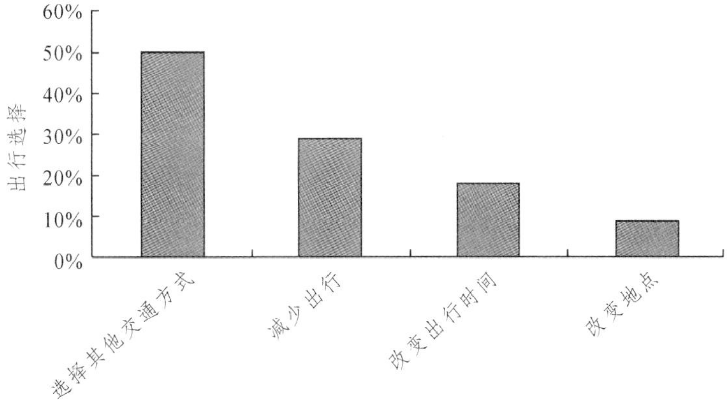

图 4.9　居民减少自驾车出行引起的出行选择的改变

5）商业和经济

实施拥挤收费政策后，中央伦敦收费区域商业销售额的增长较之收费前有明显提高，而其他未收费地区的销售额的增长则明显下降，如图 4.10 所示。此外，收费后的商业利润业绩比收费前有较高提升，如图 4.11 所示。

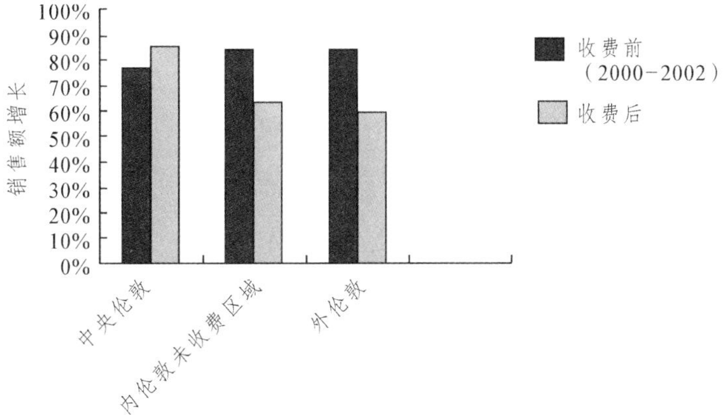

图 4.10　收费前后伦敦地区商业销售额

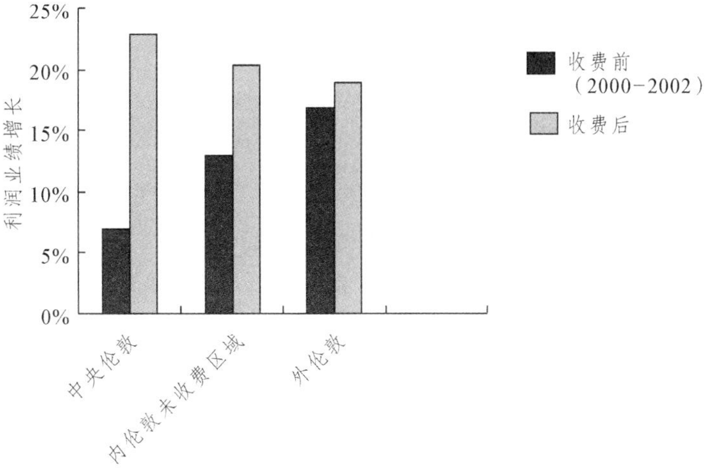

图 4.11　收费前后伦敦地区商业利润业绩

除上述影响外，伦敦拥挤收费的实施还带来了其他影响，如收费区内交通环境明显改善，道路交通事故显著减少；对收费区域内就业情况、商业单位数量、营业额、地租及其收益率都没有产生明显变化；而公众对该政策的支持度较实施前有大幅上升。

4.1.1.3 借鉴意义

虽然伦敦征收拥挤费用在减少道路拥堵上取得了实践性的成功，但是，这并不意味着在我国大城市采用这种措施就必然奏效。拥挤收费的实施要在准确分析交通量的基础上，要求能有效控制高峰时段拥挤地区的交通量，并且考虑其对周边地区可能造成的交通量剧增的负面影响。收费区域还要易于划分，便于管理控制。这是实行区域性拥挤收费政策的必要条件。

因此，中国大城市要想实施拥挤收费，须在发挥自身优势和特点的基础上，认清城市特点，有效利用这一手段，以解决交通问题，促进城市健康发展。

4.1.2 停车换乘

停车换乘（Park & Ride）模式一般指为减少进入城市中心区的车流量，私人小汽车出行者在城市中心区外围停车，换乘城市公共交通进入城市中心区[5]，回程再利用公共交通方式返回到该停车换乘设施的停车场，然后驾驶私人小汽车返回出行起点，即从外围进入中心区的出行由私人小汽车和公共交通方式两部分组成，中间由停车换乘设施连接。P&R 通过低价收费或免费为私人汽车提供停放空间，辅以优惠的公共交通收费政策，引导乘客换乘公共交通进入城市中心区，以减少私人小汽车的使用，缓解中心区域交通压力，最终达到促进城市交通结构优化的目的。

4.1.2.1 国内外停车换乘现状

停车换乘最早出现在美国底特律，之后逐渐遍及全美。国外主要有两种基本的停车换乘设施类型，分别是通勤轨道交通车站的停车换乘设施与位于公交小汽车合乘的停车换乘设施[6]。停车换乘与价格政策和智能交通信息系统一同实施。在国内，香港自 1997 年 12 月开始在九广铁路沿线开展了 P&R 试点，通过联动实施停车费减免等政策，来增加公共交通的吸引力。通过为期一年的数据监测和统计，发现 P&R 降低了进入中心区的车流，有效地缓解了交通压力[7]。自 2007 年以来，P&R 设施已在国内数十座城市得到重视和发展，如北京和上海等。

4.1.2.2 案例分析

英国是最早实施 P&R 的国家之一，最初是在莱斯特、牛津、诺丁汉等城市设置了停车换乘设施。其中，牛津是这些早期试验城市中唯一将停车换乘保留至今的城市，也是英国 P&R 影响最大、实施效果最为成功的城市。

1）实施方案

牛津市为了缓解市区交通压力，自 1973 年开始实施 P&R。市政府在城市外围建设了一条环状分流干道，控制外围车辆进入城市中心区。在城市出入口外围布置了 4 个小汽车换乘站，所有进入市中心的小汽车均可在此换乘公共交通进入市中心。4 个换乘站可容纳小汽车 4000 辆，公交发车间隔为 6~8 min，其使用人数以每年 6%的速度递增。此外，将市中心设置为严格控制停车的区域，仅设置少量的公共停车场，只有居住在市中心的人才允许进入停车。

2）实施结果

（1）正面效果。

① 通过将小汽车拦截在城市周边区域，减少小汽车对中心区道路资源的占用，可以缓解中心区内局部交通拥堵、节约能源和降低中心区空气污染。

② 中心区周边地区的停车资源增加，提高了整体城市的停车供应，以便于中心区将节约的停车用地用作其他开发。目前牛津市20%的中心停车供给是由停车换乘设施来提供的。

③ 通过停车换乘降低中心区小汽车出行，增加步行和乘坐公交的比例，提高中心区的可达性，为中心区提供一个良好的步行环境。牛津市在这 20 多年的时间里，市中心的交通总量增长并不多，而同时期英国其他城市的交通总量增长了 1 倍，牛津换乘站的交通量增长 90%，17%的小汽车交通转移到公交。

④ 对原有小汽车使用者而言，使用停车换乘避免了其在中心区寻找停车泊位，提高了中心区出行的舒适度。

⑤ 类似于轨道交通站点，在边缘区设置停车换乘设施可以带动周边居住、旅游、商业的开发，促进城市多中心组团式的发展。

（2）负面效应。

① 通常停车换乘设施布置在城市边缘的绿带内，这样会带来负面的环境影响。

② 停车换乘措施不仅减少中心区小汽车出行，还可能导致公交出行量的降低。例如，由于停车换乘设施带来的便利性，以前乘坐公交到达市中心的出行者，也愿意选择先开车到达停车换乘点，然后再换乘公交车进入中心区，而不是直接乘坐公交到达市中心。

③ 诱增中心区的交通量。一方面，停车换乘改善了出行环境，使得出行更加便捷、舒适；另一方面，停车换乘提供的补助以及中心区边缘停车费用的减少使得出行成本下降，这些因素促使出行者进入中心区的意愿增强，诱增中心区交通出行需求。

④ 将中心区的交通负荷转嫁给城市边缘区，以牺牲边缘区的资源作为代价。

⑤ 对小汽车的依赖性增强。停车换乘对交通出行提供的便利性越高，出行对小汽

车的依赖性越强，尤其对停车换乘设施周边的居民而言更有吸引力。

4.1.2.3 启示

迄今，停车换乘系统在全球已经有了较广泛的应用，但停车换乘系统未必适用于各个国家的各个城市，它的实施需要一定的条件支持，不可盲目地发展停车换乘。英国牛津城、莱斯特等城市在最早建成的一批 P&R 设施中，大多在十年内关闭，只有牛津城的设施成功持续运营至今，目前 P&R 设施也成为英国减排降堵的重要内容之一，得到了中央政府的大力支持[8]。

近年来，北京、上海、广州、深圳等许多大城市在外围区、郊区等轨道交通沿线车站规划建设了一定数量的停车换乘设施，进行了大量实践，其中少部分为自发形成，大部分为政府拨款建设，通过停车收费和引入开发商资金来补贴日常运营与维护，采取一系列放松管制来缓解衔接公交补贴的财政压力。同时许多停车场的使用与规划预期有很大差异，导致不确定性大和褒贬不一的社会评价。

我国城市多为紧凑型，居民活动范围较小，平均出行距离远低于国外的统计值，据北京等 15 座大城市调查统计，各种方式的平均出行距离为 2.5~5.2 km；很多城市的公共交通体系还不完善，停车换乘并不能发挥其效用。纵观国外发展停车换乘成功的国家及城市，可以总结出这些城市的一些共同特征而得到停车换乘实施条件：

（1）机动车保有量较大。

实践证明，停车换乘的实施效果是，交通拥挤现象越严重，实施效果越明显。换言之，如果城市的机动车保有量较低，交通的机动化水平较差，道路资源可以满足出行需求，此时设置停车换乘设施反而会降低出行的便利性。

（2）中心区功能严重聚集。

国外实践经验表明，停车换乘的主要吸引对象为由城市外围地区向城市中心城区基于家工作（HBW）的长距离出行的人群。所以，设置停车换乘系统的城市的空间发展形态也具有一定相似性，即都存在城市中心区的高度聚集现象。

（3）高效的轨道交通作为支撑。

人们选择停车换乘的目的是提高出行的方便性及快捷性，此时就要求停车换乘系统的实施必须有高效的轨道交通的支撑。之所以只提到轨道交通而非全部的公共交通，是因为在很多国家，公共汽车没有普遍设置运行专用道，而是与私人小汽车共同使用道路，具有相同的路权，运行期间的延误严重，所以在出行高峰期时公共汽车的运行处于同小汽车一样的拥堵状态，而且公共汽车的运量较小、准点率较差，即便由小汽车换乘至公交出行后，出行效率仍然很低，不能够达到停车换乘的便利出行的目的。而轨道交通具有运量大、速度快、准点、可靠性高等优点，可满足出行者停车换乘后的出行要求，因此停车换乘的成功实施需要轨道交通的支撑。

4.1.3 小汽车总量控制

实行总量控制是限制小汽车拥有的手段之一，通过对小汽车增长数量的控制来缓解城市交通拥堵，这是一项具有强制性和约束性的政策。随着城市经济持续增长，居民对小汽车交通出行方式的需求会逐渐增加，当人均 GDP 超过 3 000 美元时，机动车保有量开始迅速增长；当人均 GDP 突破 5 000 美元时，机动车增长将进入陡增阶段，机动车保有量将飞速上升（见图 4.12）。小汽车人均占用道路面积是公共交通的十多倍，如果不加以合理调控，将会对城市交通造成过度冲击，加剧交通拥堵、影响城市运行效率。近年来，我国各大城市机动车保有量增长势头迅猛。截至 2009 年底，北京市机动车保有量达到 400 万辆，上海市机动车保有量接近 300 万辆，成都市机动车保有量超过 200 万辆，多个城市机动车保有量增长率超过 20%，2010 年上半年成都市小汽车日平均上牌数量 1 000~1 500 辆。在这样的背景和趋势下，有必要将小汽车总量控制政策提到缓解城市交通拥堵的议程上。

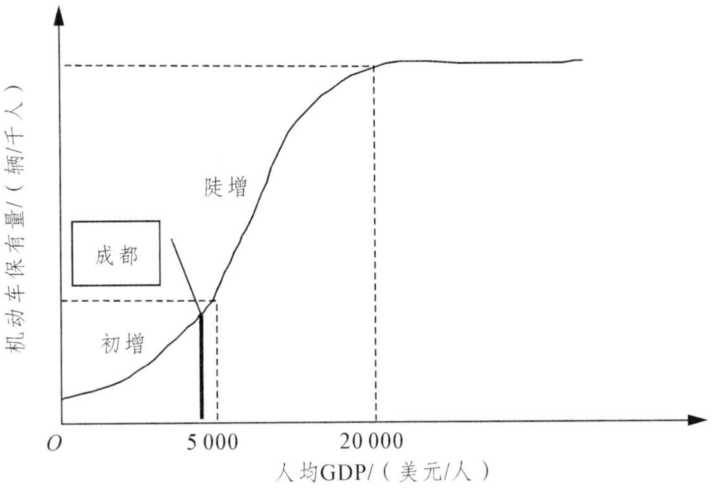

图 4.12 经济发展水平与机动车增长的关系曲线

4.1.3.1 小汽车出行方式的特点

小汽车出行方式具有自由、灵活、便利以及出行空间范围广等优点，其对于中、高收入居民有较强的吸引力。但是，小汽车出行方式带来的负面影响不可忽视，其影响主要有以下五点：

（1）小汽车占用道路资源较多、客流运输效率较低，加剧城市交通压力。

小汽车占用道路资源较高、客流运输效率较低，如图 4.13 所示。据测算，如果采用公共交通所需的道路面积为 1，骑自行车的是 5~7，坐小汽车的要 15~25。公共汽车的平均乘坐率是 60 人/车，而小汽车的是 1.4 人/车。

图 4.13　容纳相同人数的不同交通方式所需的道路资源

（2）小汽车需要消耗较多的能源。

与地铁、轻轨以及常规公交相比，小汽车的每千米每人的能耗是最高的，尤其在能源资源日益紧缺的趋势下，有必要对小汽车交通实行合理控制。

（3）小汽车尾气排放加重城市空气污染。

城市机动车排放的尾气已经成为许多城市空气污染的主要来源，一些城市机动车尾气排放对多项大气污染指标的贡献率已达到 60%以上，尤其是交通拥堵造成大量尾气的集中排放，使得道路环境质量恶化。据欧美各主要城市空气质量检测数据统计，城市中各类主要废气的 40%～90%来自机动车尾气排放，其中，轿车及家用轻型车排出的占 80%。

（4）小汽车交通模式的高成本。

由于小汽车需要耗费较多的道路资源，伴随小汽车使用的增长，不断地拓宽和修建更多的道路以满足小汽车交通需求，这使得大量的市政建设资金投入道路基础设施建设，不仅交通供应通常赶不上交通需求，新建道路还可能诱增更多的出行需求，就需要更多的道路供应、不断增加资金投入。

（5）小汽车为主导的交通模式对非机动交通的阻断和交通安全的影响。

居民社区被快速路、主干道以及大型立交割裂，以非机动化方式为主的社区出行质量受到严重破坏，更重要的是还会加剧交通出行安全问题。

4.1.3.2　小汽车总量控制政策已有实践、探索与效果

在我国，很多城市都对机动车总量实行了控制政策，具体做法是政府限定每个月投放的小汽车牌照数量并对其进行拍卖。上海市是我国最早探索实施小汽车总量控制的城市。上海自 1986 年开始采取私家车牌照拍卖政策，该政策从实施之日起就备受争议，其既有正面效果，也有负面问题[9]。

1）正面效果

该政策切实起到了限制上海市机动车总量增长的作用，减轻了城市交通压力。北京的道路交通设施投资力度高于上海，但交通运行状况却不如上海，原因之一就是北京市未采取任何措施来控制机动车总量，尤其是对私人小汽车的控制。上海市“私车牌照”政策的实施虽然饱受争议，但在限制私车数量的增长和缓解城市交通压力方面

起到了很大作用。

2）负面问题

负面问题主要体现在三个方面：① 由于汽车经销商等利益群体的炒作、哄抬价位，上海车牌拍卖价格一直处在高位，车牌逐渐从公共资源演变成私人牟利的“保值投资品”；② 由于车牌拍卖价格较高，许多上海私家车用户转向购买周边省市的外地牌照，造成上海市养路费流失，同时也影响到上海市本地汽车行业的发展；③ 面对越来越多的上海市本地车上外地牌照的现象，为了控制总量，上海市交通管理部门采取了削减外地车辆路权的措施，例如，高峰期间外地牌照车辆不能上高架道路行驶，给外省市到上海的车辆造成不便。

4.1.3.3 总结与讨论

目前，北京、上海等大城市继续完善小客车指标调控政策，采用摇号上牌或号牌拍卖等形式对小汽车数量进行控制。在北京指标配置逐渐向“无车家庭”倾斜，同时也鼓励在更新存量车时，把现有的汽油车更换为新能源车。针对二线城市，由于普遍没有小汽车总量控制政策，并且在公交优先措施的落实方面存在很多不到位的情况，是导致城市交通拥堵的重要原因之一[10]。

综上所述，就我国城市发展实际而言，关于小汽车总量控制政策主要观点总结如下：

（1）总体上讲，我国城市具有人口密度大、土地资源紧张的特点，应该发展以公共交通为主导的交通模式，小汽车规模应该保持适度水平，适宜对小汽车总量进行合理调控，维持小汽车交通出行需求与城市交通承载力之间的平衡关系。因此，从理论角度来说，对城市小汽车总量进行控制有助于减轻城市交通压力。

（2）作为一项政策措施，必须综合考虑城市经济发展水平、居民接受度、总体交通出行环境等因素，再决定是否实施该项政策。

（3）如果采纳该项交通需求管理政策，需要注意采取措施规避政策可能带来的负面效应。

讨论：选择一个熟悉的大城市，结合实际分析讨论在该城市实施小汽车总量控制的可行性。

4.1.4 小汽车单双号与尾号限行

小汽车限行是一种约束性和强制性较强的交通需求管理政策。2008 年，北京奥运会期间实施了小汽车单双号限行政策，期望从源头上消减一半的小汽车出行以缓解交通拥堵、确保奥运会期间交通组织。奥运会结束后，北京市一直在探索和考虑将单双号限行政策常态化，2010 年 4 月正式提出实施尾号限行政策，实施时间为 2010 年 4 月 11 日至 2012 年 4 月 10 日，号牌组合和轮换周期、限行区域、限行时段不变，即号牌组合为 1 和 6，2 和 7，3 和 8，4 和 9，5 和 0，受限号牌每隔 13 周轮换 1 次，限行区域为北京市五环路以内（不含五环路），限行时间为工作日 7:00—20:00。鉴于北京奥运实施单双号限行政策的效果，2010 年广州亚运会也计划采取该项政策以缓解交通拥堵、保障亚运会期间的交通运行，关于 2010 年 7 月 17 日至 20 日期间实施了亚运会机动车单双号限行首次演练，按车牌最后一位数字实行单号单日、双号双日行驶。本节首先讨论北京奥运会单双号限行政策案例，分析实施背景、方案、效果与问题，再结合北京奥运后实行的尾号限行政策和广州亚运会单双号限行政策的探索，全面、客观地分析小汽车限行政策。

1）北京小汽车单双号限行政策测试试验

在正式实施单双号限行政策之前，北京市于 2007 年 8 月 17 日至 20 日进行了测试试验，记录测试期间采样路段的车速、交通流量、污染排放物等指标，采用有无对比法将其与平时情况进行比较，判定该项政策的测试试验效果[11]。

（1）单双号测试政策内容。

每天 6—24 时为测试时间，在此期间，全市机动车实行单双号行驶，单日单号牌行驶，双日双号牌行驶，个性化号牌按双号管理。8 种车辆不受此次限行措施影响：警车、消防车、救护车、工程救险车在内的特种车，公共电、汽车及大型客车，出租车，小公共汽车，邮政车，各国驻华使领馆和国际组织驻华机构车辆，持公安机关交通管理部门核发的各类货运通行证的，保障城市正常生产生活的车辆，持 2007 年“好运北京”体育赛事车证的车辆。北京市各行政机关、企事业单位的机动车须在实行单双号行驶的基础上，再增加停驶 20%，市、区县党政机关的黄标车在比赛期间必须一律停驶，这样有七成的公车将在综合测试赛期间停驶。

根据北京市交通委员会统计，测试期间，北京每天将停驶机动车 130 万辆左右，占 300 万辆汽车保有量的 43%左右。

（2）测试试验效果分析。

① 交通运行方面。

相关部门统计显示，测试期间，全市九成以上道路畅通，行驶缓慢的路段不到一成，拥堵路段微乎其微；市区主要道路平均小时流量是 3370 辆，比平时同一时间下降了 30.6%；平均车速为 43 km/h，比平时同一时段提高了 53.6%，同时，交通事故下降了 60%。如图 4.14 所示。

（左图 8 月 16 日 8 时 24 分拍摄，右图 8 月 17 日 8 时 17 分拍摄）

图 4.14　单双号政策实施测试期间北京东四环小武基桥区的车流视频截图

清华大学做了更详细的交通流参数统计对比分析，选择 2 个路段采用摄像机记录交通数据，路段 1 位于海淀区北四环附近的学院路，路段 2 位于海淀区北三环中路。根据统计分析结果，未限行条件下晚高峰（17:00—18:30）路段平均行驶速度的平均值为 22.1 km/h，当执行限行措施后（在同一地点同一时间段）路段平均行驶速度的均值达到 53.1 km/h，增幅高达 150%；早高峰机动车路段平均行驶速度在执行限行措施后增幅达到 50%，由 23.8 km/h 提高为 35.5 km/h[12]。

② 空气污染方面。

同限行前的 16 日相比，二氧化碳、一氧化碳、二氧化硫、可吸入颗粒物等和机动车相关的主要污染物排放日均浓度都有不同程度的下降，下降幅度为 15%~20%。限行期间的空气质量为良，污染指数为 90 左右，北京市空气污染程度有所改善。

除北京实施了高度收紧的限制性限行方案外，目前，郑州、长春、兰州、成都等地也逐渐加入了限行的队伍，单双号限行已经慢慢变成现代城市交通的主旋律，有越来越多的城市仿效[13]。

随着人们收入的不断增加，购车需求越来越大，限行政策被越来越频繁地使用，限行政策在环境污染治理和缓解交通压力等方面取得了很多成效。但是也有很多问题渐渐浮出水面，政策的执行慢慢陷入困境：它增加了居民出行的花费，而且会有更多的人选择购买第二台车，同时也使得很多人了为了规避限行政策做出违法违章的行为。因此，必须及时将其与一些行之有效的解决方法结合起来，才能使限行政策更有效地发挥出它的效果。

4.1.5　燃油税

征收燃油税，能提高机动车使用成本，减少机动车出行量，起到优化交通结构的作用，同时也体现交通资源使用的公平。征收燃油税是 TDM 的一种有效手段，美国曾对加利福尼亚州的 4 个主要地区就征收燃油税以及该政策对交通的影响展开研究。结果表明：在 South Coast 地区（即洛杉矶），燃油税提高 0.5 美元/加仑，整个地区的交通量会下降 3.5%，交通拥挤延误降低 9.5%，能源消耗降低 9.3%。如表 4.4 所示。

在对各类机动车征收燃油税的基础上适当提高小汽车燃油税，对减少小汽车使用、改善城市交通拥堵及保护环境有着积极的意义。小汽车是城市交通拥堵和环境污染的主要因素，提高小汽车燃油税可以增加小汽车的使用成本，使小汽车拥有者转向公共交通或慢行交通等更经济的出行方式，从而达到减少小汽车使用、优化交通结构的目的。值得注意的是，征收小汽车燃油税作为 TDM 政策的实质是减少小汽车的使用，而非限制小汽车的拥有，这点不同于对小汽车进行总量控制，因此对汽车产业造成的影响相对较小。

表 4.4 燃油税影响分析（Harvey and Deakin，1997）

地区	Tax Increase	VMT	Trips	Delay	Fuel	ROG	Revenue
Bay Area	\$0.50	−3.6%	−3.4%	−8.5%	−8.8%	3.5%	\$1 332
	\$2.00	−11.7%	−11.3%	−25.5%	−30.6%	11.6%	\$4 053
Sacramento	\$0.50	−4.1%	−3.9%	−7.0%	−9.3%	4.0%	\$414
	\$2.00	−13.2%	−12.7%	−22.0%	−31.8%	13.0%	\$1 245
San Diego	\$0.50	−3.9%	−3.5%	−8.0%	−9.1%	3.8%	\$747
	\$2.00	−12.5%	−12.0%	−23.0%	−31.1%	12.3%	\$2 257
South Coast	\$0.50	−4.2%	−3.5%	−9.5%	−9.3%	4.1%	\$3 724
	\$2.00	−13.0%	−12.5%	−28.5%	−31.6%	12.8%	\$11 235

注：Tax Increase, additional fuel taxes applied in addition to current taxes.
VMT, change in total vehicle mileage.
Trips = change in total vehicle trips.
Delay, change in congestion delay.
Fuel, change in fuel consumption.
ROG, a criteria air pollutant.
Revenue, annual revenue in millions of 1991 U.S. dollars.

提高小汽车燃油税，能进一步体现长距离出行中公共交通以及短距离出行中慢行交通的经济性。公共交通的人均能源利用率高于小汽车且费率较低，燃油税改革能凸显这一优势，引导居民采用公共交通出行，提高公共交通服务效率，发掘公共交通在城市交通体系中的潜力。我国部分城市的一些人群中已经出现对小汽车的依赖，短距离出行仍然使用小汽车。通过征收燃油税提高小汽车出行成本，可以有效地引导居民采用步行和自行车的绿色交通方式出行，对缓解城市交通压力和节能减排产生积极作用。

美国的联邦汽油税和柴油税分别为 0.048 美元/L 和 0.064 美元/L，这些税收被用于交通基础设施的建设[14]。36 个州政府额外征收的燃油税（0.07 美元/L）被用于公路建设。但美国征收的税率较低，不满足出行管理的需要，征收的目的也不在于出行管理。

欧洲部分国家将燃油税作为减少机动车使用的方法之一，税率较高，如德国的汽油税和柴油税分别为 0.81 美元/L 和 0.58 美元/L。对机动车使用者来说，这种政策可以迫使他选择更经济的交通方式，主动节约能源；对政府来说，通过燃油税的使用，可以加强交通基础设施建设及维护，达到双赢的结果[15]。

燃油税仍是诸多国家公路事业的主要财源，美国、日本都直接将燃油税作为公路建设的专项税，德国则在燃油税中开始增征生态税。由于多方面的原因，美国燃油税收收入已经不能满足道路建设资金的需求。对此，美国政府也在寻求新的解决之道，考虑将燃油税职能向“促进节能、清洁能源使用”转变。

目前，我国成品油消费税在实际征管过程中，由于监管不到位和政策漏洞，出现了许多问题和弊端，如成品油消费税征收范围不明确，产品标准体系不完善，等，因此，我国成品油消费税征收监管政策亟待改革[16]。

4.1.6 小汽车合乘

小汽车合乘主要指按照一定的约定，私家车驾驶员愿意让乘客顺路搭乘自己驾驶的车辆出行，并在合适的地方让乘客下车的出行方式。

小汽车合乘对于缓解城市交通具有积极的影响：① 减少道路拥挤，提高通行能力，改善交通环境；② 降低交通高峰期私家车使用率，提高道路利用率和资源利用率，倡导合理使用私家车；③ 减少机动车尾气排放，降低空气污染程度。

同时，小汽车合乘也存在一些负面影响：① 私家车驾驶员驾驶技术参差不齐，乘客安全性不能得到保证；② 发生交通意外或事故后的责任难以区分；③ 在合乘过程中若发生费用，与非法运营很难界定。

4.1.6.1 国内外小汽车合乘现状

1）国外合乘现状

第二次世界大战导致美国的石油和橡胶短缺，致使居民选择共同使用汽车来代替单独驾车上班，由此出现了第一次小汽车合乘[17]。到 20 世纪 70 年代中叶，石油危机的再次出现使小汽车合乘再一次引起了公众的关注。许多国家都鼓励小汽车合乘，来达到减少交通拥挤、空气污染、噪声污染和停车场需求量的目的。

美国政府通过修建高占有率专用道（HOV Lane），鼓励合乘，缓解交通拥堵，提高系统效率，减少尾气排放。日本、英国等国家，采取单位车辆乘客数越多、费用越少的收费制度，鼓励居民合乘出行。韩国、希腊等国家尝试实行了出租车合乘制。

图 4.15 美国 HOV 车道

2）国内合乘现状

国内诸如北京、天津、上海、深圳等地，已经出现了小汽车合乘，并呈现出一定增长的态势。由于小汽车合乘在我国刚刚起步，在规章制度上并不健全，小汽车合乘的影响范围还较小，乘客更多的通过小区内张贴搭车信息或者搭乘单位同事的私家车进行小汽车合乘。

4.1.6.2 总结与讨论

经过欧美国家 20 多年来的实践与探索,小汽车合乘已经成为国外一项非常普遍的交通需求管理措施。鼓励居民合乘出行，可以在一定程度上减少道路交通量，缓解交通拥堵，多人合乘出行共同负担出行费用，也可以在保证出行的前提下节省出行费用。

目前我国各大城市机动车保有量迅猛增长，不仅使城市交通更加拥堵，也给城市环境带来了巨大负担，而小汽车合乘符合低碳交通的出行要求。就现阶段我国的实际情况而言，合乘能不能健康发展并推广为城市交通服务，还不明朗。目前小汽车合乘在我国实行的最大障碍是，由于合乘规章制度的不完善，私家车合乘涉嫌非法营运，出租车乘客不愿合乘。对此，政府应正确引导，鼓励居民合乘出行，大力提倡无偿合乘，并制定相应的优惠政策加以鼓励，坚决打击非法运营车辆，规范不以营利为目的、只收取燃油等成本费用的有偿合乘行为。

相对于国外，目前我国的合乘车辆尚处于起步阶段，且相关研究注重科技手段解决合乘匹配问题。北京、天津、上海、广州、深圳、青岛、杭州等城市人民政府肯定了私人小汽车合乘在现代城市治理体系中的积极作用，相继出台了规范私人小汽车合乘的指导意见。各平台企业积极申报行政备案，主动纳入政府监管。总体上看，我国私人小汽车合乘呈现健康发展态势[18]。

4.1.7 错时上下班

错时上下班制度是指为缓解交通压力而实行的，允许员工在日常的工作制中调整上下班时间的弹性上下班制度，即为了降低职工同时到达和同时离开的数量，规定不同类别的职工的上下班时间[19]。错时上下班制度最早由德国提出，是欧美发达国家大中城市普遍采用的做法，可以有效缓解高峰拥堵并提高工作效率，是被公认和被证明行之有效的提高道路资源利用率的一种方法。从交通工程理论上来说，错时上下班制度是一种“平峰”的手段，通过调整工作时间序列，错开车流和人流，进而达到有效缓解交通拥堵的目的。

4.1.7.1 错时上下班的适应条件

由于新建的道路设施会引发新的道路需求，而交通需求总是超过道路供给，所以在既有道路网络资源条件有限的情况下，实施错时上下班制度是一项较有成效的城市交通需求管理的政策措施。错时上下班制度通过调整不同单位和行业上下班时间，错开出行需求时段，以削减高峰时段交通负荷峰值，减少拥堵和提高道路资源利用率，缓解高峰交通紧张局面，达到交通流量随时间的均匀化，保障城市交通的安全和畅通。

错时上下班制度作为一项交通政策调控手段，既不能从根本上提高道路网络的总容量，也不能削减道路网络上的总流量。它只是从时段上来调节交通需求，把原有道路高峰上的一些出行需求前移或后推一段时间，力求实现道路供需之间的平衡，来缓解交通拥堵状况。基于这一措施考虑的出发点，可以确立它在城市中适用的条件和范围。错时上下班的实施适用以下三个必要条件：

（1）上下班时段内居民出行总量超出道路网络容量范围；

（2）全日出行需求存在明显的早晚高峰，且交通高峰小时系数较大；

（3）全日道路网络流量存在明显的早晚高峰，且交通高峰小时系数较大。

如不具备条件（1），城市交通基本处于通畅状态，无须采用交通调控政策；如不满足条件（2），则出行需求不集中，说明出行本来已经错开，亦无须采取此政策；如不具备条件（3），则表明道路上流量始终处于平峰状态，不存在将高峰时段的流量转移到非高峰时段的可能性，错时上下班的根本目的亦无从达到。

此外，实施错时上下班措施是否具有可行性，还应考虑两个附加条件：

（4）上下班出行方式中私人机动车出行比例较高；

（5）上下班距离以中短途为主，大部分通勤时间宜小于拟错开的时间段，如 30 min。

满足必要条件以后再满足上述两个条件的城市，才具有实施错时上下班的可行性。条件（4）要求高峰段道路交通确实可以压缩，以有效使用道路时空资源；条件（5）要求错开出行时段措施的效果不能因出行时间过长而被湮灭，若不具备这一点，则先一时段开始的出行者尚没有到达目的地，下一时段的出行者已经开始出行，形成在道路上的叠加。这一现象在特大城市尤其普遍，这也正是中等城市实施该措施效果良好的原因。

4.1.7.2 错时上下班措施已有实践、探索与效果

继 2002 年温州市在全国率先实行错时上下班措施后，北京、哈尔滨、重庆、宁波、大连、济南、深圳、杭州、成都等城市先后实行了错时上下班制度，对城市的交通需求进行调控管理。

以成都市为例，2010 年 2 月 20 日起，成都中心城区实行了错时上下班。成都市中心城区机关事业单位上下班时间强制性规定为“朝九晚五”，而其他如学校、金融机构等也实行指导上下班时间。

根据成都市《中心城区错时上下班制度实施效果监测评估报告》[20]，自成都实施错时上下班以来，执行情况比较理想，道路交通运行状况整体有所改善，基本达到预期效果，对缓解城市交通拥堵发挥了一定的积极作用。同时，网络调查结果表明，约 75%的市民认为早晚高峰期间交通拥堵有所缓解，其中约 29.7%的市民认为效果非常明显。该评估报告指出，错时前后早、晚高峰时段基本一致，拥堵指数峰值有所下降。早高峰 8:20—8:40 出行更为集中；晚高峰拥堵指数整体下降，表现为路口排队长度缩短，等候信号时间减少，车速提高。此外，成都市常发拥堵路段里程减少 20%以上，

在车速方面，错时后早、晚高峰时段三环路内整体路网的车速分别提高了 2.5%和 4.3%。实际错时效果与方案制订时预估的效果基本吻合，基本实现了“削峰填谷”的规划目标。但是，错时上下班措施只能在短期内缓解成都市城市交通拥堵的状况。截至 2010 年 2 月，成都市常住人口达 1 100 万人，机动车保有量已突破 240 万辆，全市每日新增机动车数量超过 1 000 辆。按照这一机动车快速增长势头，不超过 4 个月时间，新增机动车所产生的交通流量将可能抵消错时上下班措施的“缓堵”效果，成都市的城市交通形势依然严峻。

从上述成都市错时上下班措施实施进行案例分析，并结合这几年我国各城市实施错时制度情况看，错时上下班制度取得了一些效果，但是也反映出一些问题。

1）取得的效果

首先，实施错时上下班措施后，交通高峰时间得到了一定程度的压缩，缓解了城市交通压力，道路拥堵状况得到了改善；其次，错时上下班大大减轻了高峰时期的公交压力，公交资源可以得到更合理的利用；最后，错时上下班可以提高员工的工作效率和工作满意度。

2）存在的问题

第一，实施错时上下班是一个系统问题，它涉及个人与家庭生活规律以及部门与部门甚至整个业务链的关系；第二，错时上下班制度的推行，对政府城市公共管理的水平提出了更高的要求，管理水平的高低决定了实施效果的好坏；第三，错时上下班作为一项分流交通高峰的交通管理措施，并不能在根本上解决城市交通的拥堵问题，既不能草率实施，也不能作为解决城市交通问题的长久之计。

4.1.7.3 总结与讨论

错时上下班制度在欧美地区（例如，德国、英国、法国、美国等）得到了广泛的采用，并在一段时间内有效地缓解了高峰时段城市交通拥堵问题。目前在国内成都、杭州和温州等城市已经实施了错峰上下班时间制度，其市内交通状况得到了明显改善，居民出行效率也得到了巨大提升。但当相同的政策在大连推出后，初期大连市区的交通拥堵情况确实得到了一定的缓解，但随着天气逐渐转暖、旅游旺季来临、机动车日渐增多以及城市道路桥梁进入施工旺季等情况，错峰上下班刚开始时取得的一些优势也逐渐失掉[21]。

综上所述，针对我国城市发展特点，错时上下班措施的观点总结如下：

（1）错时上下班措施是一项“以管理换资源”的政策，可以在一定程度上缓解城市的交通拥堵状况，尤其是缓解高峰小时交通堵塞的，缩短了人们上下班出行时间。

（2）错时上下班的实施，应该根据具体城市实际情况，研究清楚形成交通拥堵的主要原因以及和错时上下班的关系，分析是否存在错时上下班调整的可能性和必要性。

（3）错时上下班不仅仅是交通问题，更是牵涉到社会生活的方方面面，如果实施不恰当，会带来意想不到的社会后果。

讨论：选择一个熟悉的大城市，结合实际分析讨论在该城市实施错时上下班的可行性。

4.1.8　动态停车收费

现如今，国内外大多数城市现行的停车收费政策是考虑城市空间分区的静态收费政策，面对日益旺盛的停车需求，静态的收费价格和管理政策难以起到有效调控停车需求的作用，溢出的停车需求带来了大量的无效巡游，占用城市道路资源，影响城市交通的有序运行，增加社会管理成本。而停车价格动态调整机制通过实现对小汽车出行需求的有效抑制和停车需求的有效调控，间接实现低碳环保、缓堵保畅以及道路资源的合理分配，面对新时期城市对人居环境改善和可持续发展的更高需求，停车收费价格动态调整机制为政府城市交通治理提供新手段。

4.1.8.1　国内外停车收费现状

就目前停车收费规则而言，全球大多数城市的停车收费标准由停车场所处地理位置决定并保持长期不变[22]，以北京市为例，2019 年的停车收费标准如表 4-5 所示。

表 4.5　北京市 2019 年停车收费标准

收费标准	收费标准	一类地区		二类地区		三类地区	
		小型	大型	小型	大型	小型	大型
白天（7:00—19:00）	首小时内（元/15 分钟）	2.5	5	1.5	3	0.5	1
	首小时后（元/15 分钟）	3.75	7.5	2.25	4.5	0.75	1.5
夜间（19:00—7:00）		1	2	1	2	1	2

由表 4.5 可知，北京市的停车收费标准主要分为三类：一类区、二类区、三类区，全国其他城市的收费标准也类似北京市。由统计数据和城市生活经验可知，市内存在出行高峰期，学者们通过大量停车数据分析得知，停车也存在高峰期。由于停车高峰期的存在，已有个别城市开始调整停车场收费标准，例如中国杭州、沈阳。沈阳市 2019 年的停车收费标准如表 4.6 所示，该收费标准也主要由停车场所在地区决定，与北京市不同的是，沈阳市规定了停车收费的上限。

由表 4.6 可知，该收费标准虽然限制了收费上限但没有体现出停车高峰期的存在，停车高峰期内车位短缺特别明显，亟须某种方法优化停车资源利用率或适当降低停车高峰期内的需求。参考“价格需求”经济学杠杆原理，若在非高峰期内车辆按现有标准收取费用，在高峰期内适当地提高停车位价格，一些价格敏感的驾驶员可能会选择错开高峰期出行或放弃自驾而选择其他交通工具出行，然而现有的收费标准并没有将停车需求的“峰值”现象体现出来。若能新制定一套收费标准能准确地将停车高峰期体现出来，通过价格干预需求，早期在小范围内试行该收费规则，在能有效缓解该范围内停车问题后进行大范围试行。

表 4.6　沈阳市 2019 年停车收费标准

地　区	位置标准	白天（7:00—19:00）	夜间（19:00—7:00）
一类区	收费标准（元/30 分钟）	3	免费
	最高限价（元）	40	
二类区	收费标准（元/30 分钟）	2	
	最高限价（元）	2.5	
三类区	收费标准（元/30 分钟）	1	
	最高限价（元）	10	

4.1.8.2　案例分析

1）项目概况

SF park 项目是美国旧金山（San Francisco）实施的停车管理项目，由旧金山交通局（SFMTA）设立，是交通部“城市伙伴计划”资助的示范项目，总投资 7 000 万美元。通过此项目的实施希望帮助驾驶员更加容易地寻找到可用停车位，改善人们的停车体验，从而减少道路中因寻找停车位而增加的巡游交通量[23]。

该项目采取的具体管理策略与管理目标包括以下内容：① 实现需求响应式定价；② 实现更方便的计费方式；③ 实施更长的停车时间限制；④ 改进停车系统设计，提升用户体验；⑤ 改进停车系统标识信息显示方式，包括停车库的静态标志以及路内、路外停车位的实时可用信息；⑥ 实现高度透明、基于规则和数据驱动的停车收费价格改善方法。

SF park 项目在旧金山市区内选择了 8 个试点区域，在这些区域内完全实施 SF park 的新政策和新技术，并进行数据收集，用来测试 SF park 的管理方案实施效果。这 8 个试点区域分别为：Marina、Fishman's Wharf、Fillmore、Mission、Downtown、Civic Center、South Embarcadero、Port of San Francisco。同时，为了对比评估和验证 SF park 管理政策的实际效果，项目还设置了 3 个控制区域，在控制区域内不实施新政策或新技术，但同样进行数据收集，以便与 8 个试点区域的同时期数据进行对照分析。这 3 个控制区域分别为：Union Street、Inner Richmond、West Portal。

这 11 个区域的地理位置如图 4.16 所示。

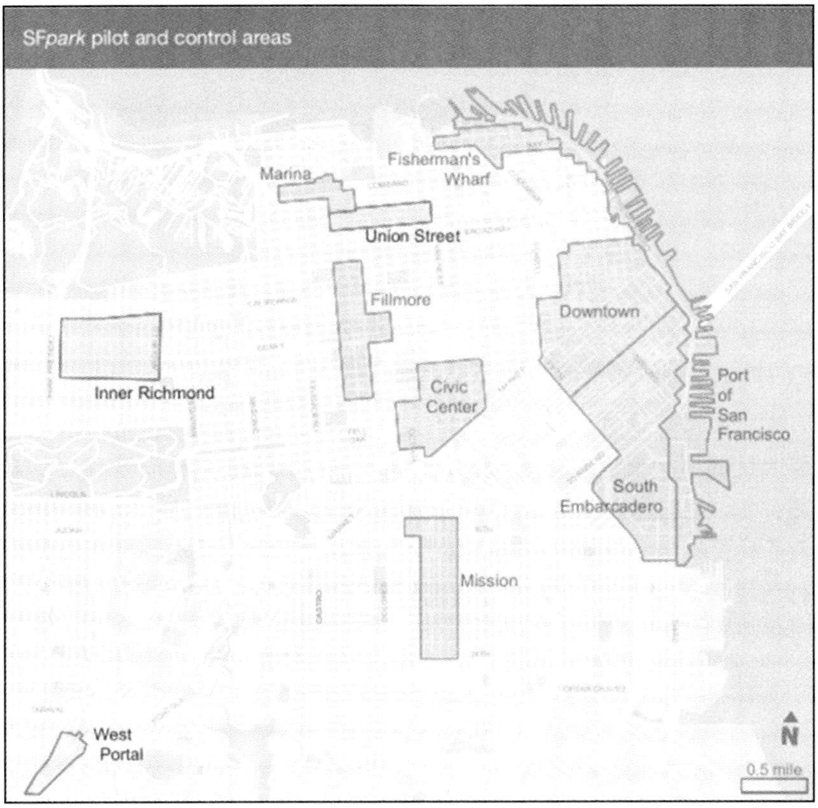

图 4.16　SF park 项目试点区域、控制区域示意图

2）动态价格管理政策

在 SF park 项目实施之前，旧金山的停车计时器按小时收费，收费价格因地区而异[24]。如图 4.17 所示。

Zone	Price per hour
Downtown	$3.50
Downtown periphery	$3.00
Fisherman's Wharf	$3.00
Neighborhood commercial districts	$2.00

图 4.17　SF park 项目实施前的静态停车价格

在 SF park 项目中，SFMTA 首先确定了他们希望路内停车达到的理想状态和不希望出现的不利状态。停车位占有率达到 60%~80%被认为是最理想的状态，而停车位占有率达到接近 100%时会导致产生大量无效的巡游交通，因此被定义为不希望出现的不利状态。如图 4.18 所示。

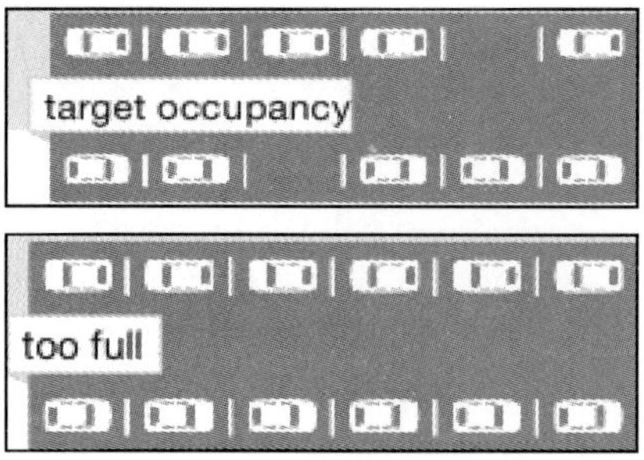

图 4.18　SF park 项目实施前的静态停车价格

SFMTA 使用了一套基于停车需求的管理方法来调整 SF park 试点地区的停车收费价格，其政策目标就是尽量让路内停车场实现停车位占有目标（60%~80%），从而减少并排停车和大量的巡游交通量。SFMTA 在 SF park 项目中对路内停车位的管理方案总结概括如下：

（1）为了确保有一定量的停车位可以使用，SF park 停车位的停车收费价格每天会根据不同时间段进行变化，使之更符合出行者在当前时段下的停车需求，而且周末、节假日的停车价格与工作日也不相同。

（2）SF park 对停车费率的调整不超过每月一次，空间范围以设置路内停车的街道为基本单位，以便让停车费能够对快速变化的停车需求做出反应，同时又保持了停车系统的相对稳定性。

（3）为了方便基于需求而制定的收费时间段划分，路边咪表的运行时间在一天中划分为不同的时间段，不同区域的咪表工作时间也不同，根据区域的停车需求而定，大部分咪表在上午 9 点到下午 6 点之间运行。如图 4.19 所示。

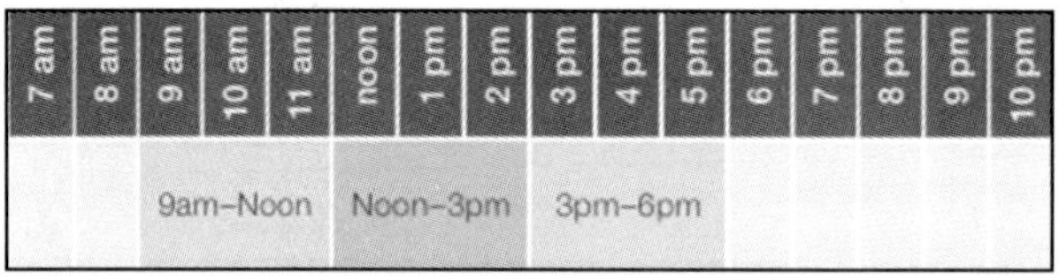

商务区域收费时段划分

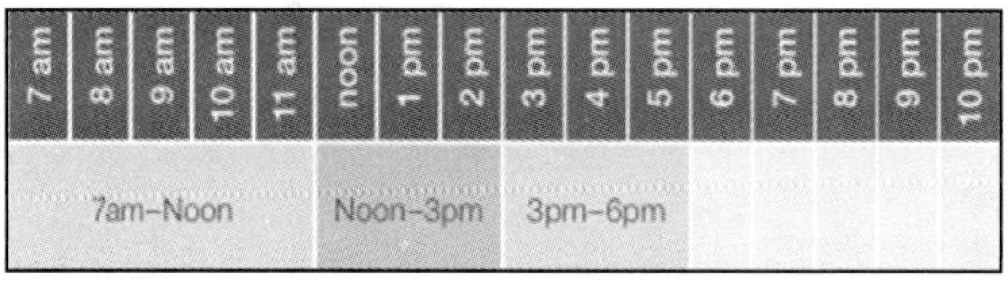

商业区域收费时段划分

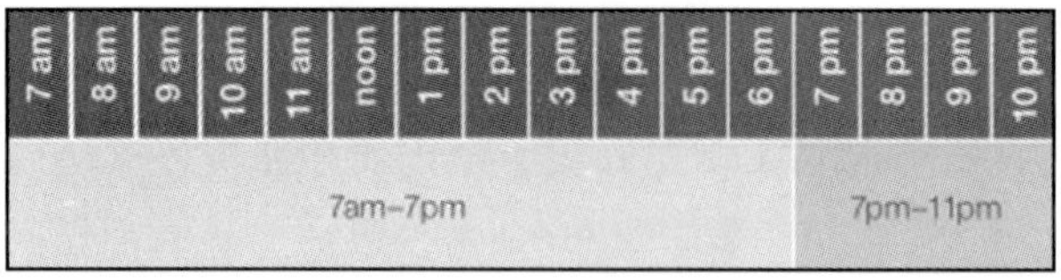

娱乐区域收费时段划分

图 4.19 不同区域的咪表工作时间段划分方案

（4）为保障每个路内停车场都有一定的停车泊位供驾驶员使用，SF park 会通过调整计时器的价格，使任意一个路内停车场保持不超过 80%的停车位占有率。SF park 项目使用的具体调整公式如下：①当占有率为 80%~100%时，每小时费率将提高$0.25；②当占有率为 60%~80%时，每小时费率不会改变；③当占有率为 30%~60%时，每小时费率降低$0.25；④当占有率低于 30%时，每小时费率降低$0.5。

2011 年 7 月，旧金山交通部执行了第一次基于需求的价格费率调整。调整结果是：每小时增加了 0.25 美元的达到 32%，每小时减少了 0.25 美元或 0.50 美元的达到 31%，其余的 37%保持不变。

4.1.8.3 试点区实施效果

SFMTA 选择了 3 个典型区域，查看其停车位占有率调整情况，这三个街区分别是：海因斯街 500 街区、菲尔莫尔街 2100 街区、栗子街 2200 街区。从图 4.20 中可以看到，每一个街区达到目标占有率停车位的比例都显著增加，而过度拥挤的停车位比例则有所下降，且在试点项目后期已几乎实现了供需平衡（例如，海因斯特街 500 街区的停车费用在第 8 次费率调整后确定为 3.33 美元/时），在这些街区找寻停车位明显容易很多。

Parking availability & target occupancy: case studies 停车位可用性 & 目标占有率：案例研究

Percent of time that occupancy reached 60–80% (target) or 90–100% (too full) 占有率达到60%-80%（目标）或90%-100%（过度拥挤）
Weekdays 9am to 6pm 工作日9:00-18:00
Three of the 14 highest payment compliace (HP) blocks 14个最高支付依从性（HP）街区中的3个街区

调价 Rate Adjustment	HAYES ST 500 Civic Center			FILLMORE ST 2100 Fillmore			CHESTNUT ST 2200 Marina		
	Meter Rate	Too Full	Target	Meter Rate	Too Full	Target	Meter Rate	Too Full	Target
之前（2011春） Before (Spring 2011)	$ 2.00	6	37	$ 2.00	14	36	$ 2.00	13	27
第1次调价 Rate adjustment 1	$ 2.25	12	35	$ 2.25	32	7	$ 2.25	26	29
第2次调价 Rate adjustment 2	$ 2.50	16	39	$ 2.50	26	15	$ 2.50	11	32
第3次调价 Rate adjustment 3	$ 2.67	9	42	$ 2.75	27	24	$ 2.75	16	30
第4次调价 Rate adjustment 4	$ 2.75	6	38	$ 3.00	14	29	$ 3.00	13	25
第5次调价 Rate adjustment 5	$ 2.92	13	27	$ 3.25	20	24	$ 3.25	15	27
第6次调价 Rate adjustment 6	$ 3.08	7	45	$ 3.50	5	36	$ 3.50	2	68
第7次调价 Rate adjustment 7	$ 3.17	3	47	$ 3.58	13	42	$ 3.50	3	53
第8次调价 Rate adjustment 8	$ 3.33	3	38	$ 3.83	8	38	$ 3.50	2	63
第9次调价 Rate adjustment 9	$ 3.33	-	69	$ 3.92	1	72	$ 3.50	-	80
第10次调价 Rate adjustment 10	$ 3.33	-	80	$ 3.92	-	39	$ 3.50	-	82

图 4.20 不同街区的调整情况示意图

4.2 提高公共交通需求

优先发展城市公共交通，是实现城市可持续交通的核心，直接关系到节约资源、保护环境、缓解拥挤、构建和谐社会和以人为本的目标的实现。加之我国土地资源紧缺，必须走环境友好、资源节约、服务大众的可持续发展的以公共交通为主体的综合交通运输系统。城市公共交通主要包括地铁、轻轨（含有轨电车）、快速公交、传统的固定线路的公共汽车等。

4.2.1 快速公交

快速公交（Bus Rapid Transit, BRT）指拥有独立路权的大容量轨道交通系统，是一种基于传统公交通系统的新型公交形式。其运能较大，甚至高于一般的轻轨和地铁系统。与 LRT 相比，BRT 平均速度更高；BRT 可根据不同的土地利用情况、道路情况制定相应的运行方案；BRT 能有效促使车站附近区域良性发展；BRT 车站、枢纽站和车辆的外观设计更有亲和力[25]。快速公交系统被国际上公认为应对城市交通问题的有效手段，目前很多发达国家和发展中国家均在修建 BRT 系统。

1）国内外 BRT 发展现状

自 1974 年巴西库里提巴市建成第一条快速公交线以来，很多国家和城市根据各地的交通需求、城市土地规划以及城市的财政状况，都加大了 BRT 的推广。在发达国家与发展中国家中，均有成功的 BRT 案例。其中有不少人口超千万人的世界特大城市，如圣保罗、首尔，以及哥伦比亚首都波哥大（人口约 700 万人）。据快速公交研究会统计，截止到 2020 年底，全国开通快速公交 33 个城市，其中 2017 年以来开通快速公交的城市有 6 个，分别是南宁、义乌、临沂、贵阳、上海、永州。从中可以看出，快速公交的建设进入平稳发展期。全国 BRT 车辆总保有量情况也发生了不小的变化。交通部《交通运输行业发展统计公报》数据显示，2013 年以来，全国 BRT 车辆总保有量始终保持稳定增长，到 2019 年底，BRT 车辆达到 9 502 辆，约占全国城市公交保有量的 1.38%。

在世界范围内，各种类型的 BRT 系统（示例见图 4.21）得到广泛的应用：

图 4.21　世界各地 BRT 示例

（1）高架桥专用道形式（类似于高架桥）：澳大利亚布里斯班，日本大阪，中国厦门、济南、成都。

（2）地下专用道形式（类似于地铁）：美国波士顿、西雅图。

（3）地面专用道形式（类似于奥运专用道）：法国里昂，印尼雅加达，日本名古屋，中国北京（一号线）。

（4）位于中央隔离带的公交专用道：中国盐城、常州、济南、广州，哥伦比亚波哥达，巴西圣保罗，厄瓜多尔基多。

2）案例分析

波哥大人口约 750 万人，市区面积 320 平方千米，2005 年人均 GDP 为 3 800 美元。机动车拥有率为 0.13，远低于南美同等规模城市的水平。由于机动化水平比较低，市民主要的出行方式是常规公交，占整个公交系统客运量的 78%，早高峰时段每小时平均客流达到 3.6 万人次。由于缺少规范管理，波哥大城市公共交通系统存在很多缺陷，平均速度只有 5 英里/时，居民平均乘车时间需要 1.5 小时，存在车辆陈旧且保养不善、线路没有固定站点、车辆没有运营许可和固定频次等问题。

针对以上问题，为了改善城市面貌、发展公共交通，波哥大政府制定了城市交通可持续发展战略（TransMilenio）。2000 年 12 月，TransMilenio 系统第一阶段投资约为 500 万美元/km，修建了 42 km 的 BRT 专用道和 62 个站台，470 辆新型铰接巴士和 300 辆免费的支线公交投入使用，BRT 专用道和站台建立在市中心的主要道路的中间车道上[26]，如图 4.22 所示。此外，波哥大还采取了多种支持 BRT 的手段，如换乘枢纽、增设行人和自行车设施（见图 4.23）。2006 年，波哥大建成 BRT 专用道路 69 km（见图 4.24），公交站点 94 个，共 747 辆大容量公交车。波哥大规划用 30 年时间建成 388 km 的 BRT 系统，覆盖率为 85%，当整个 TransMilenio 完工后，BRT 的运力将超过 600 万人次/天，波哥大将拥有一个可与地铁网络相媲美的 BRT 系统，而造价仅相当于地铁的 20%。

实施效果：第一阶段经济收益为 12 亿美元，每天的运量达 140 万人次，车辆的运行速度从 12 km/h 提高到 26.7 km/h，满足了居民前往市中心的交通需求，消除了市中心的交通拥堵，节约了车辆行驶时间，降低了空气、噪声污染，增加了市中心地区的商业获利，交通事故也减少了 81%。

3）借鉴意义

从库里提巴和波哥大 BRT 的案例来看，BRT 的成功建立应该兼顾两方面：一是实施条件；二是它的灵活性。库里提巴的 BRT 线网是随着城市的总体规划和建设而建立的，从城市的早期规划开始，政府部门从城市自身特点出发，将城市公共交通的发展与城市经济发展、产业结构、土地利用紧密结合起来，形成一个长期的可持续发展的规划。而中国的很多城市忽视路网的整体结构和路况等，强行设置 BRT 路线，导致道路更加拥挤，BRT 车辆的速度提不上去，乘客不愿意乘坐，完全不能体现公交优先的理念。BRT 的灵活性体现在，各地要根据自身城市形态、居民意愿和交通特点等设计适合自身的 BRT 系统。波哥大的成功在于他开创了很多利于自身 BRT 发展的理念。而在中国，BRT 系统基本上还不完善需要创新发展。

图 4.22　波哥大市中心的 BRT 专用道和站台

图 4.23　波哥大 BRT 的免费自行车存放设施

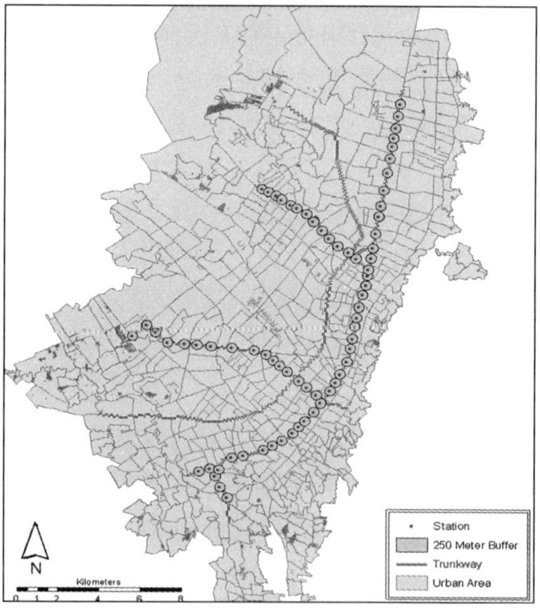

图 4.24　波哥大 BRT 线路及站点（2008 年）

4.2.2 城市轨道交通

目前世界上已有近千座城市建设了城市轨道交通网络，国外城市轨道交通起步较早，英国、德国、美国、日本等国都已形成完善的城市轨道交通网络。

由于经济实力和技术水平的限制，中国城市轨道交通建设起步较晚。截至 2019 年底，我国累计有 40 个城市开通城轨交通，运营线路总里程达 6 730.27 km。2019 年，我国共新增温州、济南、常州、徐州、呼和浩特 5 个城轨交通运营城市，另有 27 个城市有新增线路（段）投运，新增运营线路 26 条，新开延伸段或后通段 24 段，新增运营线路长度共计 968.77 km。

1）案例分析

东京是以轨道交通为主体的城市，也是世界上轨道交通出行比重最大的大都市。

根据行政区域和交通影响，东京都市圈划分为东京中心城、东京都、东京交通圈、东京首都圈，其中心城（区部），面积 617 平方千米，人口 850 万人（2004 年）；东京交通圈，面积 6 451 平方千米，人口 3 016 万人（2004 年）。东京都市圈的发展是典型的大范围聚集和小范围扩散，即人口、资金等各种经济要素在全国大范围内向少数几个城市聚集，同时，此类城市表现出空间上不断向外扩散蔓延的趋势。1950—1995 年，东京城区人口显著增长，人口的集中化激发了各种交通问题，旧式的路面电车和地下铁道系统已不能满足要求。东京采取了以下措施引导城市交通的发展：

（1）东京修建了约 200 km 的干线铁路及市郊铁路，而且大量市郊铁路被改造成通勤线路，其主要措施是提速、缩短运行间隔、增加车门、加长列车编组，延长线路，修建 4 线、支线和建设立交等。从中心城沿发展轴向外辐射形成了“地铁+市郊通勤铁路”的模式，JR 山手线的运营促进了新宿、涉谷、池袋等商业、办公区的汲取，有轨电车建设速度放缓[27]。

（2）1962 年日本政府通过的《工业布局限制法》促进了工业和人口向都市圈的集中，铁路沿线逐步发展为新兴的城区或综合性城市。1964 年建成了东京—大阪新干线，吸引了大批商务客流，地铁和市郊通勤交通大量修建，有轨电车逐渐被淘汰。

（3）1972 年新干线开通至冈山，1975 年延伸至九州的博多，1982 年东京以北的新干线开通。此后，东北新干线、上越新干线、山形新干线、长野（北陆）新干线、秋田新干线相继落成。

（4）目前东京交通圈轨道主要包括 JR、私营铁路和地铁，线网总长 2 300 km，中心城区线网总长 100 km，线网密度约为 1.13 $km/(km)^2$，郊区线网密度约为 0.27 $km/(km)^2$，地铁系统总长约为 300 km。

东京轨道交通进入大发展时期，地铁线网从 20 km 增长到 200 km，地铁年客流则从 1.5 亿乘次增长到 27.7 亿乘次，私营铁路和 JR 系统从 1 500 km 增长到近 2 000 km，增长了近 30%，年客流量从 30 亿乘次增长到 100 亿乘次。2004 年东京居民的出行结构方式如图 4.25、图 4.26 所示。

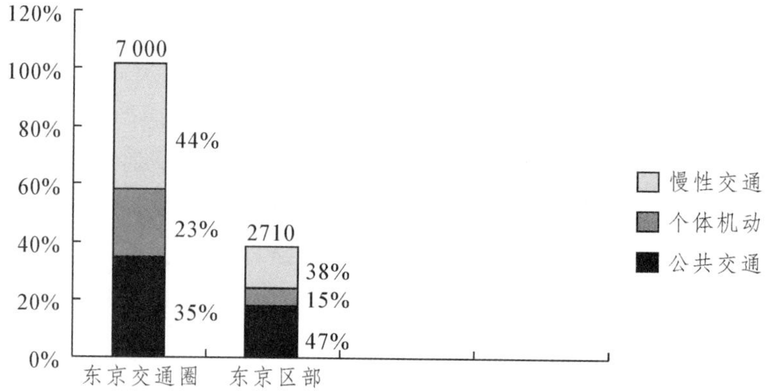

图 4.25　出行方式结构

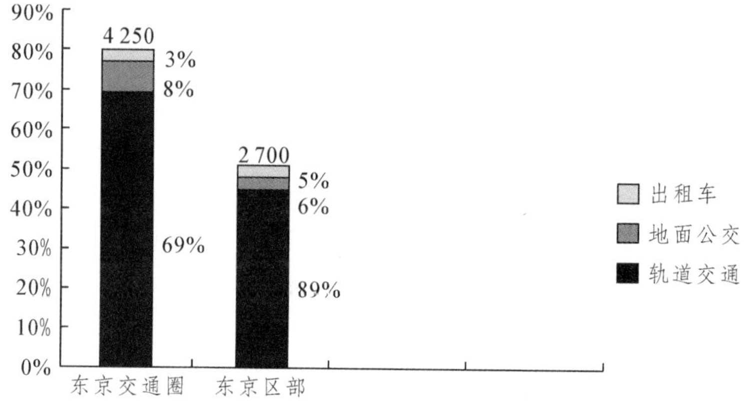

图 4.26　公共交通出行方式结构

2）借鉴意义

轨道交通因其高速度、大运量成为城市交通，尤其是大型城市交通的重要支撑，对城市发展有重要作用，如城市空间结构、产业结构的形成等。从东京都市圈的发展可以看出，郊区的扩展是沿辐射状的城市轨道线路；山手线上的池袋、新宿和涩谷等城市次中心的发展，与郊区通勤铁路在此设终点换乘站从而带来巨大人流密切相关，以轨道交通的建设带动城市特定轴带的发展以形成合理布局结构。我国正处于轨道交通建设的初级阶段，要根据各城市都市圈的建设合理制定轨道交通的发展策略[28]。

4.2.3　常规公交

常规公交指在城市道路上有固定路线，有或者无固定班次时刻，承载旅客出行的机动车辆。它包括单层巴士、双层巴士和铰接巴士等。常规公交是最为普遍的一种大众运输工具，对城市发展起到最基本的推动作用。城市化和机动化的发展，使城市人口和地域不断增加，以小汽车作为主要的交通模式导致空间布局向“松散型”发展，从而引发了各种城市交通问题。为支持城市空间结构调整、实现城市与交通可持续发展，必须进行交通出行结构的合理调整，实现以公共交通为主导的交通出行模式，引导空间布局向“紧凑、集约型”发展。因此，国内外很多城市相继提出了优先发展公交的策略。

1）案例分析

在公共交通方面，香港已成为世界其他城市竞相研究和学习的对象。香港土地面积 1 100 平方千米，城市用地面积约 200 平方千米，仅占全市总面积的 20%，其余大部分为山地，香港人口密度为每平方千米 6 380 人。为了适应这种用地高度集约、人口岗位密集的城市特点，香港通过三次综合交通规划编制，落实切合实际情况的城市交通发展策略。

（1）控制私家车拥有和使用。香港从 30 年前开始采取高燃油税、轮胎税和车辆首次购买税等方式控制车辆的拥有和使用，此外，市区用地紧张，高额的停车费也抑制了私家车的使用。

（2）大力发展常规公交系统。将交通规划与土地使用融为一体，以地铁为依托，在人们容易步行到地铁站的周围设立密集发展区，辅以高效的巴士运营系统。

香港巴士分为专营巴士、非专营巴士和公共小巴三类。专营巴士是指巴士公司获得专营权，在特定的地域或路线排他性地经营巴士服务，相当于内地的常规公交。香港共有 5 家专营巴士公司，拥有 5 823 辆巴士，其中双层巴士占绝大多数，为 5 468 辆，运营 630 条线路，日均客运量 381.9 万人次。非专营巴士用来缓解市民在繁忙时间对专营巴士和公共小巴服务的需求，以及在一些不符合专营巴士和公共小巴运营效益的地区提供服务，包括游览服务、酒店服务、学生服务、雇员服务、国际乘客服务和合约式出租服务等。公共小巴主要发挥辅助公交功能，每车 16 座，为乘客较少及不适宜使用载客量大巴士的地区提供服务，分为无固定路线的红色小巴和有固定路线的绿色小巴两类[29]。

香港实施了上述措施，取得了显著成效。小汽车增长放缓，从 2005 年到 2006 年只增加了 1.9%。政府车辆从 2005 年底的 6 394 辆减少到 2006 年底的 6 329 辆。2005 与 2006 年全年新增车辆分别只有 27 032 辆和 25 638 辆，新车增加呈下降趋势。公共交通非常便捷，适合各种人群的出行需要，且承担了大部分的城市交通量。如图 4.27、图 4.28 所示。

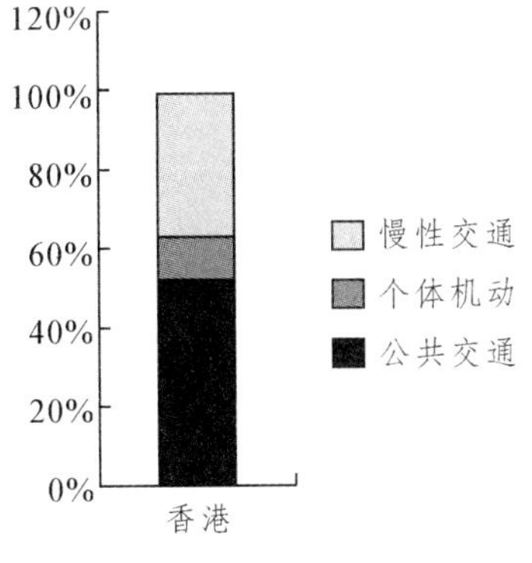

图 4.27　出行方式结构

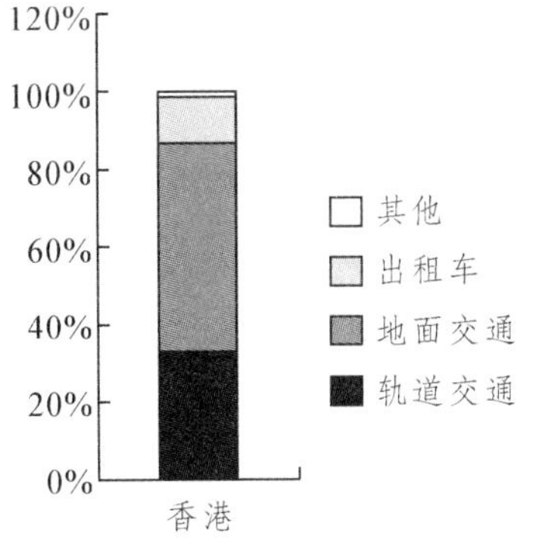

图 4.28　公共交通出行方式结构

2）借鉴意义

我国许多大城市的土地资源十分有限，建设更多的道路既不经济也不现实。与香港相比，内地城市的道路相当宽阔，所以，至关重要的是充分利用现有公交资源，提高现有公交效率。我国政府工作的重点应放在公交规划和整车制定方面，采用稳健的商业运作原则而不是给予车票补贴的办法，并辅以先进的交通管理技术。

4.2.4 TOD 模式

TOD（Transit-Oriented Development）是指大运量公共交通引导下的城市发展模式。TOD 模式最早起源于美国，在 20 世纪中叶，小汽车交通方式的迅猛发展导致了城市范围向外扩张，而这种扩张却呈现出低密度、单一化的趋势。这种“低密度蔓延”的城市发展方式带来的城市结构瓦解、土地资源浪费、能源浪费等一系列问题日趋明显，公共交通的复兴势在必行。

TOD 的概念出现于 20 世纪 80 年代末期，对于 TOD 的定义，学者和交通部门从不同层面给出过阐述，且都有以下 4 个共同点：

（1）土地开发以公共交通站点为中心；

（2）居住、就业、商业等多种功能的土地利用，高密度综合开发；

（3）充分利用公共交通资源，但不排斥小汽车；

（4）步行和自行车交通环境友好。

4.2.4.1 TOD 的基本结构

作为一种新型的土地利用模式，TOD 的目的在于提高区域内公交系统的使用效率，强调围绕公共交通服务设施进行紧凑多功能混合的用地开发。根据长期从事 TOD 规划和研究工作的美国著名建筑师、规划师 Peter Calthorpe 提出的定义，一个典型的 TOD 社区包含以下几种功能区：核心商业区、办公区、开敞空间、居住区域和次级区域[30]。

1）核心商业区

核心商业区的布置应当紧邻公共交通站点，它属于多功能混合开发的用地形态，提供商场、超市、餐饮、娱乐等设施，供周边居民和就业者方便地选择步行或自行车交通前往进行生活或娱乐活动。核心商业区的大小和功能开发的种类应当与周围的用地形态及强度相适应，符合它在 TOD 社区的功能定位。此外，核心商业区作为 TOD 社区的门户，其规划设计注重突出社区的特色，可以充分展示地区文化、经济的特点；核心商业区依托公共交通站点和周围的办公区、居住区，可以保证强大的吸引力，成为全天候的公共中心。

2）办公区与居住区

居住与就业岗位的分离会产生大量潮汐式的通勤交通，TOD 社区在内部平衡居住与就业的规模和布局，使得部分居民的居住和就业活动得以在社区内实现；对于长距离的工作出行，在不排斥小汽车交通的前提下，鼓励使用大运量的公共交通。办公区、居住区的布局和规模应当适应核心商业区、公共交通站点的步行服务范围，通常将办公区与居住区控制在步行 5~15min 的区域内，即半径 400~800m 的空间范围。

3）开敞空间

开敞空间设置的目的是为 TOD 社区的居民和就业者提供良好的交往空间。开敞空间应当避免机动车等因素的干扰。开敞空间的形式相对多样化，以公园、广场、绿地为主，包括具有此功能的公共建筑。开敞空间应当布置于各类功能区之间，保证 TOD 社区拥有舒适和谐的居住就业环境。

4）次级区域

次级区域是指 TOD 外围低密度开发区域。次级区域设置的目的是保证多种层次的住宅选择。不同于 TOD 内部的高密度开发模式，次级区域开发密度相对较低，更适合小汽车出行，为愿意使用小汽车出行的人群提供了选择。大规模的商业场所和公共设施不宜在次级区域内设置，从而避免与核心商业区形成竞争。TOD 社区布局如图 4.29 所示。

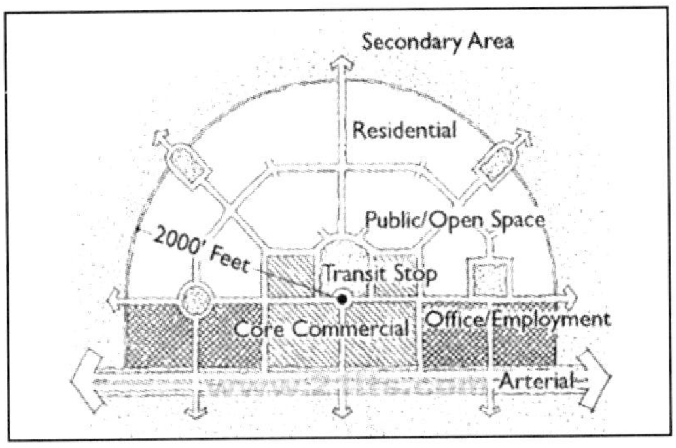

图 4.29　TOD 社区布局示意图

4.2.4.2　TOD 模式的影响

美国作为 TOD 模式的先行者，有一定的实践经验，波特兰、萨克拉门托、圣地亚哥都将 TOD 纳入区域和城市的规划内容，成为 TOD 模式的典型。相对于传统的土地开发模式，具有 10 个方面的优势归纳[31]：

（1）增加交通方式选择，居住与就业围绕公共交通站点展开，公交线路串联人们的活动中心，提供了公共交通出行的选择。

（2）提高社区安全，TOD 社区居住就业功能相结合，布局紧凑，各时段居民的活动相对密集，增加了行人的安全性。

（3）增加公共交通出行，TOD 模式下，居住和就业区域的布置以公共交通站点为中心，公共交通出行更加便捷，大量的居民和就业者将公共交通作为出行的首选，因此公共交通可以有效吸引周边地区客流。

（4）有效降低小汽车出行，伴随着公共交通出行的增加，小汽车出行将得以降低。

（5）对于选择在 TOD 社区内居住的家庭，价格相对低廉的公共交通将有效地减少家庭的交通支出。

（6）节约用地，高密度的土地开发可以提高土地的利用效率，避免土地资源的浪费。

（7）促进地区经济复苏，TOD 通过便捷的公共交通、多功能的商业娱乐中心、良好的生活工作环境，刺激地区的社会和经济发展。

（8）提供适合中低收入群体的住房，高密度居住用地开发结合有针对性的户型设计可以有效地降低房价。

（9）减少地方政府基础设施建设的负担，TOD 社区内居民的生活设施紧凑布局，提高了基础设施的利用率，减少了重复建设的费用。

（10）社区绿地的保护，强调开敞空间的设置，保证社区内的绿地面积，可以优化居民的生活环境。

TOD 模式也存在一些不利于实施的因素，美国在 TOD 模式的探索过程中遇到的障碍总结为四点：

1）公共交通系统的规划和设计与 TOD 理念不一致

TOD 模式下，土地开发围绕公共交通线路展开，可以说公共交通线路是 TOD 模式的骨架，不合理的公共交通线路往往成为 TOD 模式实施的最大障碍。例如，公共交通线路的规划远离主要居住和就业中心地区，会限制 TOD 模式的发展。

2）对地方风貌特点产生影响

TOD 对当地的风貌和特点将产生影响，选择何种开发模式、开发强度是应该重点考虑的问题。合适的规划方案可以充分发挥地方的优势；反之，欠妥的规划方案往往会降低该地的吸引力，弱化其发展潜力。

3）偏离提倡公交出行的初衷

TOD 的规划理念中包含鼓励居民使用公共交通出行。调查发现，一些原本采用 TOD 模式的地区仍然难以摆脱以小汽车主导的发展模式，原因在于缺乏对公共交通站点以及周围地区合理的规划控制。为了便于私人交通的接驳，在公共交通站点周围规划大片的机动车停车场，大大降低了步行环境质量，这不符合 TOD 围绕公交站点进行高密度综合土地开发以及提倡慢行交通的规划理念。

4）开发风险较大

TOD 强调的高密度综合开发，存在规划审批复杂、开发周期长、资金投入巨大等问题，更重要的是不符合美国人传统的居住方式，导致了项目承担者会面对较大的风险预期。风险的增加无疑会压缩投资渠道，给资金筹措带来困难。

4.2.4.3　TOD 在我国应用的思考

成都市作为西部中心城市，承担着四川省政治、经济、文化中心的职能，整座城市呈圈层式发展，市中心具有较强的向心力，但地价十分昂贵，绝大多数市民被迫选择在市郊居住，由此不可避免地造成交通堵塞。据统计，2003 年成都市汽车保有量为 34.5 万辆，到 2017 年为 432 万辆，交通压力巨大。也正因为如此，成都迎来轨道交通发展的黄金时期[32]。

1）政策措施

《成都市城市总体规划 2016—2035 年》提出，中心城区规划结构性主干路 68 条。至 2035 年，中心城区路网密度达到 8 km/(km)^2。2017 年发布《成都市轨道交通专项资金筹措方案》和《成都市人民政府关于轨道交通场站综合开发的实施意见》，确立 TOD 综合开发的顶层设计和资金筹措方式。2018 年《成都市轨道交通场站综合开发实施细则》提出，全市 13 个区都要打造 1 个 TOD 综合开发的示范项目。2019 年成都市政府工作报告也提出了多条地铁线路的建设计划，表达了通过密集公共交通网络体系的建设缓解城市交通压力的决心。

2）城市规模

截至 2019 年底，成都市常住人口达 1 658 万人，平均每年人口净流入量高达 50 万人，庞大的人口基础成为发展 TOD 模式的优势。TOD 模式所依赖的轨道交通基础，成都也具备优势。近年来，成都大力推进轨道交通建设，里程数和线路数量都呈现指数式的增长。截至 2018 年，成都轨道交通已开通 7 条，车站总数 168 座，运营里程 240 km，在建里程 283 km。成都轨道交通第四期规划（2019—2025）已通过初审，规划里程共计达 198 km，可以预计，未来成都轨道交通网络将更加密集。

3）TOD 的价值层面

轨道交通建设在缓解城市交通压力的同时，促使沿线地区相关功能和配套设施的发展与完善。此外，在一定区域形成人口集聚和相应城市功能后，与当下成都建设公园城市的目标相结合，探索绿道和公园等生态资源的植入，最后形成“公园城市+站城一体化的新模式。探索基于 TOD 的公园城市形态也是成都发展 TOD 的优势所在。结合实际，成都提出 TOD“137”理论——以轨道交通站点为中心，在半径 100 m 核心区布局商业服务业设施，打造具有显示度的城市地标；在半径 300 m 次核心区布局办公、酒店及公共服务设施，塑造灵动多样的城市场景；在半径 700 m 非核心区布局住宅、公园等生活生态空间，营造从“城市到自然”的诗意栖居。

4.3 调整城市结构和土地利用布局

交通需求管理影响面广，社会性、政策性、系统性强，许多问题涉及城市性质、土地使用、生产力布局等多个层次。由于交通需求管理在具体实施过程中存在组织方面的困难，层次越低，组织实施难度越大。因此，明智的交通需求管理策略首先应当在高层次和源头上加以考虑。

城市结构与土地利用布局属于交通需求管理的高层次策略，主要体现在城市功能定位与城市总体规划方面。对于已有老城区或已建成城区来说，重新实施城市结构与土地利用布局的规划调整比较困难，通常对于将要扩展的新区或改建的老区，可以采取以下策略：

（1）对于新城区的开发与建设，应在规划时注意完善新城区文体、教育、卫生、商贸等生活、市政配套设施，以此增强吸引老城区中心区居民向新区迁移的力度，减轻城市中心区的人口和交通压力，使新城区充分发挥其作为城市副中心的作用，避免中心区过分集中。

（2）对于老城区的改造和重建，应结合老城区的拆迁情况，优化各小区的用地结构，减少跨区长距离的通勤和上下学通行，达到减少出行距离和交通运输总量的目的。此外，应该严格控制敏感地区的土地使用功能和开发强度，避免交通吸引与发生过分集中，造成交通拥堵。

4.3.1 城市结构与土地利用布局实践介绍

2008年是世界城市化进程的一个转折。自2008年起，城市人口首次超过总人口的50%。与此同时，世界上各大城市均面临交通拥堵、环境污染、人口集中等巨大压力。合理的城市结构和土地利用布局是未来城市发展的必由之路。

法国罗纳—阿尔卑斯大区在城市发展过程中，提出了多级城市群的城市结构概念，试图逐步缓解和预防传统大型城市以及郊区面临的问题。这种城市结构避免了现代传统城市围绕市中心不断扩张，一圈一圈“摊大饼”式向外延伸的不良模式，为城市规划方案提供了新思路。在土地利用方面，多级城市群提倡建设中等密度城市，一方面保证了居住区附近有足够的商业设施，乘坐公共交通工具就可以到达；另一方面避免了城市过于密集，给居民提供良好的居住环境。因此，在多级城市群的土地利用布局中，多极城市群只需要几栋高楼（办公楼或者酒店）用于城市视觉坐标，大部分建筑为聚居性的小高层住宅或者单体住宅区。街区具备的工作、休闲和居住的多功能性，将成为解决大城市“封闭式聚居、孤独感、交通污染”等问题的方案。

多级城市群的设计理念是构建没有市中心的城市，实现人性化的城市布局，都市与自然间的充分互动，资源与废弃物的绿色生态管理，文化多样性和机会均等，具备创意和创新能力的繁荣都市经济。城市群按照需要分成不同的城市区，每个城市按照各自的产业特点独立发展，但城市之间的距离最大不超过100 km。每个城市都具有人性化布局的特点，市中心配备全套公共基本设施、民政中心、文化与教育机构和商业设施。根据设计思路，一座拥有600万人口、占地2 400平方千米的“多极城市”分为8个不相邻的小城区，各城区通过时速300 km的城际铁路相联系，产生同城效应。居民可以在很短的时间内达到邻近的城市，再经由二级交通网抵达目的地。

罗纳—阿尔卑斯大区面积4.5万平方千米，是法国第二大区，人口580万人，占法国总人口的10%。2005年，大区生产总值达1370亿欧元，是欧洲地区平均值的3.5倍。

该区拥有法国各经济类型，总计提供约 230 万个工作岗位。该区的企业出口量占法国出口总量的 11.5%，进口量占法国进口总量的 9.4%[33]。

大区拥有高密度和高效率的城市网络，共有 2 879 个市镇和 8 个省。大区首府里昂，人口 164.8 万人，是法国第二大城市。另外，还有人口均超过 30 万人的格勒诺布尔和圣艾第安。这些大城市周边皆为中等城市，如瓦朗斯、香贝利、安西、罗昂、布尔白斯等。目前，大区的城市网络已延伸到邻近的日内瓦和马赛。其中，法国地中海沿岸城市马赛与里昂共同管理马赛港，使里昂成为欧洲内部最发达的港口。

大区拥有便捷的交通设施网络，包括地区运输快线（TER）网络、高速铁路（TGV）交叉网，不久将建成横贯阿尔卑斯的里昂—都灵高速铁路；分布有欧洲各大区最密集和最优的公路网，公路和高速公路里程分别达 3 000 km 和 1 000 km；里昂—圣艾克佩里机场与高速铁路相连的陆空交通网。同时，还拥有纵贯大区南北的法国最长河——罗纳河。此外，里昂—马赛高速列车使里昂—马赛轴线成为法国东南部的交通要道。这样，大区依托高速铁路，与外界联系便捷，形成了颇具活力的经济网。

大区内各城市依据各自地理位置和资源优势进行产业分工，形成具有竞争力的产业集群。大区的传统工业和尖端工业产值占法国工业总产值的 12.3%，是法国第二大出口区。它在生物技术、纳米技术、环境和能源控制等领域享有世界级创新能力，在纺织和服装业、电力和电子工业、医药和卫生保健业领域居世界重要地位。此外，它还是法国金属工业、机械制造、化学和塑料加工业的领先者。大区集聚了众多著名跨国公司，员工在 50 名以上的外国企业近 900 家，如安万特公司、埃尔夫阿托化学股份有限公司、赛博电器公司、雷诺卡车、阿尔卡特、阿尔斯通、达能、生物梅里埃公司等。

4.3.2　总结与讨论

当前，我国沿海地区已出现若干综合经济实力较雄厚的大都市区，如上海大都市区、广州大都市区、北京—天津大都市带等。在老区改建和新区扩建过程中，城市结构和土地利用布局的规划好坏决定了都市区能否平稳可持续发展。合理的城市结构，良好的土地利用布局，不仅可以进一步提高大都市区的国际竞争力，也能有效缓解目前大城市普遍存在的交通拥挤、环境污染、人口密集等城市问题。

讨论：选择一个熟悉的大城市，结合罗纳—阿尔卑斯大区案例，分析讨论该城市在新区开发中如何实施城市结构调整和土地利用布局规划。

参考文献

[1]　宋顺锋，王家庭. 中国交通拥挤收费的理论分析、经验借鉴与初步构想[J]. 长安大

学学报（社会科学版）, 2014, 16(4): 22-30.
[2] 周庆, 陈可石, 史相宾, 等. 新加坡电子道路管理实践及其对中国的启示[J]. 现代城市研究, 2014(3): 101-106.
[3] 薛美根, 程杰. 伦敦道路拥挤收费政策[J]. 城市交通, 2007(6): 14-18.
[4] 陆乐. 城市交通拥堵费征收的利弊分析[J]. 产业与科技论坛, 2011, 10(13): 55-56.
[5] 梁志林. 城市停车换乘设施规划研究[J]. 公路, 2009(4): 181-186.
[6] 熊萍. 停车换乘政策的发展现状及对策建议[J]. 综合运输, 2008(5): 38-41.
[7] 侯健. 卫星城至主城区的停车换乘需求预测研究[D]. 成都: 西南交通大学, 2011.
[8] 范文博. 英国牛津城停车换乘发展经验与启示[J]. 交通运输工程与信息学报, 2013, 11(1): 40-46.
[9] 陈蕾, 石倩. 政府调控、市场配置与车牌管制政策: 沪市例证[J]. 改革, 2014(2): 148-157.
[10] 胡侃. 中国二线特大城市交通拥堵问题的根源反思[A]. //多元与包容——2012 中国城市规划年会论文集(05. 城市道路与交通规划)[C]. 中国城市规划学会: 中国城市规划学会, 2012: 9.
[11] 陈永胜, 高万云, 施展展, 等. 单双号限行提前“测试”奥运交通——解说北京机动车施行单双号行驶方案[J]. 汽车与安全, 2007(9): 16-19.
[12] 苏岳龙, 姚丹亚, 张毅, 等. 基于单双号限行措施的北京市交通需求管理策略分析[J]. 交通信息与安全, 2009, 27(3): 28-31.
[13] 刘宏悦. 单双号限行政策存在的问题及优化对策[J]. 区域治理, 2019(47): 235-237.
[14] 苏穗燕. 美国燃油消费税政策及启示[J]. 国际石油经济, 2016, 24(6): 25-29.
[15] 叶建. 典型国家的燃油税[A]. 养护与管理 2009 年 7 月（总第 2 期）: 中国公路学会养护与管理分会, 2009: 8.
[16] 王守春, 张静, 周若洪. 美国燃油消费税征收监管政策及对我国的启示[J]. 当代石油石化, 2017, 25(6): 13-16.
[17] 郑丽娟. 有关汽车合乘问题的研究[J]. 交通标准化, 2010(11): 134-137.
[18] 尹志芳, 张晚笛, 吴洪洋. 我国私人小汽车合乘发展现状分析与建议[J]. 工程研究—跨学科视野中的工程, 2019, 11(1): 57-63.
[19] 刘天顺, 谷江河, 徐瑞华. 国内外错时上下班经验之所鉴[J]. 交通与运输（学术版）, 2005(2): 24-27.
[20] 陈健. 成都: 4 个月新增车辆, 恐将抵消错峰效果[N]. 新华每日电讯, 2010-04-14(004).
[21] 苏烜, 郑勤朴. 国内外错峰上下班制度实行情况的利弊分析[J]. 环渤海经济瞭望, 2011(5): 52-54.
[22] 杨晓霞. 城市停车管理中的定价策略研究[D]. 西安: 西安电子科技大学, 2020.

[23] 苏奎，郑喜双，招玉华. 美国旧金山停车管理的浮动价格制分析[J]. 综合运输，2014(9): 76-80.

[24] Chandra Kiran B Krishnamurthy, Nicole S Ngo. The effects of smart-parking on transit and traffic: Evidence from SFpark[J]. Journal of Environmental Economics and Management, 2020, 99.

[25] 白昕. 厦门高架 BRT 对沿线土地利用的作用机制研究[D]. 厦门：华侨大学, 2018.

[26] 曾静康. BRT 给中国带来什么[J]. 城市交通, 2005(4): 18-22.

[27] 曹哲静. 城市商业中心与交通中心的叠合与分异：基于复杂网络分析的东京轨道交通网络与城市形态耦合研究[J]. 国际城市规划, 2020, 35(3): 42-53.

[28] 张元浩，荣朝和. 从时空视角看轨道交通对东京大都市区的影响[J]. 铁道运输与经济, 2015, 37(8): 78-82.

[29] 黄良会. 香港公交都市剖析[M]. 北京：中国建筑工业出版社, 2014: 148.

[30] 陈莎，殷广涛，叶敏. TOD 内涵分析及实施框架[J]. 城市交通, 2008, 6(6): 57-63.

[31] 任春洋. 美国公共交通导向发展模式(TOD)的理论发展脉络分析[J]. 国际城市规划, 2010, 25(4): 92-99.

[32] 何宇新，鲜其静. 成都 TOD 模式的建设与应用策略探析[J]. 城市住宅，2021, 28(1): 166-167.

[33] Denis Dessus, 陈尧. 罗纳-阿尔卑斯大区展馆——多中心城市群[J]. 动感（生态城市与绿色建筑）, 2010(2): 98.

第5章

我国大型活动交通需求管理案例分析

5.1 北京奥运会交通需求管理

以奥运会为代表的大型活动事件在短时期内会导致交通需求突增，在城市正常交通需求的基础上增加了奥运家庭、奥运观众及旅游的奥运相关交通出行需求。它具有交通需求量大、时空分布集中、需求层次多、交通服务标准高的特点。单纯依靠增加大量基础设施建设来满足需求的做法既不经济，也不符合可持续发展的建设理念。历届奥运会举办经验表明，采取适当的交通需求管理措施是解决奥运会举办时期大量交通需求的必要且有效的办法。

北京奥运会作为典型的大型活动事件和世界性盛会，吸引世界各地的观众与游客，由此产生的巨量出行以及北京市本身的巨大出行需求，对整个北京市交通网络带来了巨大的冲击。北京市政府在申奥成功时曾向世界承诺，北京奥运时期“不会出现交通阻塞的情形”，运动员、教练及奥运官员由驻地到比赛场馆耗时应在 30 分钟之内。与此同时，2008 年北京市区快速路高峰时段平均车速要达到每小时 20 千米，市区五环路以内范围上下班平均耗时不超过 50 分钟。

为了实现上述承诺，解决 2008 年北京市举办奥运会期间的交通问题，北京市政府结合北京具体情况，制定了一系列北京奥运会交通需求管理措施，在制定过程中遵循三个基本原则：① 绝对保证奥运交通需求；② 保证城市运转的必要交通需求；③ 制定的所有措施必须符合奥林匹克精神。

5.1.1 北京市奥运前的交通问题

改革开放以来，北京城市人口平均每年的增长幅度在 2.1%左右，城市人口规模不断突破总体规划目标，截至 2006 年底，北京市常住人口已突破 1500 万人，流动人口接近 400 万人。人口的迅速增长给北京市城市交通系统带来了巨大的压力。北京城市机动车保有量也随着经济的快速发展而迅猛发展，2007 年 5 月北京市正式进入快速机动化的“汽车时代”，机动车保有量突破 300 万辆。根据调查显示（见图 5.1），北京正在逐步向以小汽车和公共交通并重的交通模式发展。在交通出现拥堵问题的同时，车辆排放尾气，使空气中的二氧化硫严重超标，粉尘污染严重。北京市的交通设施落后于欧美国家的大中城市数十年，较低的公共交通服务水平使整个城市的交通状况更加恶化。

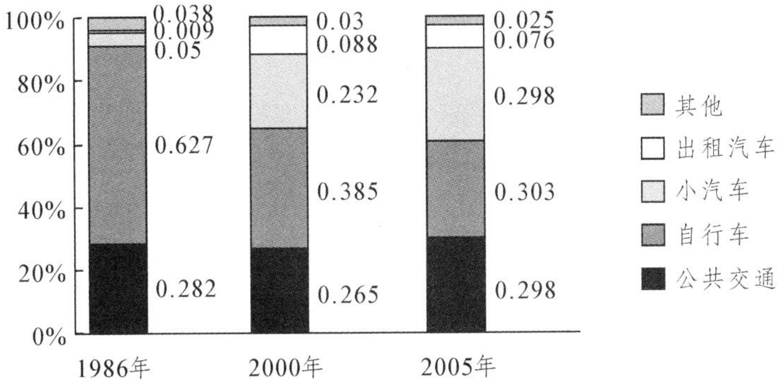

图 5.1　北京市出行方式对比图

北京市在奥运会举办之前主要面临以下交通问题。

1）经常发生严重的交通拥堵

20 世纪 90 年代末以来，随着社会的进步和经济的发展，北京市主城区内道路，以及二、三环等快速路，出现了较为严重的拥堵现象，部分道路的饱和度达到 90%以上，尤其是早、晚高峰时段，部分路段已经达到每日必堵的程度。主城区内，机动车的行驶速度逐年急剧下降。有数据显示，北京市主城区机动车平均每小时的行驶速度从 1994 年的 45 千米下降到 2004 年的 12 千米。图 5.2 显示了北京市早高峰期间的各等级道路的平均速度。由图 5.2 可知，城市的任一等级道路，工作日早高峰时段，平均速度在 30 km/h 以下，不到道路设计速度的一半。在周末，平均的行驶速度有所提高，但快速路平均车速仅为 50 km/h 左右，并未发挥出城市快速路的作用。

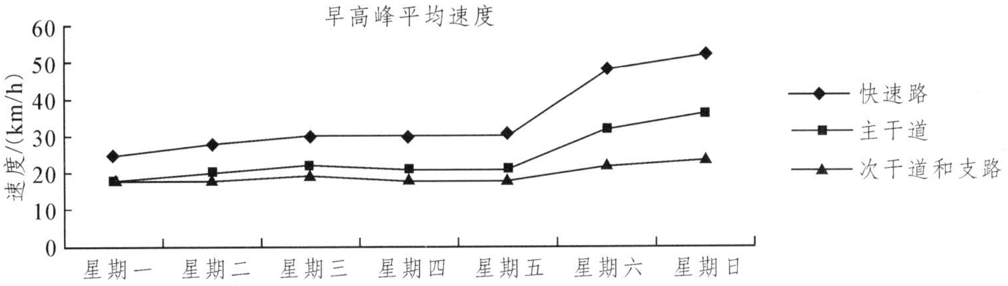

图 5.2　北京市早高峰一周平均速度

北京市产生如此严重的交通拥堵问题，主要有以下原因：

（1）北京市城市规划不合理。

① 北京市的城市道路规划一直采用“放射+环线”的不合理发展模式。

② 由于历史原因，市中心城市功能比较复杂、过于集中。

③ “多中心”发展模式尚未完成，新城区未能分担中心区功能。

（2）交通需求与供给的增长速度不均衡。

① 北京市人口增长速度过快，居民总出行量增长迅速。

② 道路资源增长速度远小于机动车数量和机动化出行比例增长速度。

近年来，北京市道路长度和道路面积的年平均增长率仅为 1.2%和 3.7%，远远不及机动车数量和机动化出行比例增长速度。2005 年，机动车拥有量以每年 15%的速度迅猛增长，而道路资源每年的增长速度仅 3%～5%。

截至 2007 年底，北京市城市道路（城八区）总里程 4 460 km，其中城市快速路 236 km，主干道 960 km，次干道 694 km，城市支路及街坊路 2 570 km，道路总里程相对于 2000 年增长了 80.50%；北京市机动车保有量达到 312.8 万辆，相对于 2000 年增长了 107.15%，其中私人小汽车 212.1 万辆，较 2000 年增长了 148.07%。道路增幅远低于机动车增长水平。因此，机动车辆巨大的出行需求与有限的城市道路之间的巨大矛盾导致了交通的拥堵。

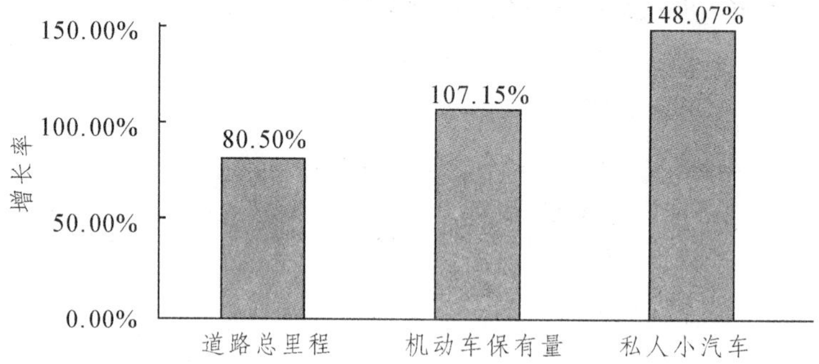

图 5.3　2000—2007 年道路总里程增长率与机动车保有量增长率及小汽车保有量增长率

（3）路网结构不合理。

北京在过去几年时间的基础设施建设中，主干道、快速路建设速度较快，但与其衔接的次干道和支路建设较慢，导致路网结构不合理，整体效能低。北京的道路结构则呈现不合理的倒金字塔形，最多的是主干道、快速路，次干路、支路偏少，使很多本应由次干路、支路承担的运输功能转移到主干道上，加剧了主干道、快速路交通的拥堵。

（4）公共交通发展滞后，服务水平较低。

北京在城市交通的发展过程中，未能够给予公共交通足够的重视以及给予公共交通更多的优先权，公交服务水平低，导致公共交通的服务质量不能满足人们的需求，使公共交通分担率下降。轨道交通建设运营里程偏小，2004 年底，轨道交通运营里程为 114 千米，与美国大中城市的轨道交通里程差距甚远。此外，大容量快速公交规模过小。公交线网结构不完善，换乘不方便，平均换乘距离过远。

2）交通管制措施不完善

（1）停车规划不完善。

城市中心区社会公共停车场的建设与道路网交通容量不协调，未能严格按照城市规划和市中心区交通需求管理计划实施。由于历史或现实原因，相当一部分大、中型公共建筑的规划、设计未严格按照规定修建停车设施，或者停车库改作他用；公布的停车收费与停车场管理政策难以形成对投资者的回报，致使汽车停车设施严重短缺，目前已从中心区扩展到市区外围、机关单位大院和生活居住区。

北京市部分路段的临时乱停乱放车辆的现象严重，乱停放的车辆占用了行车道，严重影响了其他车辆的通行。尤其在早、晚高峰期间，乱停放的机动车对交通秩序与道路通行能力的影响更为明显。

（2）机动车、非机动车混行现象严重。

在北京的道路建设中，经常出现非机动车道宽度不足的情况。导致非机动车在高峰时段闯入机动车道，在机动车之间的空隙中通行，形成严重的交通安全隐患。此外，高峰期间机动车道路的过度拥挤导致机动车抢占非机动车道现象严重。

（3）交通安全保障体系不完善。

由于公共交通资源紧缺，北京市公交超载现象严重，公交管理部门对于这种严重的安全隐患未给予足够重视。此外，老弱病残孕乘客的安全没有得到切实的保障。

3）交通管理技术水平较低

北京市在举办奥运会之前的管理技术水平较低，主要表现为高科技的管理手段应用不足，体系尚未完善，不能及时发布交通拥堵信息。交通信息发布手段仅有交通广播等，尚未实现及时、准确、高效、面广的信息发布目标。

4）交通造成的环境污染严重

北京市的环境污染现象较严重，尤其是汽车尾气排放造成的二氧化硫含量过高，使城市空气粉尘含量较大，对于居民的健康影响很大。城市交通引起的汽车污染物的排放对城市空气、水和土壤的污染日趋严重。据有关统计表明，汽车在拥堵的情况下排放的有害气体是正常行驶情况下的 5~6 倍，大量的污染物的排放，给生活在城市中的人的身体健康带来巨大隐患，无形中加重了社会医疗保障体系的负担。

5.1.2 北京奥运会交通需求管理措施

北京市在奥运会前后、残奥会期间主要采取了以下五种交通管理措施[1]。

1）两阶段的交通需求管理措施

第一阶段（2008 年 7 月 1 日—7 月 19 日），主要针对部分车辆实施限行措施，逐步由车辆行驶的正常状态过渡到机动车单双号限行（城市保障车辆和持证车辆除外）：

（1）禁止全市近 40 万辆黄标车上路行驶，外地进京车辆尾气排放须达到国Ⅱ标准。

（2）禁止外埠进京货车通行本市道路，可绕行 122 国道。

（3）市属党政机关、企事业单位公务用车停驶 50%。

（4）鼓励市民减少私家车出行，尽量乘坐公交出行。

第二阶段（2008 年 7 月 20 日—9 月 20 日）。对车辆实施完全的交通需求管理措施：

（1）禁止全市近 40 万辆黄标车上路行驶，外地进京车辆尾气排放须达到国Ⅱ标准。

（2）禁止外埠进京货车通行本市道路，可绕行 122 国道。

（3）全市机动车按照车牌尾号施行单号单日行驶、双号双日行驶的管理政策。

（4）市属党政机关、企事业单位公务用车停驶 70%。

（5）中央国家机关及军队、武警车辆停驶 50%。

此外，以上两个阶段的限行范围因时段不同又分为以下两个阶段：

（1）7 月 20 日—8 月 27 日，北京市行政区域内道路；

（2）8 月 28 日—9 月 20 日，五环路以内道路（含五环路）及有赛事车辆通行的机场高速公路、八达岭高速公路、京承高速公路等。

2）设置奥林匹克专用道路

根据赛会人员到达、离开、训练、比赛的交通运行需求，北京分阶段启用和停止使用奥林匹克专用车道。2008 年 7 月 20 日—9 月 20 日，根据赛会交通运行需求，分阶段逐步启用和停用奥林匹克专用车道。奥运专用车道全长 285.7 km，主要设置在二环路、四环路、五环路、八达岭高速、机场高速和京承高速等 30 条城市干道上；残奥会期间，设置 209.9 km 的残奥会专用车道，比奥运会专用道减少 7 个路段约 75 km。

3）公共交通保障措施和货物运输保障措施

北京更新和新增了 1.6 万辆新型公交车，公交车总数达到 2 万辆，奥运会期间每天可增加运送 280 万人次。轨道线路从最初的 2 条增加到 8 条，运营里程达到 220 km，每天增加 110 万人次客运量，乘客可在 16 个换乘点进行不同线路的换乘。

北京市公交集团增加运营车辆，并增设 34 条公交奥运专线。北京市地铁运营公司通过新增运营线路、缩短发车间隔和扩大列车编组等措施，增加车次和运能，并对持当日比赛门票观众实行免费乘坐公交和地铁政策。北京市出租汽车企业通过加强车辆保养、减少空驶率等措施增加运能.

在货运方面，要满足城市正常运行的生产生活物资运输，建立奥运会期间货运保障公共服务窗口分行业货运保障。北京市运输管理部门从具有运营资质的企业中选择符合环保标准的车辆，由北京市公安交通管理部门核发通行证，组建奥运会期间城市配送“绿色车队”，面向社会承担城市生产生活物品的配送服务。

4）错时上下班

（1）除承担城市运行和服务保障任务的企事业单位、社会团体、学校外，北京市其他各级国有企业上、下班时间分别调整为 9:00 和 17:00。

（2）大型商场上午开始营业时间调整为 10:00，晚上适当延长营业时间。

（3）其他事业单位和社会团体上、下班时间分别调整为 9:30 和 17:30。

（4）鼓励适宜网上办公和弹性工作制。

5）人性化保障措施

为最大限度地保障市民生活不受影响，北京市政府还制定了相关的人性化交通政策及保障措施：

（1）一个家庭拥有两辆单号车或双号车，可以换领牌照。

（2）每天 0:00 到 3:00，不分单双号，车辆均可上路行驶。

（3）在奥运专用车道和公交车道并行的路段，社会车辆可以借用公交车道行驶。

（4）对停驶的车辆，免征 3 个月的车船税和养路费。

5.1.3 北京奥运会交通需求管理措施效果及评价

5.1.3.1 北京奥运会交通需求管理措施的效果

1）全面实现申奥承诺

（1）实现奥运专用道行车速度 60 km/h，奥运大家庭往返驻地和赛场单程不超过 30 min；

（2）奥运会、残奥会开闭幕式观众到达有序，交通组织工作顺利完成。

（3）地铁奥运支线、公交奥运专线与其他地铁、常规公交衔接良好，观众可以便捷到达各比赛场馆。

（4）赛事交通服务团队运输服务安全、准点、可靠、便利。

（5）实现奥运会交通服务车辆快速通行高速公路。

2）路段平均速度增加

根据统计分析结果，未限行条件下晚高峰（17:00—18:30）路段平均行驶速度的均值为 22.1 km/h，当执行限行措施后在同一地点同一时间段，路段平均行驶速度的均值可达 53.1 km/h，增幅高达 150%；早高峰机动车路段平均行驶速度在执行限行措施后增幅达到 50%，由 23.8 km/h 变为 35.5 km/h。

3）改变了道路交通流结构

小汽车的道路交通主体地位虽未动摇，但得到了大幅削弱，公交车比例大幅上升，以公交为主导的城市客运交通结构初现优势。相对于奥运前时期，小汽车下降了 15.68%，公交车比例翻了一番，由 3.23%增长到 6.08%。

4）道路机动车流量大幅降低

道路机动车流量大幅降低的同时，非机动车流量大幅上升。和限行前相比，快速路、主干道、次干道和支路单车道机动车流量分别降低了 18.84%、22.13%、38.5%和 24.63%，除支路非机动车流量基本保持不变外，快速路、主干道和次干道单车道非机动车流量分别增长了 57.98%、7.06%和 23.93%。

5）促使更多的出行者转向公共交通和非机动车，降低了道路负荷度，增加了公共交通客运量和分担率

公交早高峰运营时间由原来的 6:30—8:00 变成 6:30—9:00；公交单日发车由 15.2 万车次增至 16.7 万车次。此外，350 余条公交线路延长了运营时间，早班车发车时间提前到 5:30，末班车发车时间延迟到 22:00，公交车的平均速度从 14.5 km/h 提高到近 20 km/h，提高了 30%。奥运会期间，每天有近 450 万人次改乘公共交通出行，公共交通日客运总量达到 2 110 万人次，创历史新高。

奥运交通管制措施的有效实施，促进了道路交通流结构朝公交为主导方向的转变，

有效缓解了道路交通压力，保证了奥运会期间道路交通的顺畅运行，为奥运会的成功举办提供了有效保证[2]。

5.1.3.2 北京奥运交通需求管理措施的评价

1）政策的综合性

北京奥运会交通需求管理政策，从出行产生、分布、交通方式选择和流量的时空分布四个方面入手，使交通供需达到相对平衡，保证城市交通系统的可持续发展。通过各项政策以达到减少出行量、调节出行时空结构及提高公共交通吸引力的目的，如表 5.1 所示。

表 5.1 奥运相关交通管理措施

交通需求管理政策和措施	目 的
两阶段需求管理措施，控制机动车使用（单双号限行）	减少小汽车出行，调节出行结构，缓解交通拥堵
设置奥林匹克专用道路	保证赛会人员顺利通行，为奥运持证车辆提供服务
公共交通保障措施和货物运输保障措施	提高公共交通吸引力，为小汽车被限者提供替代出行工具，调节出行结构，满足城市正常运行的生产生活物资运输
错时上下班，鼓励弹性办公、网上办公	减少出行，调节出行的时间分布
临时交通管制	调节流量的空间分布
人性化保障措施	保障城市各种功能的正常运行，保障市民生活不受影响

2）政策的可操作性

北京奥运会交通需求管理政策和措施涉及城市交通运转的各个环节，与市民正常生活息息相关，因此其必须具备可操作性，既要考虑到政府的实施难度，又要考虑社会公平性影响。

（1）政府实施难度。

奥运交通需求管理措施多，且单双号限行等措施均是首次大规模、长时间实施，涉及范围广，可借鉴经验不多，在实施层面上具有一定的难度。其保障工作得到了党中央、国务院，市委、市政府的高度重视，以及社会各界的大力支持，政府相关部门制订详细的实施方案，确保各项政策和措施的顺利实施。

（2）社会公平性。

交通需求管理政策涉及部分小汽车，黄标车停驶，对小汽车使用者和货运行业造成一定的影响。为了最大限度地减少社会影响，政府出台政策以维护社会公平性，同时发放货运通行证，保证城市正常生产和生活用品供应。

3）政策的接受程度

机动车单双号限行等各项交通需求管理措施是在奥运会的特定背景下实施的，而针对此类措施，市民均表示不同程度的支持，如：小汽车使用者中对机动车单双号限行的支持率高达 88.3%。

作为交通需求管理政策的直接受益者，市民对此反响较好，如：93%的被访者感觉奥运会期间交通能够更畅通，50%以上的公共交通乘客认为公交和地铁的服务水平有较大提高，还有 74%的被访者建议今后长期实施部分车辆限行政策。

5.1.4 北京奥运会交通需求管理的启示

1）强大的公交服务系统是实施交通需求管理必要的前提条件

根据奥运会期间北京市实施的交通需求管理措施，1/3 的小汽车出行需求将转移至其他交通方式，即每天将有约 200 万辆机动车限制使用。根据调查，60%以上的机动车拥有者选择了公共交通出行。奥运会期间，北京市公共交通系统日均运送乘客 1 813.5 万人次，高峰日承运客流量达 1 950 万人次，较机动车限行前增长 45.5%，满足了公交客流增加的要求；8 月 8 日开幕式客流强度最大，以轨道交通为骨干的公共交通保障系统 75min 内成功疏散了 16 万人次；奥运会期间，公共交通出行比例提高了 10 个百分点，达到 45%。工作日早、晚高峰路网平均速度较限行前分别提高 28.5%和 24.1%。

如果北京市公共交通不能弥补 200 万辆小汽车留下的供给空白，北京奥运交通需求管理政策则很难推行；同样的，若没有近年来交通投资、路权和补贴政策大规模的改革调整，北京市公交系统也很难有如此强大的支撑力。因此，今后继续推行交通需求管理政策的根本保障仍然是大力发展公共交通，建立强大的公共客运服务体系。大力发展轨道交通，施行“公交优先”政策将是北京市交通今后发展的重点之一。

2）以“节能”和“环保”为交通需求管理主要着眼点

奥运会期间，北京市及周边城市针对小汽车交通实施的需求管理范围之广、力度之大、持续时间之长，是国内城市前所未有的。这些交通管理措施之所以能够得到社会各界的普遍认可，并得以顺利实施，最关键的是这些措施能够给为“节能”与“环保”做出巨大贡献，而不仅局限于交通拥堵状况的改善。根据调查数据粗略估算，停驶 1 辆车每年可以减少温室气体 1.8 吨、燃油消耗 800 升、周转量 1 万车公里。因此，奥运会期间停驶的 195 万辆小汽车将为整个城市减少 87.8 万吨温室气体、3.9 亿升燃油和 48.9 万车公里的交通周转量。奥运期间北京市空气质量好于 2 级天数同比下增多 16 天，让国内外的奥运观众体会到了“绿色奥运”的真正内涵。

3）将法制作为实现交通需求管理长效化的主要手段

奥运会的交通管理措施得到了人民的拥护，这些既改善交通拥堵又减少空气污染、节约能源的举措是人民希望看到的。在接下来的时间里，北京市将长期使用适宜的交通需求管理措施，这将在一定程度上需要更有效的手段支持这些措施的施行。因此需要让交通需求管理政策具有稳固的法制地位，使其在调控小汽车社会成本、保护各层群体的出行权益方面，产生更加稳定与深远的影响[3]。

5.1.5 总结与讨论

奥运会的成功举办使北京城市交通有了明显的改善。首先，以轨道交通为代表的交通基础设施有了一个非常快的发展。其次，通过奥运会提升了北京市民的交通文明意识，交通不文明现象得到了改善。最后，交通管理的现代化程度和交通服务水平方面有了较大提升，管理水平更加科学。奥运会期间制定的交通需求管理措施不仅为奥运会的成功举办提供了保障，也给北京未来的城市运行和交通管理打好了基础。但是，奥运会后北京交通的发展形势更加严峻，而要应对近远期交通压力，更好地支持北京未来发展是交通系统继奥运交通保障工作之后新的课题和挑战。

北京奥运采取的交通需求管理政策措施在奥运会期间取得了良好的实施效果，在奥运会过后是否还能推广和适用？我们需要认识到奥运会作为一个短期的大型活动事件，采取一些临时性的“公共治理”措施，容易被民众理解和接受。但是在常态下，具体措施的实施必须经过广泛讨论，认真分析各种措施和做法是否符合法治的原则和精神，是否严重影响到了民众的日常生活。以单双号限行措施为例，在奥运会举办的短时期内，单双号限行是一种很有效的调控手段，是奥运会期间保障交通畅通的有力措施。但是交通限行只能作为一个短期措施，从长远和总体上看，在中国城市经济不断发展的今天，解决城市交通问题必须注重制定长期的、综合性的城市交通政策。交通需求管理政策应该立足更高的层次，制定实施长远的中长期交通规划，通过综合的努力和协调使大家出行能够正常和畅通。

5.2 广州亚运会交通需求管理

2010 年 11 月 12 日，第 16 届亚运会在中国广州拉开帷幕。广州亚运会为期 16 天，设 42 项比赛项目，是亚运会历史上比赛项目最多的一届。亚运会是广州市有史以来承办的最大型的综合性国际体育赛事，它的成功举办也是广州迈向国际化、提升城市竞争力的空前机遇，对城市声望的提升、城市建设、社会经济以及交通发展等都有着巨大的刺激作用。

然而亚运会给广州市带来的问题也相当明显。就交通而言，根据预测，2010 年广州亚运会期间观众总人数约 400 万人次，平均每天约 27 万人次，高峰日约 40 万人次，集散的时间和空间具有高度的聚集性，给广州市原本已不容乐观的交通系统造成巨大的压力。因此为保证亚运会的顺利召开，广州市需要制定合理的交通需求管理政策，采取有效的交通组织措施，调节路网交通流量的时空分布，保证交通顺畅，展示广州市良好的城市面貌。

以下通过亚运会前广州市交通发展、亚运会期间交通供需分析、亚运会交通需求管理思路、亚运会交通需求管理措施以及总结与启示五个方面介绍广州亚运会交通需求管理[4]。

5.2.1 亚运会前的广州市交通发展

5.2.1.1 城市概况

广州市位于珠江三角洲北缘，濒临南海，是华南地区第一大城市。广州属丘陵地带，地势东北高，西南低，北部和东北部是山区，中部是丘陵、台地，南部是珠江三角洲冲积平原。中国的第三大河珠江从广州市区川流而过。

广州市下辖 11 个区，包括越秀区、天河区、白云区、荔湾区、黄埔区、海珠区、番禺区、花都区、南沙区、增城区、从化区。全市面积 7 434.4 平方千米，市区面积 3 843.43 平方千米，2009 年末建成区面积（不含县级市）达到 935 平方千米。2009 年末全市人口达 1 035 万人。

在地区经济发展方面，广州市 2009 年地区生产总值达到 9 112.76 亿元，同比增长 11.5%，其中，一、二、三产业分别完成增加值 172.55 亿元、3 394.65 亿元和 5 545.56 亿元，分别增长 3.9%、8.8%和 13.6%。2010 上半年广州市地区生产总值完成 4 886.01 亿元，同比增长 13.6%，继上海北京之后，位列内地城市第三位。

“南拓、北优、东进、西联”是广州城市空间的发展战略，形成沿珠江水系发展的多中心组团式网络型城市结构，以南部、东部为城市发展的主要方向，形成“一主三副”的城市空间结构。“一主”即中心主城区，“三副”指在中心主城区南、东、北各发展一个副城区，即南沙、萝岗-新塘、花都副城区。

2005 年发布的《面向 2010 年亚运会的广州城市发展规划纲要》指出，广州市将借举办亚运会这一发展契机，打造“两心四城”的亚运城市空间格局，塑造具有“文化广州、岭南古郡，商贸广州、国际都会，活力广州、体育强市，生态广州、山水名城”特色的“亚运城市”形象。“两心”是指天河新城市中心和广州新城中心，“四城”是指亚运新城（黄村）、大学城、白云新城和花地新城。

5.2.1.2 区域交通

广州是华南地区最大的交通枢纽。航空、铁路、公路、水运发达，基础设施建设相对完备，在区域旅客运输工作中发挥着巨大作用。

在航空方面，广州新白云机场即广州白云国际机场于 2004 年 8 月正式投入运营，是我国首个按照中枢机场理念设计和建设的航空港。机场占地面积为 15 平方千米，其中，新机场一期航站楼面积为 32 万平方米，是国内各机场航站楼之最，楼内所有设施设备均达到当今国际先进水平，是中国南方航空集团公司、深圳航空公司和海南航空公司的基地机场。白云国际机场已开通超过 120 条国内外航线，2009 年旅客吞吐量超过 3 700 万人次。机场二期工程于 2010 年完工，预计当年吞吐量将超过 4 500 万人次。

在铁路方面，连接广州的铁路有京广铁路复线、广茂线、广梅汕线、广深城际铁路、广九准高速铁路，以及建设中的广珠澳高速铁路、贵广高速铁路、南广高速铁路、京港高速铁路（武广段已通车）。还有规划中的杭广快速铁路、广深港高速铁路。新建的广州南站已于 2010 年初投入运营，并与广州站、广州东站和广州北站共同形成由中国铁道部规划的全国铁路四大客运中心之——广州铁路客运枢纽，预计 2020 年客运发送量将超过 8 000 万人次。

在公路方面，广州建有连接周边包括深圳市、珠海市、惠州市等地的十数条高速公路，形成通达的高速公路网。目前已有运营的及规划的高速公路主要包括广清高速公路（广州—清远）、京珠高速公路（北京—珠海）、广惠高速公路（广州—惠州）、广深高速公路（广州—深圳）、广佛高速公路（广州—佛山）、广肇高速公路（广州—肇庆）、广河高速公路（广州—河源）、广深沿江高速公路（广州—深圳）、珠三角外环高速公路等，将形成以广州为中心“四环、十二射、四横四纵”的高速公路网络。

在水运方面，广州港是中国第三大港口，是珠江三角洲主要物资集散地和贸易中枢港，与沿海及长江的港口海运相通，国际海运通达世界 80 多个国家和地区的 350 多个港口、与国内 100 多个港口通航，是我国与东南亚、中印半岛、中东、非洲、澳大利亚和欧洲各国运距最近的大型贸易口岸，也是华南地区最大的对外贸易口岸，2020 年运量目标为货物吞吐量 5.9 亿吨、集装箱吞吐量 2 000 万标箱，客运吞吐量 250 万人次。如图 5.4 所示。

广州白云机场

广州南站

广深高速公路

广州港

图 5.4　广州示意图

5.2.1.3　城市交通

1）城市轨道交通

广州地铁（Guangzhou Metro）由广州市地下铁道总公司负责营运管理，远期规划里程 600 km。广州的第一条地铁——地铁 1 号线。于 1993 年底动工，1997 年 6 月 28 日开通试运营，标志着广州进入地铁时代。伴随建设的加快和网络的完善，广州地铁客运量也保持了高速的增长，2009 年广州地铁客运量达 6.37 亿人次，日均客运量达 183 万人次。至 2010 年亚运会开幕前，广州拥有由地铁 1 号线、2 号线、3 号线及其北沿线、4 号线、5 号线、8 号线、珠江新城集运系统以及广佛线广州段 8 条线路构成的城市轨道交通网，总里程达 236 km，在城市交通系统中发挥的作用将进一步增加。2010 年广州地铁运营线路如图 5.5 所示。

2）城市道路交通

在道路交通方面，广州市为了配合城市发展和 2010 年亚运会举办要求，基本建成市域“四环十八射”高等级道路网络。其中市域高速公路网（除清河高速外）将全部建成，通车里程达到 791 km。广州市域高等级路网将建成 1 670 km。

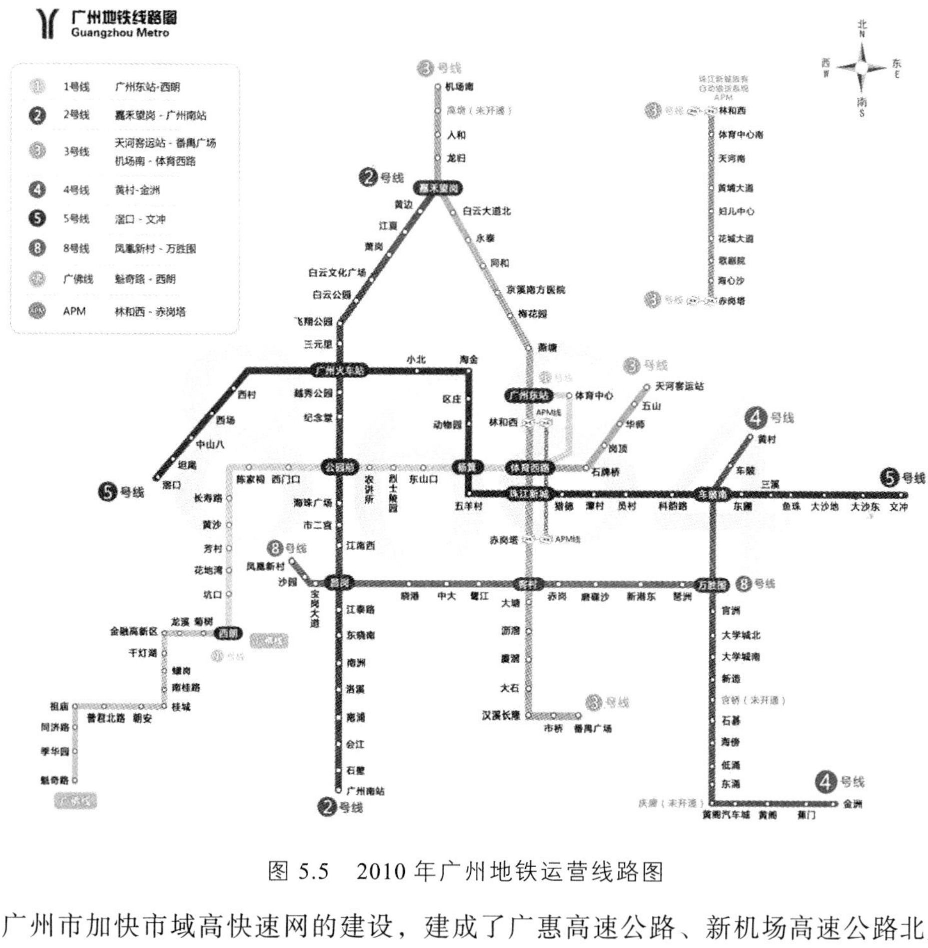

图 5.5　2010 年广州地铁运营线路图

广州市加快市域高快速网的建设，建成了广惠高速公路、新机场高速公路北延线南段、广园东路延长线、华南路二期、京珠高速、南沙港快速路、广珠北段高速公路等。另外，广州市正在推进东二环高速公路、街北高速公路、新光快速路、华南西路等一批重点工程的建设。

在完善高快速路系统的同时，广州市加快城市道路的建设。根据 2009 年的统计，2008 年广州建成笔村立交、新滘东路—海军基地立交、旧龙溪路改造、丰乐北路延长线、联邦快递转运中心周边市政道路、滨江东路延长线二期、南洲路等一批市政路桥工程。2008 年广州全年新增道路长度 17.7 km，面积 305 万 m^2，城市道路总长度 5 434 km，城市道路总面积达到 9 305 万 m^2。新建桥梁 35 座，桥梁总数 1 276 座。

城市交通的具体运作情况，包括针对机动车、公共交通等交通方式的分析将在第二部分的城市交通供给中详细介绍。

5.2.2 亚运会期间交通供需分析

5.2.2.1 城市交通需求

1）出行总量

以环城高速和内环高架路将广州市分为外环和内环，分析这期交通发生量可以发现，外环内部是广州市交通发生的核心源，而内环是核心中的核心。小汽车出行主要集中在越秀、天河、海珠、白云区南部和荔湾区东部所组成的区域。

根据 2008 年广州市交通发展年报的统计，环城高速所围合区域面积为 222 km^2，仅占市区总面积的 6%，而交通出行量却高达 258 万标准车/日，占总数的 60%。内环高架所围合区域面积不足 40 km^2，占环城高速内总面积 18%，所产生的出行量达到 101 万标准车/日，占环城高速内总出行 40%。内环路内外的全日交换总量达到 104 万车次，占内环覆盖区域总生成量的 73%。环城高速的内外交换总量达到 107 万车次，占环城高速覆盖区域总生成量的 40%，出行主体仍以主城区内部为主。

根据预测，2010 年，广州市常住人口将超过 1 200 万人，机动车保有量为 200 万辆左右，其中小汽车保有量接近 150 万辆。交通出行总量在 2 200 万人次/天，其中机动化出行约为 1 500 万人次/天。2010 年市区全日个人出行需求 1 207 万人次，中心区个人出行量达 724 万人次，占整个市区的 60%。

2）出行结构

根据预测（见图 5.6），2010 年个体机动出行量将达 534.2 万人次，占总量的 24.08%，以轨道和公交为主体的公共交通的出行量将达 782.2 万人次，占总量的 35.2%。常规公交、轨道交通与出租车三者比例达到 0.63：0.23：0.14，轨道交通比例有所上升（2008 年三者比例为 0.63：0.13：0.24），常规公交仍然占据绝对主体。2010 年各种交通方式的出行量如表 5.2 所示。

表 5.2 2010 年各种交通方式的出行量预测　　单位：万人次

年份	个体机动交通	常规公交	轨道交通	出租车	自行车	步行	其他	合计
2010	535.2	576.5	205.7	131.4	158.9	582.9	31.8	2 222.4

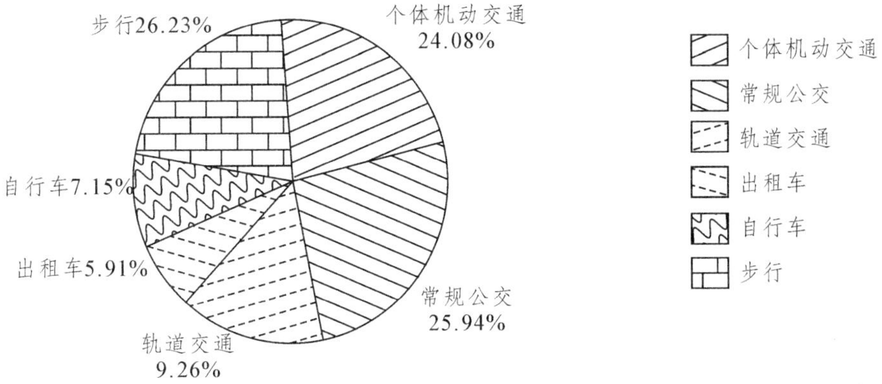

图 5.6　2010 年广州市区交通方式构成

5.2.2.2　亚运会交通需求

亚运会期间有近 1 500 名亚奥理事会官员、14 700 名运动员和随队官员、6 300 名技术官员、10 000 名注册记者、80 000 名亚组委人力资源和国内外 400 多万人次的观众参加此次盛会。根据预测，亚运会期间平均每天观众人数约 25 万人次，高峰日观众人数将超过 40 万人次。按照第 16 届亚运会交通服务政策，亚运会赛时直接为注册人员提供车辆 3 706 辆，其中小客车 1 848 辆、大客车 1 342 辆、中巴车 154 辆、电瓶车 197 辆、货车 165 辆。除直接上会的车辆外，还需要为亚运会相关的非注册媒体、开闭幕式等大型活动、亚运公交专线提供车辆。同时还需要为 400 万人次的观众提供公共交通服务。根据预测，高峰日各类车型的出行将产生 30 万 PCU 的交通量。如表 5.3、表 5.4 所示。

表 5.3　2010 年广州亚运会各类人员数量

人员类型	估算数量
运动员与官员（B 类）	14000 人
运动会组织者，含志愿者（C 类）	50000 人
VIP 与赞助商（D 类）	5000 人
媒体成员（E 类）	10000 人
持票观众（F 类）	400 万人次
观光旅客（G 类）	20 万人次

表 5.4　2010 年广州亚运会观众来源构成

来源地区	人数/万人次	占总量比例/%
广州	230	57.5
珠江三角洲	100	25.0
国内其他城市	50	12.5
国外	20	5.0
合计	400	100.0

亚运会期间，交通需求具有很强的不均衡性，体现为时间不均衡性和空间不均衡性。时间不均衡性指交通需求在时间上的突发性和集中性。空间不均衡性指亚运会场馆附近的交通需求非常大，亚运会场馆分布在广州市各个地区，场馆分散的特点使交通组织存在一定困难。

5.2.2.3 交通供给

1）公共交通供给

（1）城市轨道。

广州市亚运会开幕前共有 6 条地铁线路投入运营，里程总计达到 236 km。运营线路的具体情况如表 5.5 所示。

2009 年广州地铁年客运量达 6.37 亿人次，日均运量达 183 万人次。随着新开线路的运营及地铁线网的规模化，广州地铁的客流量还会继续增长，根据预测，广州市亚运会前日均客运量将超过 400 人次，而这一记录仍在不断刷新。

表 5.5　广州市地铁运营线路

线路名称	开行区间	里程/km	车站数
1 号线	西朗—广州东站	18.48	16
2 号线	嘉禾望岗—广州南站	32	24
3 号线	天河客运站—番禺广场（主） 广州东站—体育西路（支）	36.33	18
4 号线	黄村—金洲	46	16
5 号线	滘口—文冲	31.9	24
8 号线	昌岗—万胜围		10

（2）BRT。

截至 2010 年，广州市共建 31 条 BRT 公交线路、6 条 BRT 支线和 5 条 BRT 快线，即共计 42 条线路，覆盖全市 750 对公交站点，约占中心城区公交站点的 15.6%，共投入公交运力 920 台。BRT 采用 18 米长的公交车辆，日均载客量超过 70 万人次/日，成为全亚洲单线客流量最大的 BRT 公交系统。

（3）常规公交。

2010 年广州市共有公交线路 575 条，日均客流量达 660 万人次，线路总长度 9 300 km，500 米站点覆盖率达 95.3%，公交地铁接驳线增至 329 条。

在亚运会期间，广州开设 76 条亚运会公交专线，服务于各比赛场馆，方便市民乘公交观看比赛。其中设置开行 42 条专线服务于市中心比赛场馆，14 条远郊接驳专线和 20 条郊区日常专线服务于比赛场馆。优化和开通 100 条公交线路，优化公交线网布局促进公交地铁协调发展。同时投入 1 228 台亚运会专线公交车，公交专用道的长度达到 125 km。

（4）出租车。

严格意义上出租车并非公共交通方式，但其具备一定公共交通服务特性，在此纳入公共交通一并分析。2008 年广州市区出租小汽车运营车辆数位 18 893 辆，其中新七区位 17 821 辆。2008 年市区出租车完成客运量 71 493.7 万人次，其中新七区 68 192.33 万人次。由于亚运会的召开，广州市将投入 100 辆无障碍出租车便捷广州的民众出行。同时在全市 17 000 万辆出租车上安装了智能交通装置。

2）停车设施

广州市以立法形式推动“私家车+公共交通”模式，在轨道交通站场、大型公交站场、火车站、码头等地规划、建设公共停车场，加强停车场域公共交通枢纽的衔接，鼓励和引导驾车人换乘公共交通工具。

广州市机动车增幅过快，停车泊位的供需矛盾尤为突出。截至 2010 年，广州市停车泊位为 60 多万个，其中立体停车位较少，仅为 2 万个，停车缺口达 50 万个。

广州市在亚运会前新增 40 000 多个停车泊位，引导外地小汽车驾乘人员在城市边缘区域停车换乘公共交通进入市中心区。

5.2.2.4 亚运会供需匹配存在的问题

近年来，广州市尽管投入了大量的资金用于道路交通建设，但仍不能实现交通设施供应与交通需求的基本平衡，特别是在亚运会期间交通需求的特殊性给广州市的交通供给带来极大挑战。

2010 年亚运会期间，城市背景交通需求和亚运会带来的特殊交通需求对广州市交通系统的运行提出了巨大的挑战。广州市的交通需求与供给矛盾存在的主要问题如下：

（1）机动车保有量快速增长，但是道路里程的增长有限，无法满足日益增长的机动车交通需求；在不采取任何措施的情况下，个体机动交通出行量增长 16%，远高于道路长度 3.6%的增速，亚运会举办时道路交通负荷将进一步加重。

（2）公共交通系统的供给仍然有很大的缺口，且服务水平不高，难以承载更大规模的出行需求；公共交通的分担率较低，这是我国各城市普遍存在的问题，广州市也不例外。

（3）机动车停车泊位供给缺口较大，供需矛盾非常突出，导致停车设施占用路面资源现象严重。

5.2.3 亚运会交通发展目标及需求管理思路

通过广州市亚运会期间交通供需分析不难发现既有的交通供给水平将难以满足广州市日渐增长的城市交通需求以及亚运会交通需求的总和。要确保亚运会的顺利召开和城市交通系统的顺畅运行，广州市需要对现有交通体系进行适当的组织规划，使之在一段时间内演化为具有针对性的亚运会交通体系。

5.2.3.1 亚运会交通发展目标

亚运会的举办正处于广州市城市建设和交通建设的高速发展时期，需要明确的是亚运会期间广州市的交通规划管理的思路应当把亚运会放在城市整体发展的背景下考虑。在城市定位层面，需要把举办亚运会与强化国家中心城市地位结合起来；在城市建设层面，需要把举办亚运会与城市基础设施结合起来；在交通规划与管理层面，需要把应对亚运会交通需求和满足城市交通总体需求结合起来。

在保证亚运会顺利举办以及广州市城市交通健康发展的前提下，亚运会期间交通要实现的具体目标可以归纳为以下五点：

（1）优先保障亚运会交通，充分发挥亚运会专营轨道和优先道路的作用，确保参加亚运会的相关人员如运动员、教练员等能在60min内从驻地到达比赛场馆。亚运会专营轨道线路平均速度不低于80 km/h，亚运会优先道路平均速度不低于60 km/h。

（2）保证观众的出行，保证广州市的观众到达市区范围内的场馆一次出行不超过60 min，珠江三角洲的观众到达市区范围内场馆一次出行不超过120 min。

（3）减少对城市交通的影响，需要协调亚运会交通与城市日常交通，尽量减少亚运会交通及相应的管控措施对城市居民的上班、上学、购物、休闲等日常出行的干扰，避免侵犯居民的利益。

（4）具备高效的突发应急能力，在突发事件下，能在20 min通过紧急调度完成备用通道与发生故障的正选通道间的置换。

（5）严格控制各种设施建设和管理措施对城市日后发展的影响，实现赛后城市的可持续发展。

高的标准可以正确指导城市交通的规划与管理科学合理地开展的同时也给既有的城市交通系统带来挑战。在供给水平不足的情况下要顺利举办亚运会这一对城市具有空前意义大型活动，树立优良的城市形象，广州的城市交通亟须一种全新的思路。

交通需求管理作为以往国外城市应对由大型事件活动引发的突发性客流的有效手段已有较多的成功经验，在我国也有过一定的实践。北京奥运会和上海世博会期间，两座城市都采取了相应的交通需求管理措施。值得注意的是，交通需求管理措施的制定需要结合城市特性、事件活动特性、城市交通供需关系特性等诸多因素作综合考虑。因此，针对广州市交通面临的问题，结合广州市自身的情况，制定一套科学合理的交通需求管理策略以及相应的措施手段就显得尤为重要。

5.2.3.2 亚运会交通需求管理思路

结合城市特性以及其城市交通和亚运会交通的特点，亚运会期间广州交通需求管理思路（见图5.7）可以总结为以下三点：

（1）控制出行总量需求。通过减少背景出行量以降低总需求，可行的措施包括尾号限行、扩大货车限行范围、车辆环保标志管理。

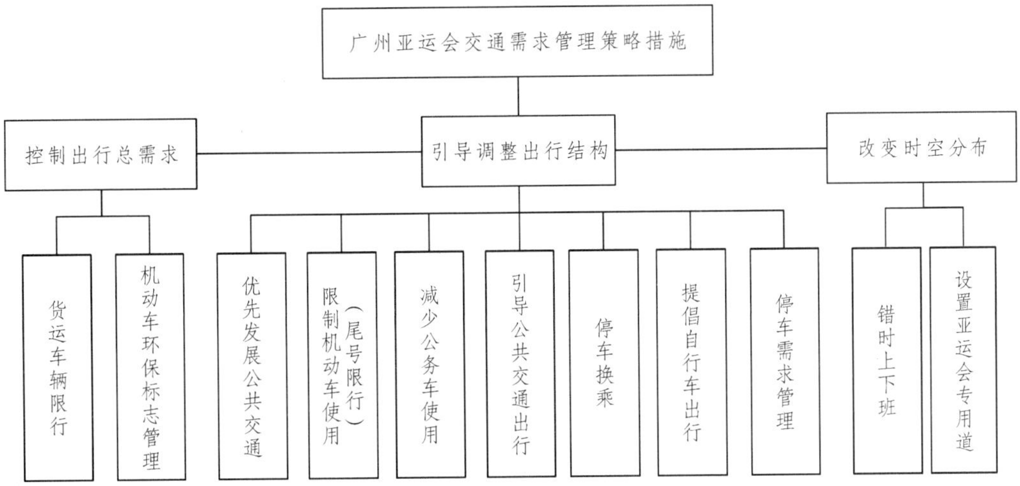

图 5.7 交通需求管理总体思路框架

（2）引导调整出行结构。调整出行结构目的在于减少小汽车交通量，引导公共交通出行以改善道路交通环境。可行的措施包括优先发展公共交通、限制小汽车的使用、减少公务车的使用、引导公共交通出行、停车换乘、提倡自行车出行和停车需求管理等。

（3）改变出行时间和空间分布。改变出行时间分布的可行措施有错时上下班，将高峰期的交通量转移至其他时段，缓解高峰期的交通压力；改变出行空间分布是通过设置亚运会专用道，将亚运会交通与城市交通分离，优先保障亚运会交通的通畅。

交通需求管理的具体措施，将在下一部分作详细介绍。

5.2.4 亚运会交通需求管理措施

广州市主要从控制出行需求总量、引导调整出行结构和改变出行时空分布三个层面开展交通需求管理的工作，采用了以下措施[5]。

5.2.4.1 控制出行需求总量

广州市公安交警部门于 2010 年 8 月 11 日通过媒体公布征求意见稿，广泛征求了社会各界的意见并予以完善，在已有方针的基础上更新了货车限行的范围、吨位、时间。《关于进一步调整市区货车交通管制措施的通告》[6]于 2010 年 10 月 1 日零时起实行，对广州市限制货车通行的交通管制措施进行调整。主要内容包括：

（1）将奥林匹克体育中心周边地区和即将开通的科韵北路、云溪路纳入限行货车范围，每天 7:00—9:00 及 17:00—20:00 禁止一切货车进入通行；每天 7:00 至 22:00，禁止广州市籍号牌 5 t 以上（含 5 t）、外市籍号牌 0.6 t 以上（含 0.6 t）的货车通行。其主要目的在于提前对亚运会场馆周边货车通行量较大的道路进行管制，保障赛事举行。科韵北路、云溪路直接与天河中心城区相连通，如果不提前采取货车限行措施控制交通流量，必然会造成大量货车涌入本来就已经非常拥堵的天河中心城区。

（2）控制“大吨小标”的货车，此类车辆给市中心区本已拥堵的交通环境带来较大的影响。所以，调整货车限行措施时将市中心区白天限行的相关货车核载吨位从目前的 1.5 t 以上（含 1.5 t）调整到 0.6 t 以上（含 0.6 t）。同时，交警部门将运用治超手段，严查大吨小标的超载车辆。

（3）延长限制货车通行的时间，市区每天 20 时后车流量仍然较大，为保障市区道路畅通，有必要延长限制货车通行时间，但由于广州市存在较大的货车运输需求量，为保障必要的货车运输，货车限行的时段又不宜过长。因此本次调整将广州市籍和外市籍货车的限行时段由 7:00—20:00 和 7:00—21:00 统一调整为 7:00—22:00。

另外，在对城市道路采取货车限行的同时，广州市也将针对对外交通干道实施货车限行，2010 年 11 月 11 日零时起，四条连通广佛之间的主要通道——广佛新干线、穗盐路、广佛路、海八路，实施货车交通管制措施，在规定的时间段限制货车通行。如若违反，警方将对车辆作记 3 分、罚 200 元的处理。

可能存在的问题：

货车限行会影响货车使用者的利益。

5.2.4.2　机动车环保标志管理

黄标车是高污染排放车辆的简称。据环保部门统计，技术落后的黄标车所排放的污染物是绿标车的 20～30 倍。根据 2009 年的统计，广州市拥有 26 万余辆黄标车，如果全部报废，所腾出的环境容量将相当可观。

2008 年 12 月 30 日，广州市政府正式发布《关于逐步限制高排放（高污染）汽车通行的通告》。从 2009 年 1 月 1 日起实施机动车环保标志管理，对达不到环保标准的高排放车辆采取限行并逐步禁行的措施。按照规定，所有广州的机动车辆都必须申请环保标志，禁止未取得绿色环保标志的车辆在一定范围内通行。工作分为三个阶段：第一阶段从 2009 年 1 月 1 日起禁止在内环路、中山路等主要道路行驶；第二阶段从 2009 年 7 月 1 日起，禁行范围进一步扩大到市中心主要道路包括东风路、广州大道、解放路、天河路、中山大道；第三阶段从 2010 年 6 月 1 日起，市区范围内全部禁行黄标车。

2010 年 6 月 1 日起，广州全面实施第三阶段黄标车限行措施，对象为既有的 11 万~12 万辆在用黄标车。黄标车限行范围包括北环高速公路增槎路至广氮段、机场高速公路黄石路至北环高速公路段，但不包括东南西环高速公路、华南快速干线以及佛山市辖区内道路。交警部门对包括黄标车等在内的所有未持有绿色环保标志在限行区域内通行的广州市籍汽车和外地籍汽车，给予罚款 200 元并扣 3 分的处罚。

2010 年广州市共投入 7 亿元资金用于促进广州市 13.6 万辆黄标车淘汰工作。亚运会期间，通过机动车环保标志管理的措施，减少了机动车 10 万余辆，减少出行 15 万辆次。

可能存在的问题：

机动车环保标志管理在对高污染排放车辆做出限制的同时，需要通过相应的政策措施弥补此类车辆既有的服务对象的运输需求。

5.2.4.3 引导调整出行结构

引导调整出行结构是广州市亚运会交通需求管理三个层面中的重点，主要措施可以分为三类，第一类是通过相关调整交通工具使用，包括限制机动车使用（尾号限行）和封存部分公务车；第二类是完善公共交通系统及加大交通基础设施的建设力度，包括优先发展公交、引导公共交通出行、停车换乘和完善慢行交通系统；第三类是停车需求管理，包括场馆周边停车限制和提高中心城区停车收费。

1）限制机动车使用（尾号限行）

在2010年7月17日至20日的首次亚运会交通演练中，广州市按照车牌最后一位数字实行单号单日、双号双日行驶，限行时段为7:00—22:00，违者将面临被扣3分、罚款200元的处罚。如果车主不能在半小时内把车就近停好，再度被发现上路，仍旧照罚，处罚不设封顶。为与之配合，出租车实行错峰交接班，避免在上下班高峰期交接班，最大限度提高运营效率；地铁缩短发车间隔，由此地铁客流激增约50万人次；全市机动车CO、HC、NO和PM_{10}等四大污染物的排放总量分别较演练前削减了50%、52%、38%和43%，对环境空气质量的改善效果非常明显，广州市单双号限行演练取得了一定的效果。

9月11—14日的第二次交通演练中，广州市对车辆限行方法进行了一定修改，将单双号限行时间从之前的7:00—22:00放宽至8:00—20:00。

11月1日至12月21日（即亚运会开幕前11天至亚残运会闭幕后2天），广州将全天实行单双号限行。

与此同时，亚运会交通保障方案还明确了五大配套措施，以确保尽可能减少方案实施期间对城市生产和市民出行的影响。其中，针对不少开车一族关于限行是否会补偿他们的年票费用问题，新方案明确广州将参照北京奥运会及残奥会的做法，对被限行的广州籍牌照机动车主减征3个月的年票费用和车船税。公安交通管理部门还针对部分单位或个人名下单双号车辆比例不均衡问题，实行车牌号码置换。

可能存在的问题：

尾号限行在短时间内可以起到减少道路交通流量的目的，但长期来看，随着机动车保有量的增长，通过此项措施的效果必然会日渐减弱。此项措施也限制了机动车拥有者使用机动车的权利，造成了一定的不便。另外，限制机动车的使用使部分客流转向公共交通，这就对公共交通的发展提出了要求，否则居民的出行将难以得到保障。

2）封存部分公务车

广州市的公务车数量约为10万辆，占民用汽车总数的10%左右。为了改善亚运会期间空气质量，广州市机关、事业单位带头“少开车”，从2010年10月12日至12月22日，全市2.3万辆公车中，至少有30%被封存，当出现极端不利于空气污染扩散的气象条件，空气污染指数超过110时，广州市将启动一级应急行动，其中包括将公车封存的百分比提高到 50%。

可能存在的问题：

封存部分公务车对城市交通整体有益，但势必会侵害到相关部门的利益，封存部分公务车的方法应当建立在尽量减少对相关部门日常工作影响的基础上。

3）优先发展公共交通——地铁

地铁是大运量、集约化的公共交通方式，在国外大城市中，地铁往往是城市交通系统的主干，是缓解交通堵塞的重要方法。我国的地铁建设开展较晚，但广州市走在了前列，早在 1997 年就开通了第一条地铁线——广州地铁一号线，并逐步加快建设。

在由广州市交通规划研究所和广州市地铁设计院于 2008 年确定的轨道线网规划方案分别就线网规模、线路选择、环线设置的合理性、枢纽布局及近期建设方案等专题进行了深入研究。方案明确了“轨道环线+放射线”的线网结构，线网由 20 条城市线、3 条城际线、2 条市郊列车线组成，总里程接近 900 km。利用交通模型对方案进行科学评价，可实现“3060”时空目标和“7070”客运目标：即利用轨道交通，环城高速内 30 分钟到达市中心，外围副中心 60 分钟到达市中心；公共交通占机动化出行的 70%，轨道交通占总公交出行量的 70%。

至亚运会前，广州市已有 8 条地铁线、总长度达 236 km，地铁线网的服务将覆盖 38 个亚运会比赛场馆，占比赛场馆总数的 80%，不仅让运动员、工作人员、志愿者和观众方便快捷地前往比赛场馆，还通达机场、火车站接送参加亚运会的各类人员。如图 5.8 所示。

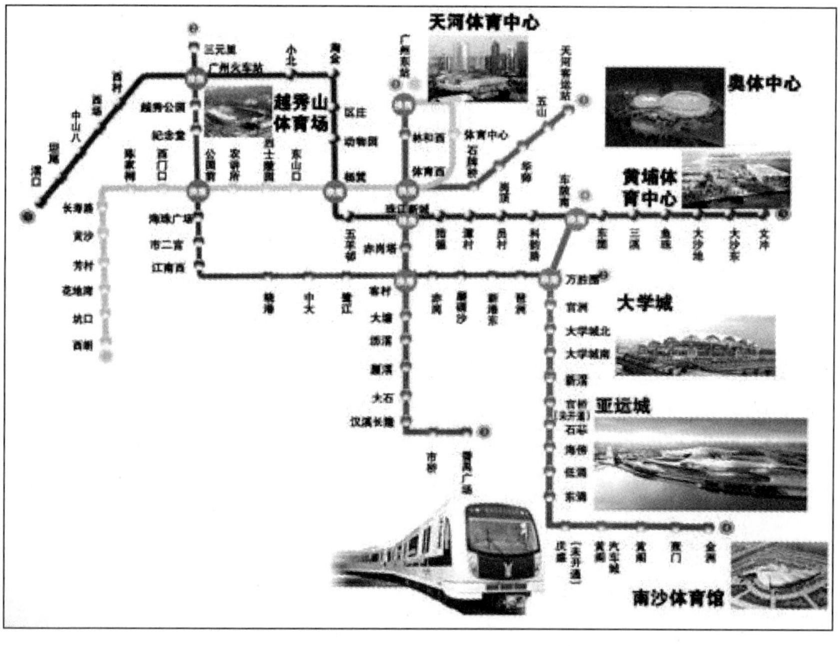

图 5.8　广州地铁与亚运会场馆的衔接

伴随地铁线网完善的同时，地铁客运量增长明显。广州地铁年客运量从 2004 年的

1.64 亿人次增长至 2009 年 6.37 亿人次，日均客运量达到了 183 万人次，增幅近 300%。2004—2009 年广州地铁客运量及其增长情况如表 5.6 所示。

表 5.6　2004—2009 年广州地铁客运量及其增长

年度	客运量（万人次）	比上一年增长%	日均运量（万人次）	高峰日（万人次）
2004 年	16 400	41.4	44.9	82.7
2005 年	21 400	28.5	58.5	101.1
2006 年	29 200	30.2	80.3	146.7
2007 年	47 300	61.99	129.58	150.17
2008 年	59 408.43	21.38	162.76	190.6
2009 年	63 700	12.6	183	338

进入 7 月以来，广州地铁客流增幅明显，日均客流从 286 万人次激增至 317 万人次，首次突破日均 300 万人次大关。这充分说明了广州的地铁在城市交通系统中的作用日渐明显，大力建设轨道交通是优先发展公共交通的工作重点。

可能存在的问题：

城市轨道交通存在建设成本高、建设工期长、成网前效果有限的问题，广州市亚运会前城市轨道线网规模已与北京相当，但相较于广州市地铁线网的远期规划（600 km），仍只处于初步发展阶段，难以应对亚运会的突发性大规模客流。

4）优先发展公共交通——BRT

总结国外大城市的发展经验不难发现，大运量、集约化的轨道交通往往在城市交通体系中起到至关重要的作用，然而城市轨道交通存在建设成本高、建设工期长、成网前效果有限的不足，仅仅通过既有的地铁系统将难以满足亚运会期间的交通需求。相比之下 BRT 有灵活、可达性强、线网覆盖率可以更高等优势。

广州市 BRT 系统地位为介于轨道交通与常规公交之间的一种大容量、快速的公交车交通方式，既是轨道公交的补充、延伸，也是常规公交车的核心与骨干。在设计过程中，通过对国内外各种快速公交系统模式进行广泛深入研究，结合广州市客运需求、道路交通实际情况，经反复比选论证，确定了“专用走廊+灵活线路”的 BRT 系统模式，该模式的本质是“发展高标准的公交专用道”。即通过发展高标准的公交车专用道系统，将现有常规公交优化重组后纳入专用道行驶，同时融入现代化的智能公交车技术和高效的运营组织，实现常规公交的快速化，同事改善交通秩序，减少公交车与社会车混行干扰，提高道路整体通行能力，缓解城市交通拥堵，改善市民出行环境。

广州市 BRT 系统实现了如下五大功能：

（1）采用“封闭走廊+灵活线路”运营模式，使得公交专用道使用效率最大化，单向客流达到 2.2 万人次/时。

（2）最大化地整合现有公交线路，走廊外几乎不存在常规公交线路，实现公交和社会车辆各行其道。

（3）设置专门调度中心，可调度线路 63 条，其中 31 条为 BRT 线路，将进入走廊行驶。

（4）与地铁系统物理整合，乘客可以从地铁站直接换成 BRT 车辆继续前行；与非机动车道系统整合，沿线设置基本连续的自行车道，较为完善的自行车停车设施，提供自行车保管站 30 个，泊位近 5 000 个，还将与城市公共自行车发展计划结合，推动城市绿色出行。

（5）BRT 系统的过街设施与沿线建筑物和商业的直接整合，并且将有更多设施与 BRT 天桥进行整合。

为了提高广州市城市客运的能力，广州市 2007 年完成了《广州中心城区快速公交网络规划方案研究》，进行 BRT 的规划与建设。截至 2010 年，亚运会前广州市共建 31 条 BRT 公交线路、6 条 BRT 支线和 5 条 BRT 快线，即共计 42 条线路，覆盖全市 750 对公交站点，约占中心城区公交站点的 15.6%，共投入公交运力 920 台。BRT 采用 18 m 长的公交车辆，日均载客量超过 70 万人次，成为全亚洲单线客流量最大的 BRT 公交系统。根据广州市相关部门的统计数据显示，BRT 通道内车辆运营平均速度超过 23 km/h，比 BRT 开通前沿线公交车速度提高 84%；沿线社会车辆的平均速度从 13.9 km/h 提高到 17.8 km/h，比开通前提高 28%。BRT 平均每天可为广州市民，尤其是东部市民节省交通出行费超过 148 万元。

可能存在的问题：

BRT 车道的设置会占用道路面积，压缩其他车辆的道路空间；缺乏合理的信号控制会使 BRT 在交叉口延误，丧失其快速的优势，如做出相应更改，又难免对交叉口交通状态造成干扰。

5）优先发展公共交通——常规公交

地铁和 BRT 的广州市城市客运的主干，在其发展的同时也需要对常规公交线网及时优化，从区间、区域和接驳三个层面上建立一体化公交体系，完善公交线网，为乘客提供全面多样化的服务，同时加强与主干交通方式的衔接，提高公共交通整体服务水平和运行效率，增加公共交通整体吸引力。

公交专用道设置具有投资小、见效快、技术要求低等特点，是公交优先的主要措施。2010 年亚运会前，广州市在原有的 82 km 公交专用道的基础上，结合地铁和 BRT 线网，进一步扩大公交专用道的规模，逐步构建城区连网、成片、连续的公交专用道网络，规划总长度达到 300 km，亚运会前有 200 km 投入使用。

亚运会期间，广州市交委初步计划在广东奥林匹克中心等 15 个比赛场馆周边开行的 77 条亚运会临时公交专线和 9 条地铁接驳线，投入公交运力将超过 1228 余台，实现公交与地铁无缝接驳。

可能存在的问题：

优先发展公交不仅仅在于公交线路的规模扩大，因为公交分担率的增大不能仅依靠线路的增加。在规模增加的同时，应该将公交线路之间及公交与地铁线路之间的换乘系统做到整体优化，使乘客出行的换乘次数减少的同时，换乘效率得到提升，才能提高广州市的公交分担率。

6）引导公共交通出行

亚运会期间平均每天观众人数约 25 万人次，高峰日观众人数将超过 40 万人次，如果其中有较多人选择私家车出行，将会给交通带来很大压力。在完善公共交通系统建设的同时，制定引导居民公共交通出行的相关政策也十分必要。

2010 年 5 月 1 日起，广州的公交地铁开始实行一整套“联乘优惠”，其中规定，持广州“羊城通”，在一个自然月内，刷卡乘坐包括地铁和巴士在内的公共交通满 15 次以后，后续的所有公共交通刷卡消费都可以享受六折优惠。

广州市交委还制定了亚运会期间公交免费的相应政策，根据广州市交委制定的细则，在亚运会和亚残运会机动车单双号限行的 46 天期间，除去双休日和新增假期后的 30 个工作日里，所有地铁线路免费，在亚运会期间的 19 个工作日，所有公交线路免费；在亚残运会的 11 个工作日，进入或途经全市限行区域的公交线路免费。

可能存在的问题：

引导居民采用公共交通出行应当建立在公共交通系统发展完善的基础上，如果超出了其能力范围，公共交通系统将难以负荷，在公共交通站点造成拥堵，使公共交通工具上过度拥挤影响服务水平，给乘客带来不便。

7）停车换乘

广州市共在 10 个地铁站点规划停车换乘点，包括：汉溪（番禺）、海傍（番禺）、南浦（番禺）、坑口（荔湾）、嘉禾（白云）、西塱（荔湾）、窖口（荔湾）、浔峰岗（白云区金沙洲）、渔珠（黄埔）、庆盛（南沙）。此项措施方便市民停车后转乘地铁进城，从而减轻中心城区的交通压力。亚运会前，广州地铁站点共修建停车泊位近 4 000 个，2012 年拟增至 1.5 万个。

可能存在的问题：

在 2009 年的一次调查中发现，广州市的停车换乘系统存在超额收费、车位紧张和安全得不到保障等问题，这都影响了停车换乘的吸引力。

8）完善慢行交通系统

绿道建设是广州市发展慢性交通系统的重要体现。广州今年要完成 526 km 的区域绿道建设任务，串联沿线 51 个镇街，70 余个城市景观节点，覆盖全市 12 个区、县级市。至 2010 年 10 月，广州已经建成 6 条总长 1 060 km 绿道，建成 99 个驿站。这 6 条绿道串联起了全市 70 余个城市景观节点、51 个镇街，覆盖了 12 个区和县级市，为广大市民步行和自行车出行提供了良好的平台。

2010 年 9 月 30 日，广州大学城新建的 21 个大型公共自行车站点正式投入使用，并同时实现大学城“一卡通”卡和 RFSIM 手机卡租车服务，市民凭“一卡通”可免押金租车。广州市明确自行车换乘（B+R）的发展思路，在地铁或 BRT 站点设置自行车换乘点，广州目前有三大公共单车系统，除了大学城一卡通公司外，还有沿地铁线路的公共单车系统和在 BRT 沿线试行的公共自行车系统，至 2010 年 10 月，广州市共有自行车租赁网点 106 个，极大方便了市民采用自行车出行。

可能存在的问题：由于广州市的气候等因素，非机动车出行较少，路面基本上没有预留非机动车道或机动车道较窄。在“禁摩”之后，自行车出行增多，道路自行车道的建设需要及时跟上。另外，三个公共自行车系统没有实现相互兼容，给市民带来了不便。

9）场馆周边停车限制

场馆周边停车限制分三个层面：

（1）由于停车用地和周边路网容量的限制无法完全满足大型赛事停车需求，因此需要对停车泊位总量进行控制。

（2）调成停车场布局，控制面向私家车的停车场至场馆的距离在一定范围以上，通过增加私家车使用者从停车场到目的地的步行距离，降低居民采用私家车出行的意愿，达到减少私家车出行比例的目的。

（3）限制私家车和部分其他车辆停放。

广州市以亚运会场馆为中心，由里到外设置安保区、控制区（见图 5.9）。安保区内不设停车场，控制区内仅设置持证车辆和公交停车场。非持证小汽车停车场被安置在控制区以外，根据周边路网容量确定规模。

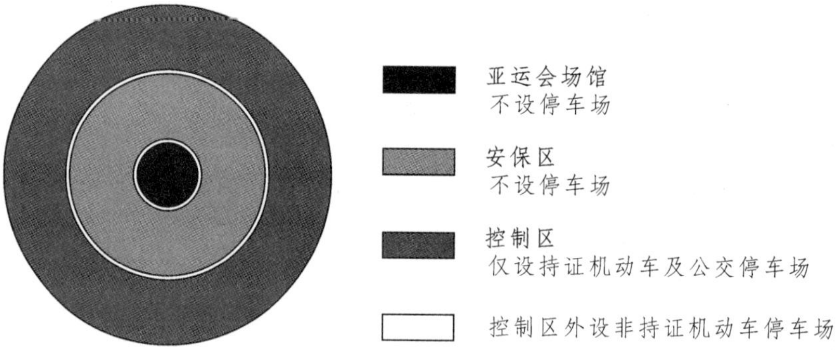

图 5.9　场馆周边停车限制示意图

可能存在的问题：

限制非持证小汽车在亚运会场馆周边停放，目的在于鼓励观众采取公共交通出行，然而也会影响并非以观赛为目的，而目的地在亚运会场馆周边的私家车出行。

10）提高中心城区停车收费

2008 年 7 月 1 日，广州市开始执行的《广州市机动车停放保管服务收费管理办法》将公共露天停车场划分为三类地区，根据各地区停车位的数量、道路的拥挤程度制定了相应的收费标准，停车苦难的地区收费标准相对较高。通过价格杠杆，提高了中心区停车位的周转率，有效地缓解了停车位的供需矛盾。2009 年，广州市建委表示在将亚运会停车场作为建设重点的同时进一步提高中心区公共停车场的收费标准，降低中心区停车需求。

可能存在的问题：

改变停车收费是通过价格杠杆缓解供需矛盾，如果缺乏合理的定价标准和严格的管理手段，可能会造成违规收费等不良现象。

5.2.4.4 改变出行时空分布

1）错时上下班

2010 年 9 月 11—14 日亚运会前广州市第二次限行演练中，错时上下班措施被纳入演练项目在实施机动车单双号限行措施及设置亚运会专用道的情况下，为缓解公交、地铁早晚高峰的客流“井喷”现象，减轻公交、地铁的疏运压力，对市各级党政机关、社会团体、事业单位及国有企业的工作人员采取错峰半小时上下班措施，主要为上班时间由 8:30 调整为 9:00，下班时间由 17:30 调整为 18:00。

交通部门根据羊城通每日不同时段的数据采集分析出结果，大部分学生及家长在早晨 7:30—8:00 甚至更早出行；工矿企业员工 8:00—8:30 乘公交上班；白领稍晚，上班时间集中在 8:30—9:00；而服务行业如商场等一般上午 10:00 才开门营业。因此采用了对公务员的上下班时间延后 30 min 的措施。

可能存在的问题：

错峰上下班能有效解决潮汐式交通拥堵状况，但各企业单位有自己的业务流程，要广泛开展比较难协调。另外，错时上下班的目的在于对交通量进行“削峰填谷”，方案制定不合理很有可能导致高峰期的延长，失去调整交通量时间分布的效果。错时上下班要求城市交通系统相对稳定，在大量修建交通基础设施的时期实行错时上下班很难获得预期效果。

经过综合考虑，广州市政府在对省政协委员的提案答复中表示，广州各行业目前的上下班时间已有一定程度交错，且与国内北京、杭州等大城市错时上下班方案基本一致，再进行错时上下班调整的空间不大，因此不宜再开展错时上下班。

2）设置亚运会专用道

设置亚运会专用道的目的在于实现交通的空间分离。为了保证场馆间的交通顺畅，在亚运会赛事期间，为参会人员抵离、训练、比赛交通运行需求，设置亚运会公交专用道，仅限持有亚组委发放车证的亚运会专用车辆行驶，这类车辆主要包括：持亚运会专用车证的客运车辆，持亚运会专用车证、为亚运会大家庭成员运输行李、器材设备的车辆，执行场馆运行保障的通信、电力、兴奋剂检测、医疗救护、应急抢险车辆以及承担比赛转播任务的卫星转播车等，持证的重要国事活动和国际贵宾车队，为亚运会、亚残运会执行紧急任务的警车、消防车、救护车、工程救险车。

在 2010 年 9 月 11—14 日的广州第二次亚运会临时交通演练中，亚运会专用车道首次启动。广州在全市已选定的 105 条约 800 千米的亚运会通道中，选取 15 条作为亚运会专用道路，全程 125 km，从 11 月 1 日至 12 月 21 日，使用时间为 6:00—23:00。15 条专用道包括：机场高速（三元里大道出口—白云机场出口）、环市中路（内环路环市中出口—麓湖路）、环市东路（麓湖路—天河立交）、天河路（天河立交—天河东路）、中山大道（天河东路—华南快速）、华南快速（三期机场高速—华南快速二期）、华南快速（沙溪收费站—华南快速三期）、广园快速路（华南快速—东二环高速）、车陂路（广园快速路—大观路）、南环高速（华南快速—南沙港快速）、南沙港快速（南环高速—清河东路）、清河东路（南沙港快速—石清公路）、京珠高速（清河东路—东二环高速）、东二环高速（京珠高速—广园快速路）、奥体路（环场路—广园快速路）。上述 15 条道路均选择最左侧的一条车道设定为亚运会专用道。其中，在天河路和中山大道路段，亚运会专用道将和 BRT 专用道重叠，不再另外占用社会车道资源设立亚运会专用道。

可能存在的问题：

亚运会专用道占用了道路资源，会对城市交通造成一定影响[5]。

5.2.5 广州亚运会交通需求管理的总结与启示

5.2.5.1 总结

在全国各大城市陷入“堵局”的交通发展瓶颈时期，广州市的交通需求管理无疑是缓解中心区交通拥挤的投入少、见效快的有效手段。

通过举办亚运会，广州市所采取的一系列交通需求管理手段为其成功举办亚运会提供了最可靠的交通运输保障。广州市投入大量资金建设交通基础设施、实施一系列的交通管理政策等手段来推进交通发展，这些措施都是在一定量的基础研究与实证研究基础上才实行的。虽然有些措施的效果不明显，但这些措施的效果之和足以显示出近年来广州市交通系统的巨变。这些巨变不仅表现在城市交通结构的改善，公交分担率的提高、机动车速度的增加、人们出行的顺畅等，还表现在城市环境的改观。这些措施能够有效地遏制了由于机动车排放污染物对城市环境的进一步破坏，中心区高峰小时的机动车环境污染物排放量消减了 30%。从而不仅有效地缓解了中心区交通拥挤状况，而且减少了机动车对城市环境的污染。

广州市的交通需求管理措施是在举办亚运会的契机下实施的，市政府保障亚运会的交通畅通采取的一系列措施必定消耗大量的资金进行交通基础设施建设。然而，亚运会是一个暂时性事件，许多建成的交通基础设施在亚运会能否发挥其最大效益，会不会造成资源闲置等等一系列问题只有在亚运会后广州市的交通运行情况才能得出。因此，在规划专为亚运会建设的永久性交通基础设施时需要慎重考虑。

同时，交通需求管理政策中的限制机动车使用政策，在一定程度上会造成部分群众的不理解，因为这个政策只是暂时的缓解城市交通压力的办法，而非彻底改善交通拥堵的办法。有专家指出，限行政策越严苛，越有可能刺激机动车数量的增加。并且随着限行的时日加长，限行的效果也会因机动车的激增而日渐减弱。因此，亚运会后广州不应继续采取单双号限行等机动车限行政策。

5.2.5.2 启示

纵观已经采取交通需求管理政策的国内外各大城市，其中大部分城市取得了良好的效果，而有些城市由于缺乏系统地对自身交通情况的研究，产生了很多负面效果。根据对广州市需求管理措施的研究以及国内外大城市的经验得到以下启示：

（1）交通需求管理措施的实施必须有强大的公共交通系统作为基础保障。

（2）交通需求管理措施是一种系统化的措施，实施时必须多种措施相互依存、相互辅助，相互补充。

（3）节约能源、改善环境是交通需求管理的主要出发点。

（4）交通需求管理措施的实施必须依靠相应的法制手段。

5.3 上海世博会交通需求管理

5.3.1 背景介绍

2010 年，享有“经济、科技、文化领域内的奥林匹克盛会”美誉的世界博览会在上海举行。这项主题为“城市，让生活更美好”的世博会将在上海持续举行 184 天，预计吸纳 7 000 万参观者、200 个官方参展者、逾 25 家合作伙伴和赞助商以及社会大众的积极参与。

上海世博会场址位于南浦大桥和卢浦大桥区域，并沿着上海城区黄浦江两岸进行布局，主要包括浦东和浦西两个园区（见图 5.10、图 5.11）。上海世博会的用地范围主要在黄浦江两岸，在浦东部分的白莲泾直接汇入黄浦江。世博会园区规划用地范围为 5.28 km^2，其中围栏区约 3.28 km^2；配套区约 2.0 km^2。园区位于城市中心边缘，具备较成熟的交通体系[7]。

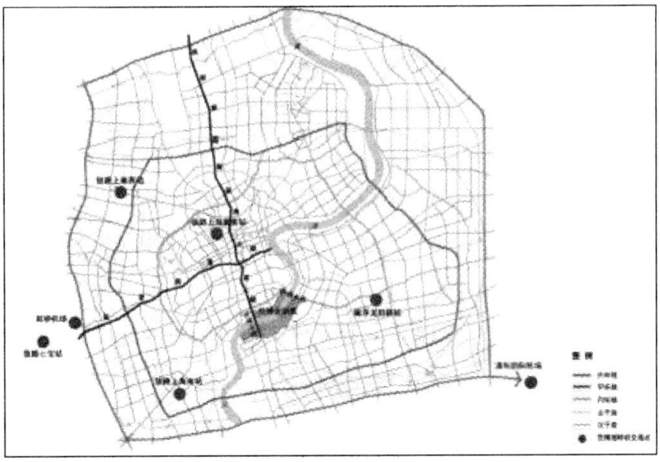

图 5.10 世博会地理位置

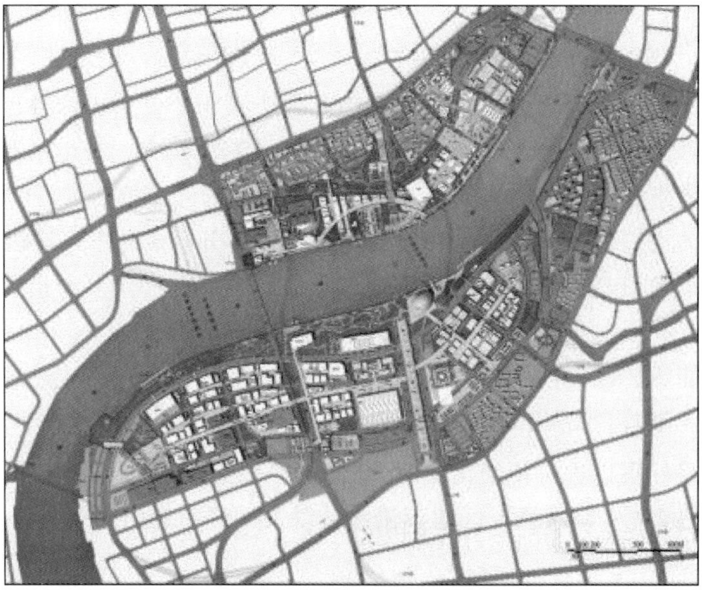

图 5.11 上海世博会园区规划

5.3.2 世博会实施 TDM 的必要性分析

1）2010 年上海背景交通需求分析

按照上海市城市总体规划的估计，到 2010 年，上海市常住人口达到 1 500 万人，流动人口达到 250 万人。根据《上海市道路专业规划深化研究》的成果，2010 年全市日出行总量将增长 20%，全市机动车出行总量将增长 60%，中心城机动车出行总量将增长 30%，达到每天 4 300 万车千米。因此，2010 年上海的日常交通需求预计将达到 45 000 pcu/h。

2）2010 年上海世博会交通需求分析

根据预测，2010 年上海世博会日均客流量 40 万人次，一般高峰日客流量 60 万人次，极端高峰日客流量 80 万人次，园区内部最大滞留人数 40 万人。按照世博会高峰小时 20 万人和每辆机动车乘坐 3 人计算，上海世博会的交通需求预计将达到 67 000 pcu/h。

3）2010 年上海交通供给分析

根据上海市公路网和城市道路网的规划目标，与世博会浦东园区直接相接的有 3 条快速路，3 条主干路，7 条次干路，共 64 条车道；与世博会浦西园区直接相接的有 2 条高架路，1 快 2 主 9 次，共 64 车道。到 2010 年，世博会周边地区的路网容量为 62 000 pcu/h。此外，根据 AC 尼尔森公司 2004 年关于世博会的市场调查，被访者中表示愿意选择私家车或者出租车到达世博会园区的人群占 53%以上。因此，上海市路网的供应能力远远不能满足世博会期间的交通需求，世博会的召开将对上海市交通设施造成巨大的压力。如果不采取任何管理措施，世博会周边地区的交通需求量约为路网供给能力的两倍，世博会周边地区的综合交通组织和客流的安全疏散都无法得到保证。因此，世博会的召开将造成一定时期内世博会园区及周边地区供需严重失衡状态，常规的交通管理方法已经难以奏效，必须进行交通需求管理，科学、有效的缓解供需矛盾。

5.3.3 世博会 TDM 的目标分析

世博会交通需求管理的目标是缓解有限的道路资源同不断增长的交通需求之间的矛盾，使道路交通设施得到最充分和最有效的应用，也就是使世博会期间的交通供需能够达到一定程度的平衡。需要强调的是，上海世博会 TDM 的目标不是通过牺牲上海日常交通来保障世博会正常运行，而是在保障世博会正常运行的基础上，利用世博会的契机发展和改善上海交通现状。

TDM 的目标可以进一步细化为两个层面：一是在空间上，制定世博会交通管理控制区，有效控制进入交通管控区的车流总量以及园区附近的停车数量，在不影响城市正常功能的基础上，能够为世博会客流提供尽可能大的交通空间，满足客流的快速集散，此外尽可能缓解世博会客流对上海日常交通的影响。二是在交通方式上，建立以轨道交通为主体的多种交通方式构成的综合交通体系和停车换乘体系，通过市场、管理等手段对客流进行引导，实现个人交通向公共交通的转换。

5.3.4 世博会 TDM 的对策分析

在分析世博会 TDM 对策之前，首先应该对上海世博会的客流特点有一个较清晰的认识。上海世博会持续时间长达 184 天，与北京奥运会（持续时间 15 天）、广州亚运会（持续时间 15 天）等短期高强度客流相比，上海世博会的客流具有长期高强度的特点。

与其他大型活动对城市交通影响时间短不同，上海世博会对上海城市交通的影响将持续半年的时间。此外，上海世博会园区紧邻上海市中心区，且世博会园区红线面积过大，与上海中心城静安区面积相当，因此世博会造成的影响不会仅仅在园区内部，而是辐射整个上海市。

由上文数据可知，上海世博会一般高峰日的参观客流达 60 万人次，极端高峰日突破 80 万人次，高峰小时人场客流比例达 20%~30%，约 20 万人次。此外，从会展客流的特点分析可知，游客到达和离开园区的时间分布集中，且逗留时间较长（见图 5.12）。调查显示，以日均客流 40 万人次计算，每日闭馆离场的游客数量将在 26.7 万人次以上。由此可见，世博会作为一个巨大的客流吸引源，不仅面临短时间内客流如何安全、快速集散的问题，也对园区周边以及上海市交通系统带来相当大的压力。

2010 年上海世博会举行期间，国内外各个地区的游客聚集上海，覆盖公务人员、商务人员、工作人员、市民和学生等多种群体。游客将使用轨道交通、地面公交、私家车、出租车、自行车和步行等多种交通方式参加世博会。因此，复杂的游客结构和多样化的出行方式也给世博会的交通组织带来了更大的挑战。

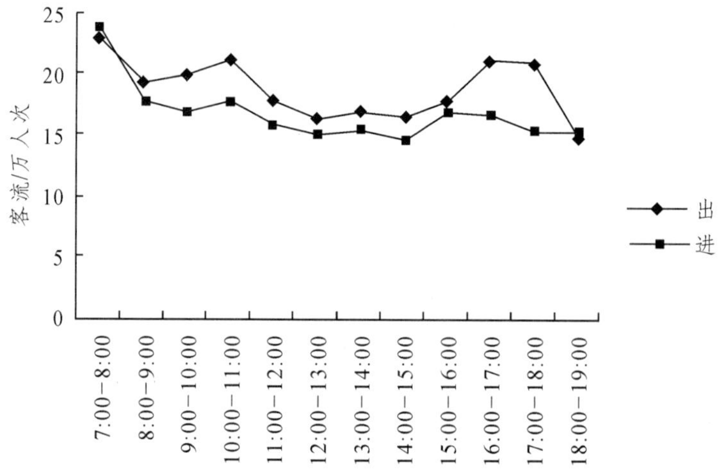

图 5.12 世博会进出客流时间分布

综上所述，来自国内外各地的参观客流，使世博会园区成为上海城市内部强大的交通吸引区。就特大城市举行大型活动的经验来看，传统的调控措施包括抑制社会交通需求和增加交通供给两类。但是，对于时间跨度长达 184 天的上海世博会，传统的调控措施具有强制性和局部性，长时间抑制社会交通需求不仅会严重影响城市居民的日常活动，也不符合“以人为本”的管理理念和“城市，让生活更美好”的世博会精神；而单纯地增加交通供给也远远不能满足，世博会产生的交通需求。世博会产生的交通出行需求，具有需求量大、时空分布集中、需求层次多以及交通服务标准高的特点。因此，需要采取有效的政策和相应措施引导人们采取科学的交通行为，理智的使用道路交通设施的有限资源，推行切实有效的交通需求管理政策。由于上海世博会的会址、园区布局等用地规划已经确定，因此上海世博会的交通需求管理对策主要从交通设施规划和交通管理控制两个层面来制定和实施。

5.3.4.1 交通设施规划阶段

1）公交运输体系规划

大力提倡和引导游客选择公交系统到达世博会园区，是缓解世博会园区及周边地区过高交通压力的基础。轨道交通运量大、速度快的运营特点决定了应当规划建设以轨道交通为核心的公交运输体系。按照世博会预测的到达方式比例，公交分担率要占到 50%以上。因此，结合现有的和计划建设的轨道交通线路，规划以轨道交通为核心的公交运输体系和增大公交的服务范围非常必要。

2）停车换乘点规划

停车换乘点的设置是引导游客从个人交通向公共交通转换的基础，因此有必要全面梳理上海市的换乘设施布局，规划层次化和布局协调化的停车换乘设施。在此基础上，考虑到世博会后的设施后续利用，设置临时换乘点和永久换乘点。

P+R 临时换乘点：主要分布在嘉金高速公路沿线、申嘉杭高速公路附近高速公路节点处和崇明区共设置 7 个临时性交通换乘点，分别为黄渡镇、徐径镇、新桥镇、车墩镇、亭林镇、浦江镇和城桥镇。这些交通换乘点在世博会期间作为世博会专用换乘设施，在世博会结束后将不再保留。

P+R 永久换乘点：主要分布在 A30 高速公路沿线，共布置 5 个永久性交通换乘点，分别为嘉定镇、安亭镇、青浦镇、松江新城、惠南镇。这些城镇大都规划有轨道交通与上海市中心城区相连接，因此在世博会结束后，设置的换乘点可以将结合新镇的发展及轨道交通的建设情况继续保留使用。

3）交通枢纽点和宾馆集中区的公交线路规划

铁路和航空是国外及国内其他城市游客来参观世博会的重要方式，大量上海市以外的游客将主要通过上海铁路新客站和虹桥机场等交通枢纽到达上海。此外由于绝大部分参观世博会的游客不会当日往返，因此宾馆是这些游客的主要集中场所。加强火车站、机场等客运站以及宾馆集中区与世博会园区的交通联系，开通直达世博会园区的专线巴士，既可以为游客提供便捷的交通服务，又能在一定程度上引导游客采用公共交通到达世博会园区，调节到达世博会园区交通量在道路网上的分布，降低世博会园区交通需求强度。

4）世博会周边地区路网调整

从交通需求与供应的关系来看，越接近世博会园区，交通需求越大越集中，交通设施的供应能力则越小，世博会园区将成为交通压力最大的地区。因此必须从世博会周边地区开始对连接世博会园区的各条道路进行功能分类，设置世博会专用路、专用道和优先道，缓解世博会园区的交通压力，具体的道路功能设置如表 5.7 所示。

上海世博会周边路网布局如图 5.13 所示。

表 5.7　世博会周边地区道路功能设置

	路名	起点	终点	构成
专用道（1）	沿普路	中环	浦东南路	全部车道
专用道（3）	西藏南路	淮海路	中山南路	中间车道
	上南路	中环	浦东南路	中间车道
	高科西路+杨高南路	中环	浦东南路	中间车道
优先道（7）	瑞金路	淮海路	中山南路	外侧车道
	重庆南路+鲁班路	淮海路	中山南路	外侧车道
	河南路+南车站路	人民路	中山南路	外侧车道
	中山南路	东安路+人民路	鲁班路+陆家浜路	外侧车道
	云锦路+龙华东路	龙华西路	鲁班路	外侧车道
	浦明路	浦电路	南码头路	外侧车道
	浦东南路	浦电路	南码头路	外侧车道

利用世博园区的地理位置，在黄浦江上增开水上旅游航线和水上 BUS，并设置相应的港口与地面公交系统接驳，分担从地面到达世博会园区的客流量。

5）世博会园区内部交通设施规划

在园区内部提供各场馆之间的公交和自行车的运输服务，通过节省游客的参观时间，减少游客滞留时间的方法来缓解世博会园区内的过高客流压力。

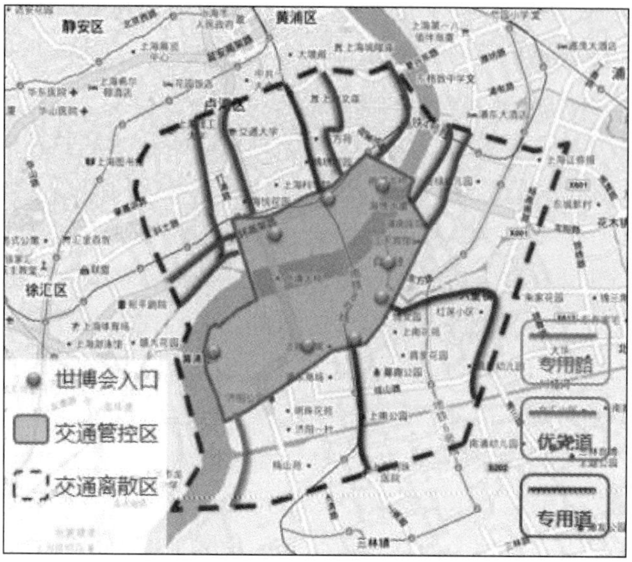

图 5.13　上海世博会周边路网布局

5.3.4.2　交通管理与控制阶段

根据有关部门的预测，2010 年上海外环 34 个进口通道的平均饱和度将超过 0.83；浦西中心城区快速路系统平均饱和度均接近 1，主干道系统平均饱和度超过 0.85；浦东中心城区快速路系统平均饱和度大于 0.8，主干道系统平均饱和度大于 0.7。由此可见，即使不考虑世博会交通，公路网和城市道路网的日常交通负荷度已经很高。世博会举办期间激增的大量交通需求，将成为 2010 年上海交通问题最复杂、矛盾最突出的区域。因此，必须对世博会园区及周边地区采取切实有效的交通管理与控制措施，即制定一定范围的交通管控区和交通离散区，按照“切实保障世博会交通，妥善安排地方交通，有效分离过境交通”的管理控制策略，利用周边路网分流过境交通，置换出道路空间用于组织世博会交通；划定管控边界以保障世博会交通和游客活动空间，减少社会交通的影响；利用世博会专用车道和优先车道保障世博会公共交通运行空间，确保可靠的通行时间；大力宣传交通管控区和交通离散区的停车政策，限制世博会个体交通，引导和鼓励上海市民使用公共交通到达世博会园区，最大限度地缓解世博会园区及周边地区的交通压力。

1）交通管理措施

上海世博会在交通管理策略上主要体现在通过降低个体交通的可达性来缓解世博

会园区及周边地区的交通压力。如图 5.14 所示，到达世博会交通管控区的交通主要包括公共交通、过境交通、地方通勤交通、世博会个体交通和地方公务交通。公共交通可直达世博会园区入口；过境交通在管控区外通过周边路网分流；地方通勤交通凭借通行证进入管控区；而世博会个体交通和地方公务交通则在高峰时段禁止驶入世博会交通管控区，也禁止在交通离散区停车，当然根据实际情况在路网容量有余的情况下也可获准进入交通管控区。

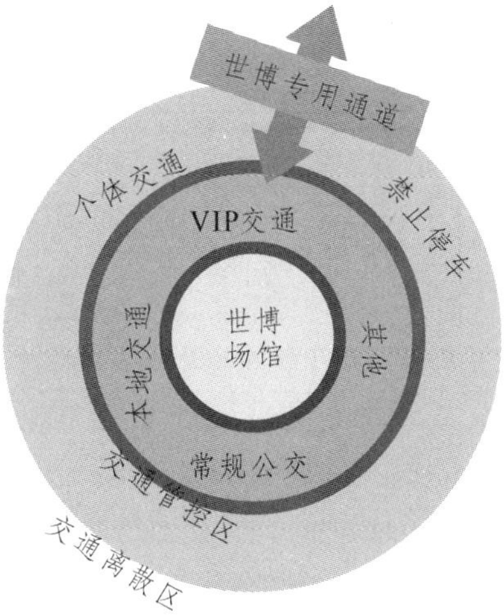

图 5.14 世博会交通管理措施

2）鼓励和吸引公交出行的措施

为了引导更多的游客选择公共交通到达世博会园区，需要加大宣传力度和施行优惠政策鼓励游客选择公交出行。因此可以考虑对持有世博会门票的游客低价或免费使用公共交通；发行世博会纪念交通卡，凭卡乘坐公交；提供优质的公交服务，延长公交晚间的服务时间；将部分门票和公交票捆绑发售等。通过上述措施，吸引客流采用公交方式出行。

3）客流时间管理措施

由于日常交通高峰小时为 8:00—10:30 与世博会客流的早高峰时段为 9:00—11:00 存在一定的重叠性，因此这段时间是世博会交通管控区的重点控制时段，禁止无证车辆和出租车驶入，只允许世博会公共交通、VIP 车辆和持证的当地居民、企事业单位车辆驶入管控区，切实保障世博会交通在管控区的优先通行权。而世博会客流的晚高峰时段为 20:00—22:00，与日常交通高峰小时 17:00—19:00 不发生重叠，可以适当降低管控力度。最终达到均衡一天客流分布的效果。上海世博会客流分布特征如图 5.15 所示。

此外，可以鼓励上海市民选择双休日参观世博会，避开工作日的交通流，均衡客流在一周内的分布；针对世博会前期客流较少的特点，通过调整票价和安排活动等措施来吸引客流，减少客流对世博会后期的压力；通过宣传，鼓励上海市市民避开“十一”黄金周期间去参观世博会，避开大量的外地游客，从而均衡客流在 184 天里的分布。世博会园区入口布置如图 5.16 所示。

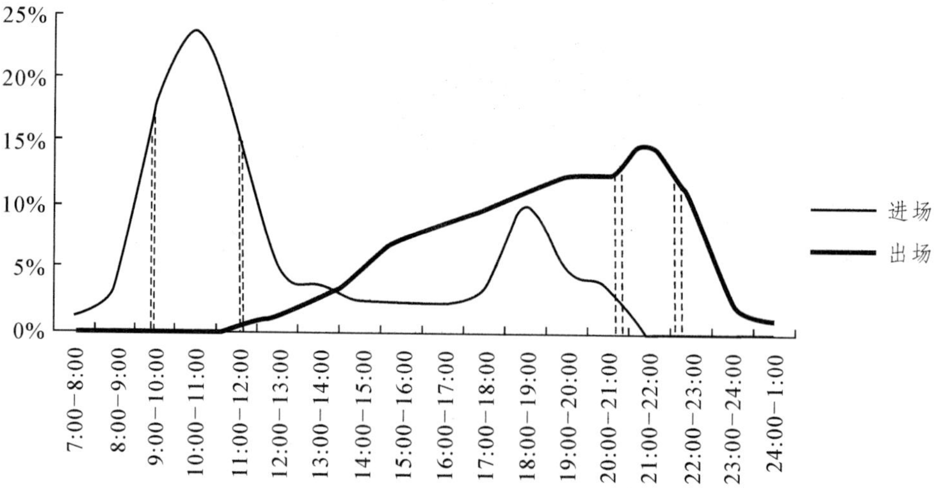

图 5.15　上海世博会客流分布特征

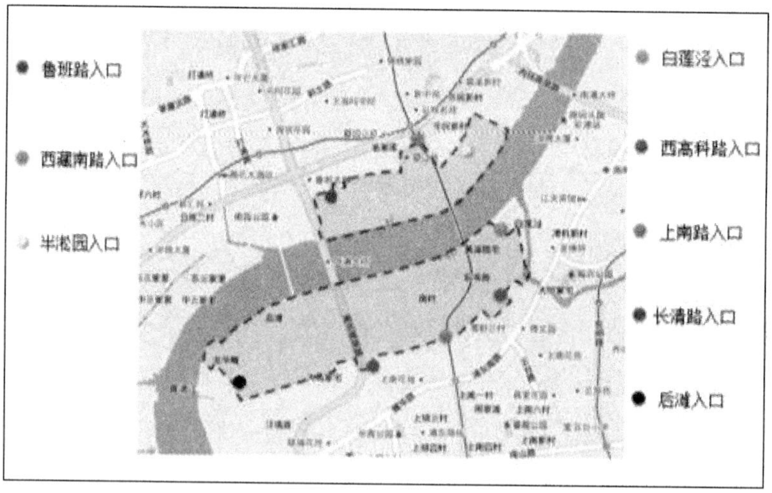

图 5.16　世博会园区入口布置

4）出入口停车场管理措施

做好世博会出入口停车场停车位的管理工作，在停车位的提前发售上做好严格控制和信息透明，此外采用车位引导措施避免车辆在停车场内绕行寻找停车位，同时严格控制车辆的乱停车现象，保障道路的通行能力。

5）世博会门票管理措施

在世博会门票的发售上，采用分散发售、提前发售和限量发售的方式。通过分散发售和提前发售，不仅可以在售票环节上方便游客就近购买，还可以避免游客在入场前集中购买造成局部区域的客流拥挤；采用限量发售，有利于在总量上控制每天的客流量。此外，将世博会的门票和出入口对应，可以避免各出入口客流分布不均造成的拥堵，提高出入场效率。

6）交通信息服务措施

利用互联网、手机、电视、电子信息牌的多媒体即时发布世博会的相关交通信息，使游客在出行前能够根据实时情况明智选择交通方式和出行路线，省时、经济和便利地到达世博会园区。这不仅可以降低游客的出行盲目性，对于均衡交通需求的时空分布也具有重要意义。此外，完善交通标志、提供路线引导，特别是在交通枢纽地点设置醒目易读的引导标志，减少人流的盲目移动，方便旅客停车换乘[8]。

5.3.5 上海世博会 TDM 效果预测及经验总结

根据预测，实施 TDM 的各项管控措施后，5 550 pcu/h 的过境交通流量将在世博会交通管控区外分离，进出管控区的高峰小时交通需求可削减约 1/3，在保证一定水平的公交分担率的情况下，世博会交通管控区周边路网基本能够达到供需平衡，对日常交通也不会产生太大影响。由于 TDM 的有效实施必须建立在准确的交通需求预测基础上，而上海世博会持续时间很长，客流总量、客流时空分布、交通方式分担等受到多种因素的影响，因此在 TDM 实施过程中应当随着世博会 184 天的会期对效果进行实时评价，不断总结、分析和调整。

从上海世博会 TDM 的案例得出，大型活动在城市的举办将对城市日常交通产生相当大的影响，必须进行科学有效的交通需求管理。在交通需求管理政策实施中，必须把握可行、公平、社会可接受的原则，在保证大型活动交通基本顺畅的前提下，尽量减轻对城市日常交通活动的影响。应对大型活动的具体策略有：一是个体交通方式的转换，提倡和鼓励使用公共交通参与活动；二是活动中心区的停车管理，避免车辆对道路资源的过度占用。此外，由于各种大型活动的类型不同，各举办城市的交通特点不同，应当因地制宜，结合城市的交通状况，大型活动的类型、级别、规模以及交通管理设施的水平，制定合理的、切实有效的交通需求管理方案[9]。

参考文献

[1] 北京市人民政府、公安部、交通运输部、环境保护部关于印发 2008 年北京奥运会残奥会期间北京市交通保障方案的通知[J]. 北京市人民政府公报, 2008(13): 34-39.
[2] 奥运会交通调查与监测报告[R]. 北京：北京交通发展研究中心, 2008.
[3] 刘小明. 北京奥运交通政策[M]. 北京：人民交通出版社, 2010.
[4] 龙小强，闫攀宇. 2010 年广州亚运会交通管理措施研究[J]. 综合运输，2009(7): 61-65.
[5] 佚名. 2010 年广州亚运会交通保障措施研究[M]. 北京：社会科学文献出版社，2009.
[6] http: //gz. bendibao. com/life/2010108/69164. shtml.

[7] 周淮. 2010 年上海世博会交通保障方案[R]. 上海: 上海城市交通设计院, 2009.
[8] 潘海啸. 2010 上海世博交通需求管理研究[R]. 上海: 同济大学, 2005.
[9] 陈小鸿, 涂颖菲. 2010 年上海世博会交通管控措施效果及经验[J]. 城市, 2011(9): 58-63.

第 6 章

离散选择模型的理论基础

6.1 效用理论

效用是针对个体的指标值，通常认为效用来自选择枝的属性。效用最大化理论认为，个人将会从他可选择的选择枝集合里选择具有效用最大的选择枝。效用最大化理论意味着效用函数包含选择枝特性和个人特性，这些特性描述个体对选择枝的效用评估值。根据效用最大化理论，在选择集合中，如果一个选择枝的效用值比其他所有选择枝的效用值都大，那么个体将选择该选择枝。或者说，仅当选择枝 i 的效用值大于或等于选择集 C 中其他所有选择枝 j 的效用值时该选择枝将被选择，其数学公式[1]如下：

$$U(X_i, S_t) \geqslant U(X_j, S_t) \forall j,\ i > j, \forall j \in C \tag{6.1}$$

式中：U 为效用函数；

X_i，X_j 分别表示选择枝 i 和 j 的属性；

S_t 是描述个人 t 的特性变量。

通过效用将一系列选择枝进行排序，确定具有最高效用的选择枝。选择枝效用的绝对值大小与决策者的选择行为和研究者的模型构建是没有相关性的，研究者只需要计算选择枝之间效用的相对大小就能够实现选择枝效用的排序。因此，排序的重点在于两个选择枝之间的效用之差，而效用的绝对大小并不是研究者最为关心的问题。选择概率 $P_{ni} = Prob(U_{ni} > U_{nj},\ \forall j \neq i) = Prob(U_{ni} - U_{nj} > 0, \forall j \neq i)$，取决于效用之差，而不是效用的绝对值。当效用函数被分解为可观测项和不可观测项，选择概率可以表示为 $P_{ni} = Prob(\varepsilon_{nj} - \varepsilon_{ni} < U_{ni} - U_{nj}, \forall j \neq i)$。若将某一常数项加到选择枝集合中所有选择枝的效用函数中，那么选择枝集合中效用最大的选择枝没有变，决策者的选择结果依旧不变。效用之差对离散选择模型的定义有重要影响，只有能够捕捉到选择枝间的差异，模型参数才能被估计出来。

6.1.1 确定性选择理论

效用最大化理论认为，个人将选择具有效用最大的选择枝，这说明个人的选择过程不具有随机性，在可观测的选择条件下，个人确定选择具有效用最大的选择枝。图 6.1 描绘了一个效用空间，对每一个个体，选择枝 1 和 2 的效用分别沿水平轴和垂直轴描绘。45 度线上的点代表两个选择枝效用相等。选择枝 2 对个人 B、C 和 D 的效用大于选择枝 1，因此必然选择选择枝 2。同样的，选择枝 1 对个人 A、E、F 效用更大，因此，必然选择选择枝 1。确定性效用模型会认为，随着时间变化，相同个体在面对相同的选择枝时会做出相同的选择。实际上，明显相似的个人在面对相似甚至是相同的选择枝的时候，所做出的选择是变化的。例如，工作出行方式选择时，具有相同特性的个人在面临相同的选择集合时，选择不同的出行方式。而且，某些个体在不同时间的选择结果具有差异性。根据可观测的原因无法解释选择结果与效用间的矛盾，即个人 A 可能选择选择枝 2 即使 $U_1 > U_2$，或者个人 C 可能选择选择枝 2 尽管 $U_1 > U_2$。这些矛盾反映了一个问题，即确定性效用函数对出行行为模型或其他人类行为的适用性。这就要求函数结构中能够提供一个合理部分来代表出行行为中这些无法解释的变异。

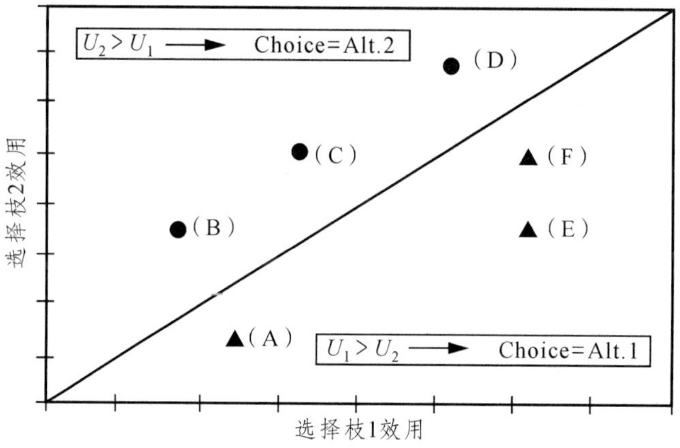

图 6.1　确定性选择说明

确定性效用函数的误差来源主要有三点：第一，个人可能对部分选择枝或选择枝属性有不完全或不正确的信息或者错误知觉。因此，不同的个人对某些选择枝有不同的信息和感知，从而做出不同的选择。第二，研究者相对于其他个体对一些选择枝属性有不同或不完全的理解，并对每一个选择枝的效用函数存在不适当的理解。第三，研究者不可能了解个人出行决策时的一些特殊情况。例如，个体工作出行交通方式选择可能取决于是否有家庭成员随行或者其他家庭成员在那天有特殊的出行需求，没有考虑和合并这些信息导致实际行为与上面描述的不一致。

6.1.2　概率选择理论

如果能够完全明白决策者的内部决策过程以及决策者对选择枝的感知，那么研究者就能描述这个过程并利用确定性效用模型预测个体的选择结果。然而实践证明，研究者不可能完全了解每一个人的决策过程及其对选择枝的感知，研究者没有获取这些信息的现实可能性。因此，选择行为模型应该考虑和适应研究者缺乏信息和理解的情况。研究者使用数据和模型描述的是，个体对于每一个选择枝的偏好和选择概率，而不是预测个体将确定的某种选择方式。

正如确定性选择理论，选择枝的效用分成两个部分来表现。效用函数的一部分代表可以观测到的效用，通常叫作效用确定项；另一部分是个体的效用与研究者所认为的效用差异。决策者的个体效用是未知的，可用一个随机误差项来代表这个差异。效用函数的表达式[2]如下：

$$U_{it} = V_{it} + \varepsilon_{it} \tag{6.2}$$

式中：U_{it}表示选择枝 i 对决策者 t 的效用；

V_{it}表示效用的确定项；

ε_{it}表示效用的随机误差项。

研究者对随机误差项 ε_{it} 没有任何信息。总体误差是许多误差的总和，这些误差有许多来源，可用一个随机变量来表示。针对每个选择枝的效用函数随机项，假设其服从不同的分布形式将会导出不同的模型，这些模型可以描述个体选择行为和预测选择概率。

6.2 效用函数

每个选择枝的效用函数确定项是一个关于选择枝属性和决策者特性的数学函数。效用函数确定项可以有任何的数学形式，通常采用线性加和的方式以简化估计过程。这个函数包括模型建立过程中需要估计的未知参数。效用函数确定项被分成以下部分：① 仅仅与选择枝相关的属性；② 仅仅与决策者相关的特性；③ 选择枝属性与决策者特性之间的交互作用。因此，效用函数确定项公式如下：

$$V_{t,i} = V(S_t) + V(X_i) + V(S_t, X_i) \tag{6.3}$$

式中：$V_{t,i}$是选择枝 i 对个人 t 的效用函数确定项；

$V(S_t)$是与个人 t 特性相关的效用部分；

$V(X_i)$是与选择枝 i 属性相关的效用部分；

$V(S_t, X_i)$是由选择枝 i 属性和个人 t 特性的交互作用产生的效用部分。

6.2.1 与选择枝属性相关的效用部分

与选择枝相关的效用确定项主要是描述选择枝特性的属性，这些属性是可测的，且能够影响每一个选择枝的效用，影响人们的选择结果，例如出行时间、出行费用、换乘次数、步行距离等。这些属性随着选择枝的不同而不同，对于不同决策者也不尽相同，因为每个决策者出行的起终点位置不同。这部分的函数形式如下：

$$V(X_i) = \gamma_1 \times X_{i1} + \gamma_2 \times X_{i2} + \cdots + \gamma_k \times X_{ik} \tag{6.4}$$

式中：γ_k 为未知参数，表示在每一个选择枝的效用中属性 k 的权重；

X_{ik} 为选择枝 i 的属性 k 的值。

因此，选择枝 i 的这部分效用是选择枝 i 的所有可观测属性的加权总和。例如，有自驾车（DA）、合乘（SR）、与公共交通（TR）三个选择枝，其选择枝效用如下：

$$\begin{aligned} V(X_{\mathrm{DA}}) &= \gamma_1 \times TT_{\mathrm{DA}} + \gamma_2 \times TC_{\mathrm{DA}} \\ V(X_{\mathrm{SR}}) &= \gamma_1 \times TT_{\mathrm{SR}} + \gamma_2 \times TC_{\mathrm{SR}} \\ V(X_{\mathrm{TR}}) &= \gamma_1 \times TT_{\mathrm{TR}} + \gamma_2 \times TC_{\mathrm{TR}} + \gamma_3 \times FREQ_{\mathrm{TR}} \end{aligned} \tag{6.5}$$

式中：TT_i 为交通方式 i（i=DA，SR，TR）的出行时间；

TC_i 为交通方式 i 的出行费用；

$FREQ_{\mathrm{TR}}$ 为换乘服务频率。

其中出行时间和出行费用[3]是广义项，表示所有选择枝都包括。换乘频率只有公共交通这个选择枝有，属于特殊项。所有选择枝的相同属性所对应的参数 γ_k 是相同的。如果研究者认为，采用公共交通的出行时间比采用自驾车和合乘的出行时间更繁重，则可以将式（6.5）改写为式（6.6）：

$$\begin{aligned} V(X_{\mathrm{DA}}) &= \gamma_{11} \times TT_{\mathrm{DA}} + \gamma_2 \times TC_{\mathrm{DA}} \\ V(X_{\mathrm{SR}}) &= \gamma_{11} \times TT_{\mathrm{SR}} + \gamma_2 \times TC_{\mathrm{SR}} \\ V(X_{\mathrm{TR}}) &= \gamma_{12} \times TT_{\mathrm{TR}} + \gamma_2 \times TC_{\mathrm{TR}} + \gamma_3 \times FREQ_{\mathrm{TR}} \end{aligned} \tag{6.6}$$

即出行时间将会有两个不同的未知参数，一是 DA 和 SR 出行时间对应的参数 γ_{11}；二是 TR 出行时间对应的参数 γ_{12}。这些参数的差异能够说明个体对不同交通方式的偏好。

6.2.2　与决策者特性相关的效用部分

决策者特性通常包括出行者家庭收入、性别、年龄、出行者家庭小汽车拥有量、出行者家庭中工作者人数等，并且这些变量可互相结合。例如，小汽车拥有量可以除以家庭中工作者数量，表明每一个家庭成员对小汽车的可用性。

以三个选择枝为例：自驾车（DA）、合乘（SR）和公共交通（TR），决策者效用组成部分如下：

$$\begin{aligned} V(S_{\mathrm{DA}}) &= \beta_{\mathrm{DA},0} \times 1 + \beta_{\mathrm{DA},1} \times Inc_t + \beta_{\mathrm{DA},2} \times Ncar_t \\ V(S_{\mathrm{SR}}) &= \beta_{\mathrm{SR},0} \times 1 + \beta_{\mathrm{SR},1} \times Inc_t + \beta_{\mathrm{SR},2} \times Ncar_t \\ V(S_{\mathrm{TR}}) &= \beta_{\mathrm{TR},0} \times 1 + \beta_{\mathrm{TR},1} \times Inc_t + \beta_{\mathrm{TR},2} \times Ncar_t \end{aligned} \tag{6.7}$$

式中：β_{i0} 为方式 i 的模型常数项（i=DA，SR，TR）；

Inc_t 为出行者的家庭收入；

$Ncar_t$ 为出行者家庭拥有的小汽车数量；

β_{i1}，β_{i2} 为分别表示对方式 i（i=DA, SR, TR），收入和小汽车拥有属性的未知参数。

注意：描述出行者特性的属性与描述选择枝特性的属性不同，对于同一个属性，其特性变量是相同的。

6.2.3　随机项

如上所述，每个选择枝的效用由两部分组成：一是确定项，表示能够观测到的变量或者属性；二是随机项，表示模型中没有包含在效用函数中的变量或者属性。以上述三个选择枝为例，每个选择枝的总效用可以表示为

$$\begin{aligned} U_{\mathrm{DA}} &= V(S_t)+V(X_{\mathrm{DA}})+V(S_t,X_{\mathrm{DA}})+\varepsilon_{\mathrm{DA}} \\ U_{\mathrm{SR}} &= V(S_t)+V(X_{\mathrm{SR}})+V(S_t,X_{\mathrm{SR}})+\varepsilon_{\mathrm{SR}} \\ U_{\mathrm{TR}} &= V(S_t)+V(X_{\mathrm{TR}})+V(S_t,X_{\mathrm{TR}})+\varepsilon_{\mathrm{TR}} \end{aligned} \tag{6.8}$$

式中：U 表示选择枝效用函数；

V 表示选择枝效用的确定项；

ε_i 表示效用的随机项。

效用函数中增加随机项是为了说明研究者不能完全确定哪些能够影响出行者出行选择行为的变量。假设每个选择枝的随机项代表许多部分的误差集合，每个部分对每个选择枝的效用值的影响都相对较小，依据中心极限定理所有误差将服从正态分布，根据该假设能够推导出多项 Probit 模型（MNP）。然而，MNP 模型的数学计算复杂，这将导致模型参数估计、解释和预测存在困难，从而限制其在实际中的应用。如果假设随机项服从二重指数分布，则将导出多项 Logit 模型（MNL）。

6.2.4　效用函数的变量定义

现在给出一个具有多个特性变量的效用函数定义实例，并说明定义效用函数变量的原则。

效用函数变量的定义原则是：

（1）对定性的变量全部采用 0，1 定量值；

（2）选择枝常数项变量的数目应为集合 A 中选择枝数量 J 减去 1；

（3）每项个人特性应该对应 J−1 个变量；

（4）选择枝独有的变量（如：有否自行车）可只用于相应的选择枝。

例 1：假设选择枝集合中共有三个选择枝：A={j=1（自行车），j=2（公共汽车），j=3（出租车）}，那么选择枝效应函数的义，如表 6.1 所示。

表 6.1 特性变量定义示例

变量意义	选择枝特性				个人特性						
	常数项变量		车费	时间	自行车	年龄		性别		收入	
变量	X_{nj1}	X_{nj2}	X_{nj3}	X_{nj4}	x_{nj5}	X_{nj6}	X_{nj7}	X_{nj8}	X_{nj9}	X_{nj10}	X_{nj11}
选择枝 自行车：1	1	0	0	实际值	有：1 无：0	实际值	0	男：1 女：0	0	实际值	0
选择枝 公共汽车：2	0	1	票价	实际值	0	0	实际值	0	男：1 女：0	0	实际值
选择枝 出租车：3	0	0	票价	实际值	0	0	0	0	0	0	0
参数	θ_1	θ_2	θ_3	θ_4	θ_5	θ_6	θ_7	θ_8	θ_9	θ_{10}	θ_{11}

6.3 离散选择模型

6.3.1 多项 Logit 模型（MNL 模型）

MNL 模型基于随机效用最大化理论的假设[1]。根据效用最大化理论，出行者总是选择具有最大出行效用的出行方式。随机效用理论认为，效用是一个随机变量，效用函数 U 分为可以观测的固定项（V）和不可观测的随机项（ε）两大部分，并假设它们呈线性关系。因此，交通方式 i 对出行者 n 的效用函数可以表示为

$$U_{in} = V_{in} + \varepsilon_{in} \tag{6.9}$$

其中：

$$V_{in} = \theta X_{in} = \sum_{k=1}^{k} \theta_k \times X_{ink} \tag{6.10}$$

式中：X_{in}（$X_{in1}, X_{in2}, \cdots, X_{ink}$）为选择枝 i 所包含的属性；

θ=（$\theta_1, \theta_2, \cdots, \theta_k$）为属性所对应的未知参数。

推导 MNL 模型过程之前，还需要介绍以下假设条件：

（1）随机项服从极值分布或者二重指数分布；

（2）各选择枝间的随机项完全相同且相互独立；

（3）属性之间相互独立。

在统计学中有关误差分布，都假设其服从正态分布。因为良好的理论基础以及实践原因，很多模型的运用都采用正态分布。然而，在离散选择模型中，误差项服从正态分布，推导出多项 Probit 模型，该模型参数估计上存在困难，阻碍其实际应用。选择二重指数分布，是因为它在计算上有优势，并且与正态分布类似。

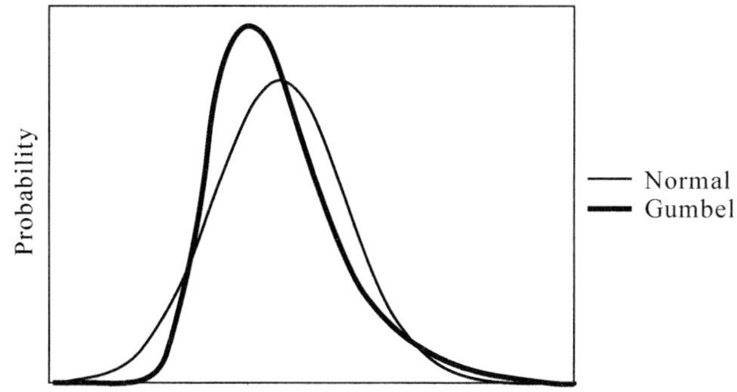

图 6.2　二重指数分布以及正态分布的概率密度函数

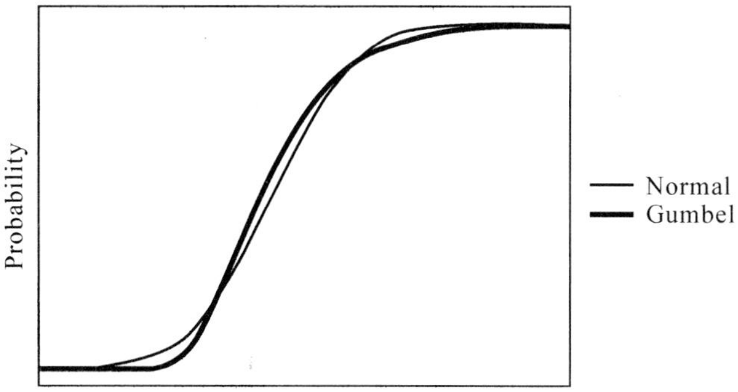

图 6.3　二重指数分布以及正态分布的累积分布函数

二重指数分布具有以下累积分布和概率密度函数（图 6.2~图 6.3）：

$$F(\varepsilon)=\exp\{-\exp[-\mu(\varepsilon-\eta)]\} \tag{6.11}$$

$$f(\varepsilon)=\mu\{\exp[-\mu(\varepsilon-\eta)]\}\exp\{\exp[-\mu(\varepsilon-\eta)]\} \tag{6.12}$$

式中：μ 表示尺度参数，决定了方差的分布；

η 决定了区间（模式）参数。

具有分布参数（η, ω）的二重指数分布具有如下性质：

（1）均值等于 $\eta+0.577/\mu$；

（2）方差为 $\pi^2/(6\mu^2)$；

（3）当 ε 服从参数为（η, ω）的二重指数分布时，$\alpha\varepsilon+V$ 服从参数为（$\alpha\varepsilon, \omega$）的二重指数分布，其中 $\alpha>0$，V 为常数；

（4）当 $\varepsilon_1, \varepsilon_2$ 分别为服从（η_1, ω），（η_2, ω）的相互独立的二重指数分布的变量时，$\varepsilon^*=\varepsilon_1-\varepsilon_2$ 服从如下形式的后勤分布（Logistic Distribution）：

$$F(\varepsilon^*)=\frac{1}{1+e^{w}(\eta_1-\eta_2-\varepsilon^*)} \tag{6.13}$$

（5）当（$\varepsilon_{1n}, \varepsilon_{2n}, \cdots, \varepsilon_J$）为 J 个两两相互独立，分别服从参数为（η_1, ω），（η_2, ω），…，（η_J, ω）的二重指数分布的变量时，max（$\varepsilon_{1n}, \varepsilon_{2n}, \cdots, \varepsilon_J$）服从参数为 $\left(\frac{1}{\omega}\ln\sum_{j=1}^{J}e^{wn_j}, \omega\right)$ 的二重指数分布。

根据效用最大化理论，在选择枝集合 A 中，个体选择方式 i 的概率如下：

$$\begin{aligned}P_{in} &= Prob(U_{in} > U_{jn}); i \neq j, j \in A_n \\ &= Prob(V_{in} + \varepsilon_{in} \geqslant V_{jn} + \varepsilon_{jn}); i \neq j, j \in A_n\end{aligned} \tag{6.14}$$

随机项 ε_{jn} （j=1, 2, ⋯, J_n）服从独立同二重指数分布时，将二重指数分布的参数（η, ω）的数值设为（0, 1），由性质可知，$U_{jn}=V_{jn}+\varepsilon_{jn}$ 服从参数为（V_{jn}, 1）的二重指数分布。那么，选择枝 1 被选择的概率：

$$\begin{aligned}P_{1n} &= Prob(U_{1n} \geqslant U_{jn}, j = 2,3,\cdots,J_n) \\ &= Prob(V_{1n} + \varepsilon_{1n} \geqslant V_{jn} + \varepsilon_{jn}, j = 2,3,\cdots,J_n) \\ &= Prob[V_{1n} + \varepsilon_{1n} \geqslant \max(V_{jn} + \varepsilon_{jn}), j = 2,3,\cdots,J_n]\end{aligned} \tag{6.15}$$

在此，将 U_n^* 定义为

$$U_n^* = \max_{j=2,\cdots,J_n}(V_{jn} + \varepsilon_{jn}) \tag{6.16}$$

根据性质（5），U_n^* 服从参数为（$\ln\sum_{j=2}^{J_n} e^{V_{jn}}$,1）的二重指数分布。令

$$\begin{aligned}U_n^* &= V_n^* + \varepsilon_n^* \\ V_n^* &= \ln\sum_{j=2}^{J_n} e^{V_{jn}}\end{aligned} \tag{6.17}$$

由性质（3）可知，$\varepsilon_n{}^*$ 服从参数（0, 1）的二重指数分布。因此

$$\begin{aligned}P_{in} &= Prob(V_{1n} + \varepsilon_{1n} \geqslant V_n^* + \varepsilon_n^*) \\ &= Prob[(V_n^* + \varepsilon_n^*) - (V_{1n} + \varepsilon_{1n}) \leqslant 0]\end{aligned} \tag{6.18}$$

利用 2 个独立的二重指数分布的概率变量的差服从后勤分布的性质④。于是便有

$$\begin{aligned}P_{1n} &= \frac{1}{1 + e^{(V_n^* - V_{1n})}} = \frac{e^{V_{1n}}}{e^{V_{1n}} + e^{V_n^*}} \\ &= \frac{e^{V_{1n}}}{e^{V_{1n}} + \exp\left(\ln\sum_{j=2}^{J_n} e^{V_{jn}}\right)} = \frac{e^{V_{1n}}}{\sum_{j=2}^{J_n} e^{V_{jn}}}\end{aligned} \tag{6.19}$$

从 J 个选择枝中选择选择枝 i（i=1, 2, ⋯, J）的概率的一般表达式为

$$Pr(i) = \frac{\exp(V_i)}{\sum_{j=1}^{J} \exp(V_j)} \tag{6.20}$$

式中：$Pr(i)$表示决策者选择选择枝 i 的概率；

V_j 表示选择枝 j 效用的确定项。

MNL 模型具有如下性质：

（1）$0 \leqslant P_{in} \leqslant 1, i \in An$；

（2）$\sum_{i\in An} P_{in} = 1$。

MNL 模型被广泛应用于交通方式选择、政策评估等方面。其主要原因是 MNL 模型数学形式较为简洁，易于参数标定和结果解释，而且能够增加或者减少选择枝而不影响模型的结构。

MNL 模型最大的限制在于其 IIA 特性（Independence from Irrelevant Alternatives）。IIA 特性指对于任意个体，两个选择枝的选择概率之比不依赖于其他选择枝或者个体偏好。为了介绍 IIA 特性，对三种交通方式建立 MNL 模型，三种交通方式分别是私家车（Car）、地铁（Metro）、公交（Bus）。根据模型公式，三种交通方式被选择的概率分别是

$$
\begin{aligned}
Pr(\text{Car}) &= \frac{e^{V(\text{Car})}}{e^{V(\text{Car})} + e^{V(\text{Metro})} + e^{V(\text{Bus})}} \\
Pr(\text{Metro}) &= \frac{e^{V(\text{Metro})}}{e^{V(\text{Car})} + e^{V(\text{Metro})} + e^{V(\text{Bus})}} \\
Pr(\text{Bus}) &= \frac{e^{V(\text{Bus})}}{e^{V(\text{Car})} + e^{V(\text{Metro})} + e^{V(\text{Bus})}}
\end{aligned}
\tag{6.21}
$$

每一对选择枝之间选择概率之比是

$$
\begin{aligned}
\frac{Pr(\text{Car})}{Pr(\text{Metro})} &= \frac{e^{V(\text{Car})}}{e^{V(\text{Metro})}} = \exp(V_{\text{Car}} - V_{\text{Metro}}) \\
\frac{Pr(\text{Car})}{Pr(\text{Bus})} &= \frac{e^{V(\text{Car})}}{e^{V(\text{Bus})}} = \exp(V_{\text{Car}} - V_{\text{Bus}}) \\
\frac{Pr(\text{Bus})}{Pr(\text{Metro})} &= \frac{e^{V(\text{Bus})}}{e^{V(\text{Metro})}} = \exp(V_{\text{Bus}} - V_{\text{Metro}})
\end{aligned}
\tag{6.22}
$$

由公式（6.22）可得，任一组选择枝的选择概率之比只取决于这组选择枝的相关属性，与第三个选择属性没有关系。上述公式可以概括为

$$
\frac{Pr(i)}{Pr(j)} = \frac{e^{V(i)}}{e^{V(j)}} = \exp(V_i - V_j) \tag{6.23}
$$

IIA 特性是 MNL 模型的运用和参数估计的一个重要性质。IIA 特性能够允许从选择枝集合中增加或者减少某个选择枝而不影响模型的结构和参数大小。在实际中灵活运用 IIA 有以下优点：① 模型可以用到不同人群、具有不同的选择枝集合的案例中。例如，在城际交通方式选择，出行者在一些城市之间不能使用飞机或者高铁等交通服务方式。② IIA 特性可以简化 MNL 参数估计过程。③ 模型可以用于预测新增交通方式的选择概率。

IIA 特性不能够准确反映个体在一组选择枝中的行为关系。另一个选择枝跟这组选择枝的选择概率之比是不相关的，这导致选择概率的预测错误。这个问题的经典案例

就是“红公交/蓝公交悖论”。

考虑到通勤者可用的交通方式有私家车与蓝色公交车，假设私家车和蓝色公交车的属性以致私家车选择概率为 2/3，蓝色公交车的选择概率为 1/3，私家车与蓝色公交车选择概率之比为 2∶1。假设相互竞争的公交运营公司在同样的线路上开行红色公交车，该公交车与蓝色公交车具有相同的车型、相同的发班时刻和公交站点。红、蓝公交车的唯一差异就在公交车的颜色。

在这个案例中，较合理的预测就是出行者选择私家车和公交车的概率不变，红色和蓝色公交车具有相同的选择概率且等于公交车选择概率的一半。换言之，红色公交车增大了通勤者的交通方式选择集合，但对通勤者选择私家车没有影响或者有很小的影响。因为选择枝集合的改变并没有影响到私家车和公交车的相对效用，期望私家车的选择概率是 2/3，蓝色公交车的为 1/6，红色公交车的为 1/6。然而，基于 IIA 特性，MNL 模型将会保持私家车和公交选择概率的相对比例为 2∶1。假设出行者不关心交通方式的颜色，两种公交方式具有相同的效用，那么两种公交的相对概率之比为 1∶1，而且三种交通方式的选择概率分别是：私家车 1/2，红色公交车 1/4，蓝色公交车 1/4。换言之，由于引入一种与现存交通方式相同的交通方式，私家车选择概率将从 2/3 降到 1/2。红公交/蓝公交悖论为 IIA 特性可能带来的结果提供了一个重要的例证。

6.3.2 巢式 Logit 模型（NL 模型）

MNL 模型因具有 IIA 特性而被质疑。IIA 特性能够使选择集合中的选择枝具有相同的竞争力，这在很多情景下是不合理的。因此，为了克服 MNL 模型的缺陷，同时保留 MNL 模型概率计算公式封闭的优点，推导出 NL 模型[4]。

NL 模型的推导是假设所有选择枝的随机误差具有相关性，即相同层次或者集合中选择枝的随机误差项能够分解成每个选择枝与之相关联的部分，并且每一部分与整个层次集合中选择枝都相关。例如，考虑到城市出行方式选择[有 4 种，即单独驾驶（DA）、合乘（SR）、轻轨（LTR）、常规公交（BUS）]共同来完成城际的出行。这些选择枝的效用函数为

$$
\begin{aligned}
U_{\mathrm{DA}} &= V_{\mathrm{DA}} + \varepsilon_{\mathrm{DA}} \\
U_{\mathrm{SR}} &= V_{\mathrm{SR}} + \varepsilon_{\mathrm{SR}} \\
U_{\mathrm{BUS}} &= V_{\mathrm{PT}} + V_{\mathrm{BUS}} + \varepsilon_{\mathrm{PT}} + \varepsilon_{\mathrm{BUS}} \\
U_{\mathrm{LTR}} &= V_{\mathrm{PT}} + V_{\mathrm{LTR}} + \varepsilon_{\mathrm{PT}} + \varepsilon_{\mathrm{LRT}}
\end{aligned}
\qquad (6.24)
$$

· 常规公交与轻轨的效用函数都包含不同的观察项，其中，常规公交包括 V_{BUS} 以及共同的确定项 V_{PT}，还包括不同的随机项 $\varepsilon_{\mathrm{BUS}}$ 和一个共同的随机项 $\varepsilon_{\mathrm{PT}}$。这个共同的误差带来的协方差，对于公交来说是 $\varepsilon_{\mathrm{PT}}+\varepsilon_{\mathrm{BUS}}$，对于轻轨来说是 $\varepsilon_{\mathrm{PT}}+\varepsilon_{\mathrm{LTR}}$。这个协方差违背了 MNL 模型的前提假设，增加了层次中选择枝（即轻轨、常规公交）之间的相似性，

导致了这些选择枝之间的交叉弹性增加。

与 MNL 模型类似，假设 4 个选择枝中的每个选择枝的误差项服从尺度参数为 1 的二重指数分布，这些分布的方差如下：

$$\begin{aligned} var(\varepsilon_{\mathrm{DA}}) &= var(\varepsilon_{\mathrm{SR}}) = var(\varepsilon_{\mathrm{PT}} + \varepsilon_{\mathrm{BUS}}) \\ &= var(\varepsilon_{\mathrm{PT}} + \varepsilon_{\mathrm{LTR}}) = \frac{\pi^2}{6} \end{aligned} \tag{6.25}$$

假设不同的误差项 $\varepsilon_{\mathrm{BUS}}$ 和 $\varepsilon_{\mathrm{LTR}}$ 其服从尺度参数为 μ_{PT} 的二重指数分布。在实际运用中，利用尺度参数的倒数 θ_{PT} 来表示，即 $\theta_{\mathrm{PT}}=1/\mu_{\mathrm{PT}}$。$\theta_{\mathrm{PT}}$ 通常被称为 Logsum 参数，它的取值为 0~1，它的方差为：

$$var(\varepsilon_{\mathrm{DA}}) = var(\varepsilon_{\mathrm{SR}}) = \frac{\pi^2}{6\mu_{\mathrm{PT}}^2} = \frac{\pi^2\theta_{\mathrm{PT}}^2}{6} \tag{6.26}$$

其中：μ_{PT} 的取值从 0 到 $+\infty$。

选择枝公交 $var(\varepsilon_{\mathrm{BUS}})$ 的条件方差小于它的整体方差 $var(\varepsilon_{\mathrm{PT}}+\varepsilon_{\mathrm{BUS}})$，选择枝轻轨也类似。这就要求选择枝常规公交的效用误差项 $\varepsilon_{\mathrm{PT}}$ 是非负数。这些假设确保 NL 模型满足效用最大化的原则。这种结构被描述成如图 6.4 所示的层次结构树，其中常规公交与轻轨比起单独驾驶、合乘来更为相似。

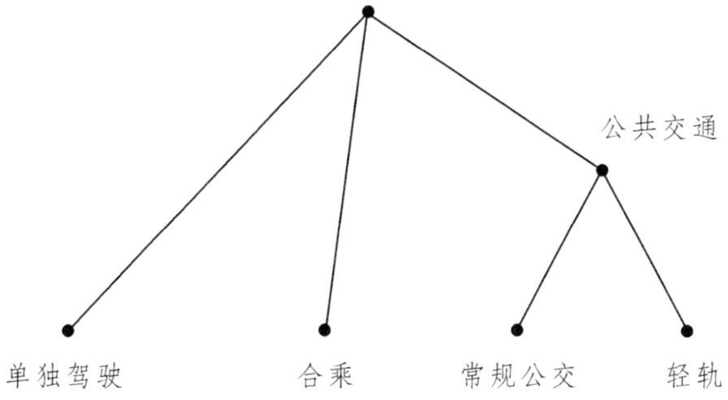

图 6.4　层次结构图

在层次结构树中，位于结构树最底层的选择枝（轻轨与常规公交）的选择概率：

$$\begin{aligned} Pr(\mathrm{BUS/PT}) &= \frac{\exp\left(\frac{V_{\mathrm{BUS}}}{\theta_{\mathrm{PT}}}\right)}{\exp\left(\frac{V_{\mathrm{BUS}}}{\theta_{\mathrm{PT}}}\right) + \exp\left(\frac{V_{\mathrm{LTR}}}{\theta_{\mathrm{PT}}}\right)} \\ Pr(\mathrm{LTR/PT}) &= \frac{\exp\left(\frac{V_{\mathrm{LTR}}}{\theta_{\mathrm{PT}}}\right)}{\exp\left(\frac{V_{\mathrm{BUS}}}{\theta_{\mathrm{PT}}}\right) + \exp\left(\frac{V_{\mathrm{LTR}}}{\theta_{\mathrm{PT}}}\right)} \end{aligned} \tag{6.27}$$

如果忽略选择概率函数中的 Logsum 参数，这就是标准的 MNL 模型的选择概率形式。那么选择枝单独驾驶、合乘、常规公交的边际选择概率分别为

$$\Pr(\mathrm{DA})=\frac{\exp(V_{\mathrm{DA}})}{\exp(V_{\mathrm{DA}})+\exp(V_{\mathrm{SR}})+\exp(V_{\mathrm{PT}}+\theta_{\mathrm{PT}}\Gamma_{\mathrm{PT}})}$$

$$\Pr(\mathrm{SR})=\frac{\exp(V_{\mathrm{SR}})}{\exp(V_{\mathrm{DA}})+\exp(V_{\mathrm{SR}})+\exp(V_{\mathrm{PT}}+\theta_{\mathrm{PT}}\Gamma_{\mathrm{PT}})} \tag{6.28}$$

$$\Pr(\mathrm{PT})=\frac{\exp(V_{\mathrm{PT}}+\theta_{\mathrm{PT}}\Gamma_{\mathrm{PT}})}{\exp(V_{\mathrm{DA}})+\exp(V_{\mathrm{SR}})+\exp(V_{\mathrm{PT}}+\theta_{\mathrm{PT}}\Gamma_{\mathrm{PT}})}$$

式中：Γ_{PT}表示公交与轻轨效用最大值的期望值。

公交选择枝的期望效用值等于 Γ_{PT}乘以 Logsum 参数，再加上共有确定项 V_{PT}。Γ_{PT}的计算嵌套于选择枝效用的指数和对数里，通常用 Logsum 参数表示：

$$\Gamma_{\mathrm{PT}}=\log\left[\exp\left(\frac{V_{\mathrm{BUS}}}{\theta_{\mathrm{PT}}}\right)+\exp\left(\frac{V_{\mathrm{LTR}}}{\theta_{\mathrm{PT}}}\right)\right] \tag{6.29}$$

上述方程的重要特点是 Logsum 参数 θ_{PT}出现在选择枝条件概率方程的分母中。换言之，所有的未知参数 β 都按照相同的比例缩放。θ_{PT}取值是 0~1，那么，所有的合成参数，$\beta/\theta_{\mathrm{PT}}$ 将会增大，就意味着任何一个变量的改变，处于层次结构内的选择枝被选择的概率波动将会比没有处于层次结构中的选择枝之间的选择概率波动更加敏感。也就是说，如果任何一个层次中选择枝的参数减小 1，那么其边际效用值将与其他选择枝的效用值相等。即如果公交选择枝对于一部分出行者来说不适用，那么嵌套式选择枝的效用为

$$V_{\mathrm{PT}}^{*}=V_{\mathrm{PT}}+\theta_{\mathrm{PT}}\log\left[\exp\left(\frac{V_{\mathrm{LTR}}}{\theta_{\mathrm{PT}}}\right)\right]=V_{\mathrm{PT}}+V_{\mathrm{LTR}} \tag{6.30}$$

嵌套式选择枝的选择概率等于条件概率与边际概率的乘积来实现，具体如下：

$$\begin{aligned}Pr(\mathrm{Bus})&=\Pr(\mathrm{Bus}|\mathrm{PT})\Pr(\mathrm{PT})\\ Pr(\mathrm{LTR})&=\Pr(\mathrm{LTR}|\mathrm{PT})\Pr(\mathrm{PT})\end{aligned} \tag{6.31}$$

NL 模型通过划分层次结构树，假设处于相同层次的选择枝之间存在相关性，即认为处于相同层次中选择枝的随机项同分布但是不独立。考虑了选择枝之间存在相关性，能够有效克服 MNL 模型的 IIA 特性。NL 模型反映出与 MNL 模型重要的差异，但是，NL 模型保留了 MNL 模型易于求解的优点。NL 模型的特点是将选择枝集合中具有相似性的选择枝划分到一个子集（层次）。在同个层次中的选择枝比处于不同层次中的选择枝具有更高的相似性和竞争力。竞争力水平可以通过层次中选择枝间的交叉弹性来体现，只要提供大量代表选择枝间不同的竞争力水平能够形成复杂的层次划分结果。

6.3.3 Probit 模型

推导 MNL 模型时，假设随机项服从二重指数分布。现在考虑另外一种情形，设随机效用（U_1，U_2，…，U_n）服从多维正态分布（Multivariate Normal Distribution，MVN）。由此可以推导出 Probit 模型：如果随机效用（U_1，U_2，…，U_n）服从多维正态分布，则

$$\begin{pmatrix} U_1 \\ U_2 \\ \cdots \\ U_N \end{pmatrix} \sim MVN\left[\begin{pmatrix} U_1 \\ U_2 \\ \cdots \\ U_N \end{pmatrix}\begin{pmatrix} \sigma_1^2 & \sigma_{12} & \cdots & \sigma_{1N} \\ \sigma_{21} & \sigma_2^2 & \cdots & \sigma_{2N} \\ \vdots & \vdots & & \vdots \\ \sigma_{1N} & \sigma_{2N} & \cdots & \sigma_N^2 \end{pmatrix}\right] \tag{6.32}$$

式中：N——选择枝的个数；

σ_{ij}——协方差。

即选择枝效用函数的随机项 ε_i 服从均值为 0 的一个多维正态分布：

$$\varepsilon_i \sim MVN(0, \Sigma) \tag{6.33}$$

式中：Σ——协方差矩阵。

根据效用最大原则，个体选择方式 i 的概率为

$$\begin{aligned} P_{in} &= Prob(U_{in} \geqslant \max(U_{jn})';\ (i \neq j,\ j \in An) \\ &= Prob(V_{in} + \varepsilon_{in} \geqslant \max(V_{jn} + \varepsilon_{jn}) \end{aligned} \tag{6.34}$$

联立方程，可以得到 Probit 模型。式（6.34）可以用两种方法求解：一个是直接对上式运用蒙特卡罗（Monte Carlo）模拟方法；另一个近似方法是假设 N 个正态分布变量的最大值，如下：

$$\max(U_1, U_2, \cdots, U_n) \sim N(V_{\max}, \sigma_{\max}^2) \tag{6.35}$$

式中：U_i——均值为 V_i、方差为 σ_{ij} 的多维正态变量。

其中任意两个正态分布的变量 U_1 和 U_2 满足如下性质：

（1）期望值：$E(U_1) = V_1$，$E(U_2) = V_2$。

（2）协方差：$var(U_1) = \sigma_1^2, var(U_2) = \sigma_2^2, var(U_1 + U_2) = \sigma_1^2 + \sigma_2^2 - 2\rho_{12}\sigma_1\sigma_2, \mathrm{cov}(U_1, U_2) = \rho_{12}\sigma_1\sigma_2$。

式中：ρ_{12}——两变量的相关系数。

当选择枝集合为 2 时，Probit 模型可以直接由式（6.34）导出：

$$P_1 = Prob(U_1 > U_2) = Prob(U_2 - U_1 \leqslant 0)$$

$$P_1 = \Phi\left(\frac{V_2 - V_1}{\sqrt{\sigma_1^2 + \sigma_2^2 - 2\rho_{12}\sigma_1\sigma_2}}\right) \tag{6.36}$$

式中：Φ——标准正态分布函数。

当选择枝集合为 3 个或更多个时，假设

$$\begin{aligned}\mu_{12} &= E[\max(U_1,U_2)] \\ &= V_1\Phi(\alpha_{12}) + V_2\Phi(-\alpha_{12}) + \sqrt{Var(U_1+U_2)}\Phi(\alpha_{12})\end{aligned} \tag{6.37}$$

式中：Φ——标准正态分布函数。

$$\alpha_{12} = (V_1 - V_2)\sqrt{Var(U_1+U_2)} \tag{6.38}$$

$$\begin{aligned}\omega_{12} &= E[\max(U_1, U_2)]^2 \\ &= (V_1^2+\sigma_1^2)\Phi(\alpha_{12}) + (V_2^2+\sigma_2^2)\Phi(-\alpha_{12}) + \\ &\quad (V_1^2+V_2^2)\sqrt{Var(U_1+U_2)}\Phi(\alpha_{12})\end{aligned} \tag{6.39}$$

任意的第 3 个正态分布的变量 U_3 与 U_1，U_2 中最大值的相互关系可以由下式给出：

$$\rho_3' = [U_3, \max(U_1, U_2)] = \frac{[\sigma_1\rho_{13}\Phi(\alpha_{12}) + \sigma_2\rho_{23}\Phi(-\alpha_{12})]}{\sqrt{\omega_{12} - \mu_{12}^2}} \tag{6.40}$$

通过式（6.36）、式（6.37），可以得到选择枝集合为 3 个时，选择枝 3 被选择的概率：

$$P_3 = Prob[U_3 > \max(U_1, U_2)] = \Phi[\frac{V_3 - \mu_{12}}{\sqrt{\sigma_3^2 + \sigma_m^2 - 2\rho_3'\sigma_3\sigma_m}}] \tag{6.41}$$

式中：$V_3=E(U_3)$；

μ_{12} 和 ρ_3' 分别由式（6.37）和式（6.40）得到，$\sigma_m^2 = \mathrm{var}[\max(U_1,U_2)]$ 可以由公式（6.39）得到。

当选择枝个数大于 3 时，可以通过上述三项式的扩展得到。

MNL 模型由于其 IIA 特性的局限性，不能够反映出偏好的随机变化。当随机项存在相关性时，固定样本数据在 MNL 模型中是不可用的。Probit 模型能够有效解决这些问题，但是其同样存在缺点。Probit 模型是在假设效用函数随机项服从正态分布的情况下衍生出来的模型结构，但是在许多情况下，正态分布并不能充分代表随机项的情况。而且，在某些情况下，随机项服从正态分布是不恰当的且容易造成预测结果的错误。

6.3.4　混合 Logit 模型（ML 模型）

ML 模型与传统 Logit 不同，模型考虑了个体异质性，能够假设出行者存在偏好差异，模型更加符合实际情况。ML 模型将选择枝属性参数设置为随机参数，从而对个体异质性进行测量，随机参数的分布可以是正态分布、对数正态分布、均匀分布、三角分布等，合理选择分布形式能够提高模型的准确性和解释能力。正态分布对符号没有要求，特点是一部分同意，另一部分不同意，呈现左右对称分布，两端没有界限；但对于行程时间、费用这类单向增长的参数实用性较差。对数正态分布的特点是向某一端偏态，但要求符号不发生变化，特点是：受偏态影响，模型收敛速度会下降。均匀分布的优势在于适用于任何情形，如果模型属性是二分类变量，选择均匀分布可以提高模型拟合效果。当随机参数选择设置为无时，混合 Logit 模型即为多项选择（MNL）模型[5]。

相较于传统的 Logit 模型中 β_{qk} 为固定参数值，ML 模型中的 β_{qk} 表达式如下：

$$\beta_{qk}=\beta_k+\delta' z_q+\eta_{qk} \tag{6.42}$$

其中：η_{qk} 是随机项，其对个体的分布一般取决于基础参数；z_q 是观察到的个体社会经济属性。

个体 q 选择方案 j 的条件概率是多项 Logit 模型概率，公式如下：

$$L_{jp}(\beta_q \mid X_q,\eta_q)=\exp(\beta_q' X_{jq})/\sum_j \exp(\beta_q' X_{jq}) \tag{6.43}$$

其中：ε_{jq} 服从相互独立的极值 1 型分布；X_{jq} 可以采用正态分布、三角分布或均匀分布等；$f(\eta_q \mid z_q, \Omega)$表示$[\eta_{q1}, \eta_{q2}, \eta_{q3}, \cdots, \eta_{qk}]$的联合密度函数；$\Omega$ 为 $\beta_q(\beta,\Delta,\Gamma)$分布的基本参数；$\eta_q$ 表示除了 ε_{jq} 表示的 J 个随机项外，效用函数中的 K 个随机分量的向量。

通过对 MNL 模型概率函数在其密度函数上的积分形式可以得到 ML 模型概率函数：

$$P_{jp}(X_q,z_q,\Omega)=\int_{\beta_q} L_{jq}(\beta_q \mid X_q,\eta_q) f(\eta_q \mid z_q,\Omega)\mathrm{d}\eta_q \tag{6.44}$$

用最大似然估计法得到选择枝效用函数属性的参数值，可以对应得到每个选择枝对每个样本个体的效用，并进一步得到出行者选择每个选择枝的概率。利用概率预测法可以得到选择枝在总体样本中的选择概率或者分担率。概率预测法就是根据效用函数式得到每个样本选择每个选择枝的概率，针对每一个选择枝平均其选择概率，其计算公式为[6]：

$$P_i=\frac{1}{N}\sum_{n=1}^{N} P_{ni} \tag{6.45}$$

式中：P_i——选择枝 i 的分担率；

P_{ni}——出行者 n 选择选择枝 i 的概率。

6.3.5 离散选择模型总结及研究展望

离散选择模型隶属于微观经济学领域，是用来描述、预测与解释离散行为的主要方法，其研究起于 19 世纪 50 年代末[7]。因可以对个体或家庭的离散行为进行经验性的统计分析及描述，而在经济学、交通领域等被广泛使用。离散选择模型主要有两大形式，分别为 Logit 模型和 Probit 模型，同时两种模型又可以细分出多种行为分析模型。

描述人群选择行为的模型中离散选择模型是最常用的经典模型。对于出行选择行为，学者们多采用离散选择模型，例如 MNL 模型（Multinomial Logit Model）和 NL 模型（Nested Logit Model），主要关注个体特征、出行特征对出行选择的影响。但是，上述模型中选择枝效用随机项独立同分布，难以反映个体出行行为选择偏好的随机性，导致预测结果与实际不符。为了克服上述模型的限制，学者们提出了混合 Logit 模型（Mixed Logit Model，ML 模型），ML 模型各特性变量的权重由反映喜好性随机分布的密度函数决定其待估参数，选择枝效用随机项无须独立同分布。相比较传统的 logit 模型，混合 Logit 模型同时放松了选择枝效用随机项独立和同分布两个假定，是效用随机项既不独立又不同分布的离散选择模型，在适当选择混合分布函数的情况下，混合 Logit 模型可以无限趋近于任何一个传统的随机效用模型。

前人多采用传统的调查问卷对出行选择行为展开研究，但问卷本身存在主观性强、数据量少、实施成本昂贵、数据获取难度大等问题，对于离散选择模型的预测精度也多用拟合度和命中率评估，无法代表真正的预测精度。随着大数据的发展，利用手机信令数据获取居民出行信息，以及校核调查问卷数据已逐渐成为研究城市居民出行行为的可靠新方法。当前基于大数据的交通选择行为模型优化研究是国内外学术领域的交叉研究前沿热点，目前处在初步探索阶段，其技术方法和思路有待进一步研究。本书根据已有的文献总结，提出两种结合大数据的离散选择模型研究发展思路，供广大师生延伸讨论。

6.3.5.1 融合多源大数据的出行选择行为模型精度校核

大数据相比问卷调查数据，能够更全面、更客观的反映居民真实的选择行为。传统离散选择模型一直以来都面临难以验证的问题，已有研究通常利用统计学知识对模型的预测效果进行评估，例如我们熟知的 t 检验、拟合优度等方法指标。随着社会经济的进一步发展和工程建设标准的提高，仅依靠统计学指标定性判断模型的好坏已经越来越难以应对复杂的实际问题和标准要求。手机信令、轨道 AFC 刷卡数据经过处理后，能够得到交通方式分担率、OD 等数据，将此类数据信息作为标杆，对基于传统问卷数据所构建的传统离散选择模型进行精度校验与参数优化，是未来离散选择模型研究和交通行为学研究的发展方向之一。

本书主要介绍了包含 MNL、NL、ML 模型在内的多种常见的离散选择模型，以混合 Logit 模型为例，表示个体异质性的随机参数分布、求解模型的不同 Halton 抽样方法等都会影响混合 Logit 模型的标定结果和预测精度，利用多源大数据进行实验模型的校核与探索是极有意义的。

6.3.5.2 基于手机信令数据的潜在类别混合选择模型构建

手机信令数据主要包括个人信息数据与带时间戳的地理位置信息数据两部分，而交通行为研究主要需要个人属性数据与出行方案特性数据两部分，现阶段手机信令数据已经能够提供诸如性别、年龄、收入等个人基本属性，因此已经具备了直接利用手机信令数据进行离散选择模型建模的基础。通过数据分类与聚类工作可将群体特性赋予出行个体，一方面可以丰富个人属性特征，另一方面也有利于探究不同类别人群的出行特征，从而获得针对性更强的结论，为交通规划等工作提供更加精确详细的理论支持。

基于手机信令数据的潜在类别混合选择模型构建目前尚在探索阶段，本书整合了已有的研究和综述，提出了相关研究思路供同学们参考借鉴。首先，主要利用手机信令数据获取年龄、性别等个人属性，利用手机信令丰富的数据标签，例如电话频率、常驻位置、交通偏好等，间接判断个人属性（学历、收入、是否拥有小汽车、是否外来人等）；其次，通过手机信令数据处理得到的个人属性进行人群分类，并进一步构建潜在类别混合选择模型；最后，利用 Nlogit、Biogeme 等软件标定模型，分析各因素对不同分类人群的影响。

6.4 离散选择模型相关数学统计知识

离散选择模型综合运用了经济学中的随机效用最大化理论与概率统计理论。上述章节中详细描述了离散选择模型的理论基础随机效用最大化理论。本节中，将针对模型中所运用到的概率统计理论进行简单的描述[8]。

6.4.1 期　望

随机变量 X 的期望值，指试图用一个值来代表或者描述随机变量。通常情况下，期望值就是随机变量一系列取值的平均值，数学上表示为 $E(X)$，而平均值则表示为 $\bar{x}$。随机变量的期望值与其概率分布函数的关系为：

$$E(X)=\sum_{X=1}^{n} Xf(X) \tag{6.46}$$

式中：$f(X)$——概率分布函数。

随机变量的数学期望有以下重要性质：

（1）常数的期望为常数本身。

$$E(K)=k$$

（2）两个随机变量 X_1，X_2 之和的期望为这两个随机变量本身的期望值之和。

$$E(X_1+X_2)=E(X_1)+E(X_2)$$

（3）两个随机变量 X_1，X_2 比值的期望不等于这两个变量本身的期望的比值。

$$E(X_1 \div X_2) \neq \frac{E(X_1)}{E(X_2)}$$

（4）当两个随机变量不独立时，它们乘积的期望不等于这两个变量本身期望的乘积。

$$E(X_1 \times X_2) \neq E(X_1)E(X_2)$$

（5）当这两个随机变量独立时，它们乘积的期望等于这两个变量本身期望的乘积。

$$E(X_1 \times X_2) = E(X_1)E(X_2)$$

（6）随机变量与常数乘积的期望等于常数倍的该随机变量期望值。

（7）$E(\mathrm{k}X) = \mathrm{k}E(X)$。

（8）若 k 和 j 为常数，有

$$E(kX + j) = kE(X) + j$$

6.4.2 方　差

方差描述了随机变量取值围绕平均值的偏离程度，数学上表示为

$$var(X) = \sigma_X^2 = E(XE\mu_x)^2 \tag{6.47}$$

式中：X 为随机变量；σ_X^2 为方差。

公式（6.47）说明，随机变量的方差是随机变量 X 每个观察到的取值与平均值之间差异平方的期望。该公式定义了随机变量方差的概念，它的计算如式（6.48）所示：

$$var(X) = \sigma_X^2 = \sum\nolimits_{X=1}^{n} (X = \mu_X)^2 f(X) \tag{6.48}$$

与方差有关的一个概念是标准差 σ_X，标准差的平方等于方差。同期望一样，方差也有几个重要的性质：

（1）常数 k 的方差为 0。

$$var(k) = 0$$

（2）若 k 为常数项，X 为随机变量，则

$$var(X + k) = var(X)$$

（3）如果 X_1，X_2 为两个独立的随机变量，它们和的方差等于它们本身方差之和。

$$var(X_1 + X_2) = var(X_1) + var(X_2)$$

（4）类似性质 3，有

$$var(X_1 - X_2) = var(X_1) + var(X_2)$$

（5）若 k 为常数，则

$$var(kX)=k^2var(X)$$

（6）若 k 和 j 均为常数，则

$$var(kX+j)=k^2var(X)$$

（7）从性质（3）和性质（5）可以推出

$$var(kX_1+jX_2)=k^2var(X_1)+j^2var(X_2)$$

期望和方差是描述一元变量分布最常用的统计特征。然而对于多元变量的统计特征，通常使用别的统计描述方法。其中最常用来描述多元变量统计特征的两个统计方法是协方差和相关系数。下面将介绍这两个概念。

6.4.3 协方差

协方差描述了两个随机变量共同变化的程度。数学上，随机变量 X_1，X_2 之间的协方差表示为

$$cov(X_1,X_2)=E[(X_1-\mu_{X_1})(X_2-\mu_{X_2})] \tag{6.49}$$

$cov(X_1,X_2)$ 为 X_1，X_2 之间的协方差，$E[]$为期望求值，μ_{X_1}，μ_{X_2} 分别为 X_1，X_2 的平均值。

通常用公式（6.50）来计算两个随机变量之间的协方差：

$$cov(X_1,X_2)=\sum_{X_1=1}^{n_1}\sum_{X_2=1}^{n_2}X_1X_2f(X_1,X_2)-\mu_{X_1}\mu_{X_2} \tag{6.50}$$

由于统计的量级取决于变量 X_1，X_2 的单位量级，协方差的解释受限于观察到的统计符号。正的协方差表示随着一个随机变量观察值的增加，另一个随机变量的值也增加，它们之间是正相关的。负的协方差则表示随着一个随机变量观察值的增加，另一个随机变量的值却相应递减，它们之间是负相关的。协方差为零，表示两个随机变量不相关。

协方差有以下重要性质：

（1）两个独立随机变量之间的协方差为零。

$$cov(X_1,X_2)=0$$

（2）若 k 和 j 为常数，有

$$cov(kX_1,jX_2)=kjcov(X_1,X_2)$$

（3）若 k 和 j 为常数，有

$$cov(k+X_1, j+X_2) = cov(X_1, X_2)$$

（4）根据性质（2）和性质（3），若 k，j 和 g，h 均为常数，有

$$cov(h+kX_1, g+jX_2) = kjcov(X_1, X_2)$$

（5）X_1，X_2 为两个随机变量，有

$$cov(X_1, X_2) = cov(X_2, X_1)$$

（6）随机变量与其自身之间的协方差等于其方差。

$$cov(X_1, X_2) = var(X_1)$$

6.4.4 相关系数

离散选择模型的研究会涉及模型中随机变量之间的协方差。如前所述，协方差的符号体现了两个随机变量之间的相互关系。协方差通常不能充分体现两个随机变量之间可能存在的关系强度，而相关系数则能够有效地描述这些关系。与协方差不同，相关系数不仅表示随机变量之间的相互关系，而且反映它们之间的关系强度。

相关系数 ρ 可由公式（6.51）计算：

$$\rho = \frac{cov(X_1, X_2)}{\sigma_{X_1}\sigma_{X_2}} \tag{6.51}$$

式中：σ_{x_1}，σ_{x_2} 分别为随机变量 X_1，X_2 的标准差。

相关系数有以下值得注意的性质：

（1）相关系数的正负符号与协方差相同。根据式（6.51），随机变量的标准差永远是正值，式（6.51）的分母始终为正，而两个随机变量之间的协方差可正可负，因此协方差的符号决定了相关系数的正负符号。

（2）相关系数的值永远在−1 和 1 之间。相关系数的值越接近 1 或者−1，两个随机变量之间的相关程度越强；相关系数为 0 表示两个随机变量之间不相关。

另外，数学上相关系数为 0 的情况只有当两个随机变量之间的协方差为 0 时发生。若两个随机变量中任一个的标准差为 0，公式（6.47）的分母项为 0，那么相关系数就不存在了。所以，统计上我们假设两个随机变量的标准差都是非零的。如果两个随机变量之间的协方差为 0，它们的相关系数也为 0。正如之前所说，两个随机变量之间只有相互独立时协方差才为 0，所以它们的相关系数为 0。

6.4.5 相关系数和方差

方差的性质（3）和性质（4）是关于两个独立的随机变量的。如果两个随机变量

不独立，那么两个随机变量之间的协方差和相关系数，可利用公式（6.52）和（6.53）来计算：

$$var(X_1+X_2)=var(X_1)+var(X_2)+2cov(X_1,X_2) \tag{6.52}$$

$$var(X_1-X_2)=var(X_1)+var(X_2)-2cov(X_1,X_2) \tag{6.53}$$

从上式可以清楚得知，如果两个随机变量 X_1，X_2 统计上相互独立，它们的协方差为 0。

6.4.6 样本统计

之前章节所讨论的统计原理主要集中于数据总体，但在实际过程中更多的可能是获取样本而不是数据总体，所以对于应用在样本级别的统计特征类型的讨论具有重要意义[9]。

6.4.6.1 样本均值

上一节在数据总体的基础上讨论了期望的概念，并提到随机变量的期望与均值是相同的。在讨论样本均值之前，需要区分一些符号。从总体中获得一个随机变量的平均值用符号 μ_x 来表示，而样本的平均值通常用 $\bar{X}$ 来表示，通常也称为样本均值。

样本均值的计算公式为

$$\bar{X}=\sum_{i=1}^{n}\frac{X_i}{n} \tag{6.54}$$

式中：X_i 为随机变量的观察值；n 为从随机变量中选取的观察值个数；

$\bar{X}$ 为样本均值，而非数据总体的期望，因为计算期望时需要数据总体中每个元素的数据。通常，在没有具体的数据总体期望值时，可以将样本均值作为数据总体期望的估计值。

6.4.6.2 样本方差

如果样本中没有任何一个观察值与平均值相同，那么，有必要采取一种方法衡量观察值围绕样本均值的离散程度，以确定这些数据是如何传播的。与数据总体的方差统计一样，在样本中描述数据传播情况的常见方法也是方差，但是计算公式有所不同。其计算公式为

$$s_X^2=\frac{\sum_{i=1}^{n}(X_i-\bar{X})^2}{n-1} \tag{6.55}$$

式中：所有的符号与之前定义相同；n-1 表示统计的自由度。

另一个关于样本方差的统计变量是样本标准差。与之前讨论的数据总体的标准差

一样，样本标准差是样本方差的平方根。

6.4.6.3 样本协方差

数据总体的协方差在统计样本上也有对应的统计特征——样本协方差。随机变量 X_1，X_2 的样本协方差计算公式为。

$$\mathrm{cov}(X_1, X_2) = \frac{\sum (X_1 - \bar{X}_1)(X_2 - \bar{X}_2)}{n-1} \tag{6.56}$$

式中：n-1 为统计的自由度。

为了体现两者的相关程度，仍需要讨论其样本相关系数。

6.4.6.4 样本相关系数

公式（6.51）定义了数据总体的相关系数，类似地，样本相关系数的计算公式为

$$r = \frac{cov(X_1,\ X_2)}{S_{X1}S_{X2}} \tag{6.57}$$

式中：r 为样本相关系数；S_x 为随机变量 x 的标准差。

6.5 假设检验

假设从总体人口中抽取一些样本，并获得了这些样本的年龄。研究者很容易从样本中计算得到一些描述样本分布的统计特征变量。假设针对样本的平均年龄，这其中会产生一个有趣的问题就是样本人口的平均年龄对总体人口的平均年龄是否具有很好的代表性。回答这个问题之前，先考虑下如果从总体中再抽取一组不同的样本，它的均值是否和之前一组一样呢？如果抽取 100 组样本呢？这 100 组样本的均值会一样吗？很显然，每组样本的均值取决于这组样本中每个人的年龄，不同样本中的每个人的年龄很可能是不相同的。

从总体中抽取几组不同的样本得到的样本均值不相同的现象称为抽样变化。抽样变化表明样本统计数据很可能偏离总体统计，这是由于从总体中抽取的样本具有各不相同的特定观察值。因此，可以认为抽样变化来自抽取不同特定样本时的随机差异造成，而不是从抽样方法的分析中得到的误差，尽管这个分析中可能也存在误差。

综上所述表明，从总体中重复抽样可以得到描述这些样本的统计特征变量，这些变量随着不同样本而异。这就引出了抽样分布的概念，抽样分布就是指从固定总体中重复抽样得到的样本统计特征随着不同样本的分布情况。因此，抽样分布也可以认为是样本与样本间差异的统计特征。

假设要对重复抽样进行分析，可以建立简要的抽样分布来确定样本分布的均值和方差。在这种情况下，抽样分布均值就代表从固定总体中重复抽取样本得到的平均值分布。样本均值的标准差，称为标准误差，抽样分布的标准差。

既然样本统计特征取决于数据总体的统计特征，这些样本统计也被认为是数据总体中它们所代表参数的估计值（例如，样本均值 $\bar{X}$ 是数据总体中对应参数 E（X）的估计值）。一旦得到数据总体中对应参数的估计值，那么这个估计值好坏的问题也就产生了，回答这个问题的方法就是假设检验。

数学上，把确定总体参数估计值好坏的过程称为假设检验。假设检验依赖于研究者对相关检验中所使用的随机变量所服从的分布做出假设（如正态分布）。通常，确定了随机变量的分布形式就能进行统计检验。例如，一个研究者试图检验从两组样本中获取的总体均值是否相等。为了检验这个命题，首先需要假设样本服从某一分布形式。例如，假设这两个样本服从正态分布，那么这个检验就可以通过 t 检验来完成。如果研究者不想在最开始做出这样的假设，可利用非参数检验。非参数检验是可以不对样本分布做出任何假设的检验方法。

6.5.1 全假设和替代假设的定义

进行假设检验时，只可能得到两种结果中的一种，要么基于一些论据拒绝假设，要么基于同样的论据接受假设。这两种可能结果的分别是全假设和替代假设。全假设，列出了研究者不想观察到的结果；替代假设，则希望找到证据来支撑的假设检验的结果。

全假设（通常称为 H_0）也代表着假设检验的起点。考虑这样一个例子：假设公司 X 要向市场推出一种产品，前提是预定目标人群的个体每周平均至少花费 10 美元购买这个产品。按照公司的远景，市场代理有望每周花费大于 10 美元作为产品推出的费用。全假设就表示另一个相反的位置，即市场代理不愿意花费这些产品推出所需的费用，全假设构建如下：

H_0：花费≤\$10

则替代假设为

H_1：花费>\$10

如果，从目标市场的预定人群中进行受访者的一次性抽样，并询问他们每周花费多少用于购买该产品。如果目标人群的调查结果是周平均花费小于 10 美元，就可以作为支撑全假设的证据。如果，调查结果为目标人群用于该产品的周平均花费大于或等于 10 美元可以作为拒绝全假设的依据，也就支持了这个新产品投入市场，如图 6.5 所示。这样的检验被称为“单尾检验”，这是因为支持全假设成立的取值范围仅局限于总体分布的一个尾巴。

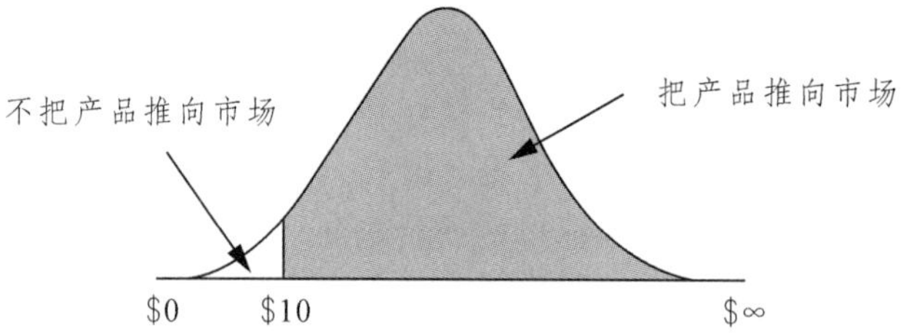

图 6.5　单尾检验

假设检验还存在一种情况，即支持全假设成立的观察值取值范围来自总体分布的两个尾段，称为“双尾检验”。统计学中常用的检验是检验一个参数的值是否为零，这样的检验没有具体的方向，如果参数的估计值大于或者小于零则可认为参数为非零。检验参数是否为零的全假设和替代假设：

$$H_0: \mu=0$$

$$H_1: \mu\neq 0$$

这样的检验图形如图 6.6 所示。

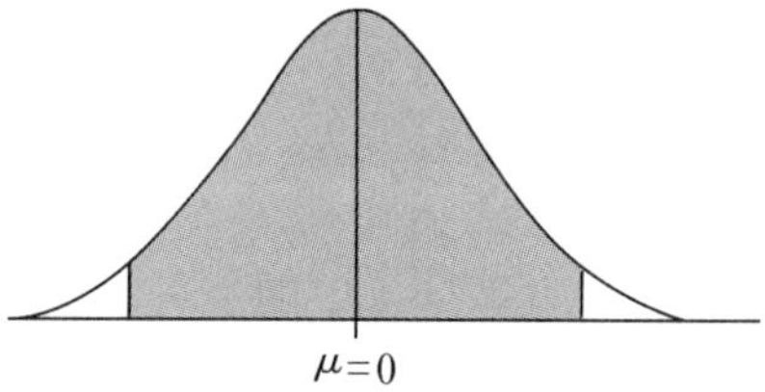

图 6.6　双尾检验

图形 7-6 表明假设观察到一个样本的均值与零差异很大，那么拒绝全假设。在拒绝全假设之前，样本均值与零到底需要多大的差异，这取决于假设检验。

6.5.2　选择检验统计量

确定了全假设和替代假设之后，假设检验的下一步就是确定合适的检验统计量。之前已经定义了总体和样本的统计量，它们分别体现了总体和样本分布的某些方面的特征。检验统计量的定义是将样本统计与总体样本统计关联起来的统计检验结果，计算出的检验统计量可作为样本数据的观察值与总体样本中的观察值之间的基础对比，这些预期的观察值能体现总体样本分布的一些特征。假设检验就是检验样本观察值与总体样本统计量相同的可能性。除非已知总体水平的统计量，否则，数学上永远无法知道样本统计量是否等于或者近似等于真实的总体样本统计量。经典统计的优势在于尽管研究者无法确切知道所进行的假设检验是否得到错误的结果，但可以计算出得到错误结果的可能性。

若假设检验中涉及正态分布的随机变量，常用的两种假设检验方法是 Z 检验和 t 检验。Z 检验通过公式（6.58）将总体统计与样本统计关联起来：

H_0：$\mu=\mu_x$

H_1：$\mu\neq\mu_x$

其中：μ_x 为假定的总体均值。其检验统计量为

$$Z=\frac{\bar{X}-\mu_X}{\sigma/\sqrt{n}}\sim N(0,1) \tag{6.58}$$

式中：Z 为检验统计量；$\bar{X}$ 为样本均值；σ 为总体的标准差；n 为样本量。

Z 检验中假定总体标准差 σ 是已知的，否则无法进行假设检验。而 t 检验，则不需要预先知道总体标准差 σ 的值。其检验统计量为

$$t=\frac{(\bar{X}-\mu_X)}{s/\sqrt{n}}\sim N(0,1) \tag{6.59}$$

其中：S 为样本的标准差，其计算公式为

$$S=\sqrt{\frac{(X_i-\bar{X})^2}{n-1}} \tag{6.60}$$

根据不同的总体样本分布假设，还有卡方（χ^2）分布和 F 分布。Z 检验和 t 检验（假定参数正态分布）将样本统计的均值与总体统计的均值关联起来，而卡方（χ^2）分布和 F 分布检验则将样本标准差和总体样本标准差相关联。统计量的选取不仅取决于假设总体样本分布形式，还取决于检验的目的。

6.5.3 检验显著性和置信水平

统计检验显著性是指检验结果反映总体样本中真实情况的程度。由于无法确定从样本中获得的结果对总体样本有多大的代表性，统计显著性以概率 P 的形式表示。P 值越高，样本结论能代表总体结论的可能性越低。换言之，P 值代表对一个样本进行统计检验获得错误结论的概率，例如：P 值为 0.2，表示有 20%的概率得到一个样本结果但并不存在于总体样本中。

可接受错误的上限水平，称为显著性水平 α，需要研究者确定。在大多数的研究中，α 被设置为 0.05。统计检验中显著性水平 α 对于确定检验的临界值至关重要。给定自由度之后，针对不同的分布形式建立临界值，以确定拒绝还是接受全假设，这些临界值都取决于自由度和 α。

假设检验的完成需要将临界值与假设检验得到的检验统计值进行对比，这些临界值由研究者选取的置信水平（$1-\alpha$）值所决定。选取的置信水平越高，检验越严厉。换言之，定义的 $1-\alpha$ 值越小，拒绝一个正确全假设的可能性越低。要清楚理解置信水平，还需要理解两种错误类型：错误类型 I 是指全假设为真但拒绝了；错误类型 II 是指全

假设为假却接受了。若定义 α 为发生错误类型Ⅰ的概率，β 为发生错误类型Ⅱ的概率，$1-\beta$ 就是统计检验力度。如果将 α 设为 0.05，表示有 5%的概率接受假设检验中的错误结论，所以设定更小的 α 值，以减少发生错误类型Ⅰ。

α 一般取值为 0.1，0.05，0.01，在采用越严厉的标准来降低发生错误类型Ⅰ时，发生错误类型Ⅱ的概率却增加了（图 6.7），因此通常将 α 设定为 0.05。

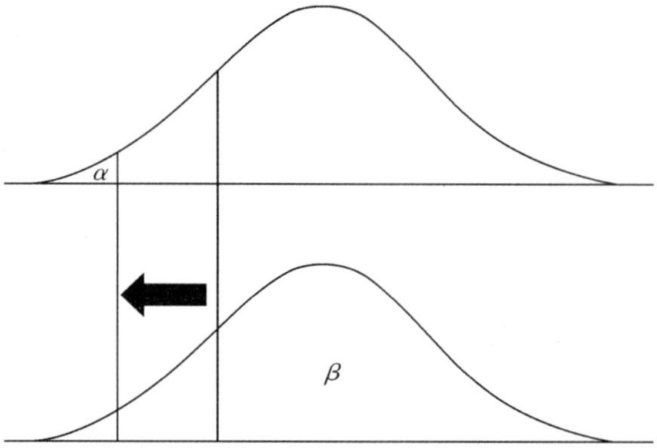

图 6.7　α 与 β 关系图

图 6.7 表明 α 减小，β 就增加。假定曲线下方围成的面积为对应结果的概率，那么对于任何一个具体的替代假设，减小发生错误类型Ⅰ就必然会增加发生错误类型Ⅱ的概率。

单尾检验只有一个拒绝域位于分布曲线的尾部。检验统计量的值落在拒绝域中就拒绝全假设。图 6.8 表示了一个正态分布的拒绝域，对于单尾检验，拒绝域取决于检验统计的符号和全假设。正的拒绝域包含的值应大于正临界值（见图 6.8a），而负的拒绝域包含的值小于负临界值（见图 6.8b）。双尾检验对应于分布曲线的两端都有拒绝域，所以它的拒绝域包含的值既有大于正临界值，也有小于负临界值，如图 6.8c 所示。

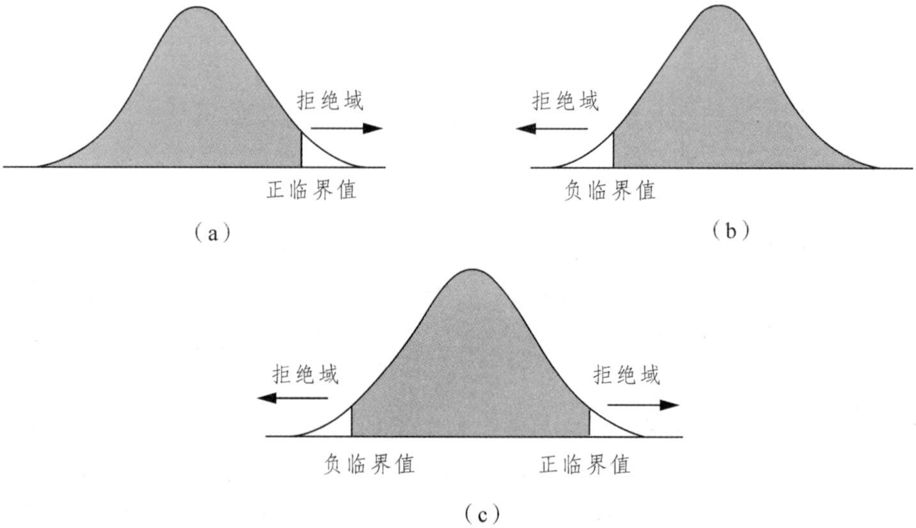

图 6.8　双尾检验的拒绝域

假设检验需要研究者定义置信度水平 α,其独立于任何数据的采集与检验统计值的计算。事实上，对 α 的取值也就确定了检验的拒绝域。拒绝域的固有性质表明当假设检验统计值落在分布曲线的拒绝域范围内，那么拒绝原假设，这样就不需要对检验统计量如何显著进行描述。

越来越多的研究者倾向检查检验结果的统计显著性（即 p 值），而不仅利用由临界值来确定结果。p 值使得研究者能够确定假设检验的相对显著性。如果 p 值小于置信度水平 α，就拒绝全假设；相反，如果 p 值大于 α，则接受全假设，如表 6.2 所示[10]。

表 6.2　α 与 p 值的比较

检验	采取的决策行为
α 大于 p 值	检验中拒绝全假设
α 小于 p 值	检验中不拒绝全假设

参考文献

[1] 关宏志. 非集计模型: 交通行为分析的工具[M]. 北京: 人民交通出版社, 2004.

[2] Train K E. Discrete Choice Methods with Simulation[M]. Cambridge University Press, 2009.

[3] 姚丽亚, 关宏志, 严海. 公交票价比对公交结构的影响及方式选择模型[J]. 北京工业大学学报, 2007(8): 834-837.

[4] 刘向, 董德存, 王宁, 等. 基于 Nested Logit 的电动汽车分时租赁选择行为分析[J]. 同济大学学报(自然科学版), 2019, 47(1): 47-55.

[5] Hensher D A, Greene W H. The mixed logit model: the state of practice[J]. Transportation, 2003, 30(2): 133-176.

[6] 吴世江, 史其信, 陆化普. 交通出行方式离散选择模型的效用随机项结构研究综述[J]. 公路工程, 2007, 32(6): 92-97.

[7] 聂冲, 贾生华. 离散选择模型的基本原理及其发展演进评介[J]. 数量经济技术经济研究, 2005.

[8] 王济川, 郭志刚. Logistic 回归模型: 方法与应用[M]. 北京: 高等教育出版社, 2001.

[9] 张德存. 统计学[M]. 2 版. 北京: 科学出版社, 2009.

[10] Lehmann E L. Testing statistical hypotheses. by E. L. Lehmann[J]. Biometrics, 1997, 53(4): 1563.

第 7 章

调查问卷设计

7.1 SP 与 RP 数据的优缺点

1）RP 数据

RP（Revealed Preference）采集的是实际情况下个体做出的选择结果，因此 RP 调查得到的数据是真实存在或发生过的[1]。实施 RP 调查时，首先研究者需要选择一个市场为研究对象，并记录被选择和未被选择的选择枝，或者采用一些其他方法来记录市场中的选择结果。无论采用何种方法，研究者必须考虑到如何获取选择枝属性水平和决策者个人属性水平的数据。对于选择枝属性水平数据的获取有两种方法，即采集选择枝属性在市场中的真实水平，或者询问决策者对于属性的感知值。对于决策者个人属性信息，如果研究者采用调查决策者的方法，则只能获取一些关于个人属性的简单信息，而这些信息对于偏好影响可能是不显著的。此外，研究者也可通过对决策者进行问卷调查来得到更多有用的信息。

RP 数据具有诸多优点的同时也存在不足，因此数据采集之前就需要认识到以下几点。

（1）真实反映。

RP 数据的采集就是实际情况下个体的选择结果数据。任何产品与服务的总体需求等于该种产品或者服务在市场中被选择的次数之和，那么，如果 RP 数据样本具有代表性，理论上可以认为 RP 数据能够真实反映现实市场中产品和服务的市场分担率。

（2）约束具体化。

RP 数据为真实的市场数据，个体是在现实约束情况下做出的决策，换言之，限制选择的约束是 RP 数据必需的一部分。相反，当处于假定情景下决策者被问及其选择结果时，这些约束就不一定能够限制其选择结果。

除了决策者自身的约束限制外，市场自身也存在约束限制，个人约束条件同样能够影响个体决策结果，并给市场带来不均匀的影响，例如：低收入者不会购买法拉利；市场本身的约束能够在一定程度上影响市场的行为，而且市场的约束是预先存在于 RP 数据中的。

（3）可靠性和有效性。

RP 数据具有可靠性和表面有效性的特点。可靠性主要指基于抽样误差下能够获取相似的结果；有效性主要指被观察到的选择结果与实际的选择结果相一致。

（4）选择枝、属性及属性水平上存在不足。

如果研究对象具有稳定的市场结构，没有新增服务或者产品导致市场中选择行为的变化，那么 RP 数据将不存在限制或者不足。新产品或者品牌相当于市场中一种新的选择枝，会由于竞争而影响选择行为。因此，如果一种新的产品或者服务被引入市场，研究者需要获取更加深入的数据来建立新模型。所以，RP 数据在预测引入新产品或者服务情况下市场的变化方面的作用较低。

（5）属性水平缺乏变化。

实际经验表明，许多 RP 数据只能提供有限变化的属性水平，而属性水平的变化正是研究者期望建模分析所用到的。属性水平缺乏变化会在建模过程中导致一些问题。在整个人口样本中，针对每一个选择枝都存在一种效用分布。选择行为研究的目的就是解释为什么在同样的效用分布上一些个体居于分布上的这一点而另一些个体却居于其他点。如果所有选择枝的某一属性取相同的值，对于解释为什么个体居于分布上不同的点没有任何帮助，研究者需要利用变化来解释变化。

2）SP 数据

SP（Stated Preference）数据获取的是假设情景下个体的决策结果或者偏好。这会导致在决策时个体没有考虑实际约束[2]。因此，要求所设计的假设场景应该尽可能真实。

如上所述，RP 数据仅仅能获取当前存在的选择枝的信息，即选择枝属性水平是固定的且等于当前市场中的实际值。因此，在预测超出实际范围方面 RP 数据表现很差。SP 数据刚好有效地弥补了 RP 数据的不足。图 7.1 清楚地说明了 RP 数据所呈现的信息取决于现实的技术边界，而 SP 数据允许研究者探索现实技术边界以外的问题[3]。

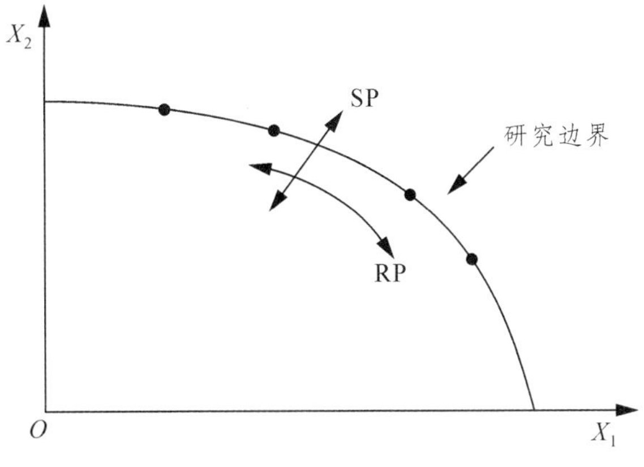

图 7.1　RP 与 SP 数据研究边界

SP 数据是在假定情景下决策者的选择意愿或者偏好，所以 SP 调查被广泛运用于预测新增交通方式或者服务情景下的市场需求，这对于管理经营者有重要的理论参考作用。但是，SP 数据也存在相应的缺点，即有效性差，缺乏市场对于决策者的约束限制。

7.2 SP 调查问卷设计步骤

第一步：确定研究问题。研究者要清楚所研究的问题，需要哪种数据才能够回答问题，避免多余的工作量，这是 SP 调查问卷设计的关键。

第二步：定义影响出行者选择行为的影响因素。该阶段主要分为两步：① 选择枝定义。选择枝定义方法有两种，一是将针对出行者都可用的交通方式纳入选择枝集合，二是根据研究需要在没有违反随机效用最大的假设下，可以从选择枝全集中剔除不显著的选择枝进而形成选择枝集合。② 选择枝属性和属性水平的定义。不同选择枝的属性可能不同，即使两种选择枝的属性类似但属性水平也会不同。选择枝属性的定义，需要考虑属性间的相关性，防止后期问卷调查过程中被调查者对所描述的属性间的捆绑，违背了 Logit 模型的理论假设。例如：费用与舒适度这两个属性，出行者一般都认为费用越高的交通方式，其舒适性越好。这就发生了属性之间的捆绑，造成属性之间的相关性，因此在考虑选择枝属性的选择时需要避免属性之间的相关性。属性水平定义最为重要的原则就是要真实，在选择枝真实的属性水平的基础上增加或者减少相应比例。

第三步：实验组合设计。常用的实验设计方法主要有两大类：全因子设计法和部分因子设计法。全因子设计法将所有可能的因子与属性水平都呈现出来，因此，全因子设计法能够实现全覆盖，更加精确地反映出决策者的偏好。但是，全因子设计法的缺点在于，如果选择枝与属性定义过多，利用全因子设计法所形成的组合数将非常多，从而造成调查工作量大，成本高，可实施性差。为了减少组合数，考虑采用部分因子设计法。在全因子设计法的基础上，利用相关准则从全因子设计的组合中挑选出适当的组合，进而形成调查问卷。目前，常用于完成属性水平实验组合设计的方式就是正交设计方法。正交设计法是一种解决多因素、多水平对比试验的数据设计方法，它可以有效地减少试验次数，用较少但具有代表性的试验反映出全面的情况。正交设计能够保证选择枝属性之间的独立性，避免 SP 数据中属性之间多重线性问题所导致的模型标定结果错误，能够有效提高模型的精度。正交设计不仅能够充分估计出主效应与交互效应，分析这些变量对于选择行为影响的大小和规律，同时可以有效降低问卷组合数，减少调查工作量与调查成本。

第四步：形成调查问卷。研究者决定采用哪种调查方法，所用的调查方法需与所涉及的问题相互适应。哪些问题是被调查者需要回答的问题，同时问题要同研究者所需要的数据保持一致。当有恰当的研究规划时，就可以草拟调查问卷了。此时要考虑问卷中问题的提法，首先问题是否与该研究问题一致，问题是否是必需的；其次，被调查者对于该问题是否能够清楚理解，避免提一些有偏见或者是诱导性的问题。此外，在实际调查之前，应该进行试调查，试调查一般选取 30~40 个被调查者。试调查选取的对象要具有专业素养，这样可以根据试调查所反馈的问题进行问卷的调整与完善[3]。

7.3 调查问卷的设计方法

影响交通行为模型结果精度的关键因素，主要是模型理论及结构与数据质量。从模型理论及结构方面着手提高模型结果精度的研究一直在持续与深入，从最初的 MNL 模型逐渐改进到 ML 模型，进而拓展到前景理论。但是，研究者对于模型求解所用调查数据质量的关注却远远滞后于模型理论及结构的发展。意愿调查问卷作为调查数据的源头，其实验组合设计是保证调查数据质量的关键环节。问卷实验组合设计的目标是通过精细的实验组合挖掘个体在不同选择情景下选择行为的偏好特征。意愿调查问卷设计方法研究的早期，主要采用随机部分因子设计法设计实验组合。随机部分因子设计法就是在选择枝属性的全因子组合中根据经验主观挑选一定数量的组合并设定选择情景用于调查，该方法的缺点是有很大可能会造成选择枝属性组合之间存在相关性，当相关性超过一定程度，将导致模型参数估计结果的标准差过大，降低模型精度。国外在研究和应用中避免使用这个方法，但是从近年来我国相关研究文献来看，该问题还未得到充分重视。为了改进随机部分因子设计法的不足，正交设计法被提出，其思路是在所有属性构成的全因子组合中，通过相关性检验挑选出相互正交的属性组合，从而有效避免选择枝属性之间的相关性。正交设计法也存在一些不足，由于正交性的限制，研究者无法根据其调查需求弹性地设定实验组合数量，这关系到后续调查样本量的确定及其相应的调查工作实施难度，最终影响模型结果精度。效用均衡设计法则是为了保证组合方案中选择枝之间的效用基本相似，避免组合方案中存在主导项。主导项是指在组合方案中存在某个选择枝的属性水平始终优于其他选择枝。主导项的存在将严重降低调查数据所包含个体在选择过程中的权衡信息，从而降低模型的解释能力。由于效用均衡设计法无法精确界定效用均衡值，只存在一个范围即 70%~90%，如果效用均衡值达到 100%，选择枝随机项就会成为主导项，这些不足导致了该方法在实际研究与应用中使用较少。

为弥补现有调查问卷实验设计法存在的不足，本书将介绍一种改进的意愿调查实验设计方法，使意愿调查设计法契合模型从而提升模型结果精度[4]。该方法以模型参数估计的渐进协方差矩阵行列式值最小为目标，反推意愿调查问卷的实验组合方案，避免试验组合中出现主导项。渐进协方差（Asymptotic Variance-Covariance，AVC）矩阵行列式值（记为 D 值）与模型参数估计结果精度直接相关，该行列式值越小，参数估计标准差就越低，即参数估计结果精度越高。该方法的理论优势在于：首先，由于实验组合方案所对应的渐进协方差矩阵行列式的值最小，基于该组合方案得到的参数估计标准差将更小，从而提升模型参数估计结果精度；其次，该方法是以模型渐进协方差矩阵为基础进行反推的，所得实验组合方案将更加切合模型的理论假设，避免组合方案中存在主导项，能获得更多的权衡信息；最后，研究者可根据实际需求灵活地设定属性组合数，在确保模型结果精度的前提下有效地降低调查工作量，弥补正交设计法的不足。

7.3.1 随机部分因子设计法

为了减少调查工作量，降低调查成本，交通行为研究初期，研究者考虑采用随机部分因子设计法减少实验组合数量。随机部分因子设计法的设计思路就是从 n 个全因子组合中随机选择出 m 个不重复属性组合，m 的大小则由研究者按照实际研究需求设定[5]。

$$n = \prod_{i \in C_n} \prod_{k=1}^{N} L_{ik}$$

式中：L_{ik} 为选择枝 i 中第 k 个属性包含的属性水平数量；

C_n 为选择枝集合；

N 为选择枝属性个数。

随机部分因子设计法的优势在于，能够按照研究需求灵活设置实验组合数量，显著减少实验组合数量以降低问卷调查工作量。该方法的不足之处在于，由于实验组合方案是从全组合中随机挑选的，其组合的代表性较差；并且，该方法无法有效规避属性之间存在的多重线性，一旦属性之间的多重线性达到一定程度，将会导致模型参数估计错误。

7.3.2 正交设计法

为了克服随机因子设计法的缺陷，正交设计法被逐步重视并广泛应用于意愿调查问卷的实验设计中。使用正交设计法进行意愿调查问卷实验组合的设计思路：假设出行者有两种选择枝 A_1 和 A_2 可选，每个选择枝都具有属性 X 和 Y。假设选择枝 A_1，A_2 所对应的属性水平的全因子组合为 n，则正交设计法是从 n 个全组合中挑选出所有相互正交、不重复的 m 个属性组合[6]。属性之间的相关系数为

$$r = \frac{\sum xy}{N * \sigma_x * \sigma_y}$$

式中：x 为 X 属性的离差 $(X - \overline{X})$，y 为 Y 属性的离差 $(Y - \overline{Y})$；

σ_x 为 X 的标准差，σ_y 为 Y 的标准差。

正交设计法充分考虑选择枝属性之间的独立性，以选择枝属性水平相互正交为准则，以属性之间的相关系数（r）为判别标准，从全部属性组合中挑选出相互独立、不重复的组合作为调查问卷的问题内容。正交设计法能够避免选择枝属性之间相关性所导致的参数估计错误，确保模型参数估计的正确性，同时能够在一定程度上减少组合数量以降低问卷调查工作量。正交设计法最大的不足该方法无法根据研究需求设置组合数量，并且由于受到正交性的限制，一旦选择枝属性水平或者选择枝属性设置过多，利用该方法得到的实验组合数量也是非常大，不利于调查工作的开展。

7.3.3 效用均衡设计法

效用均衡设计法是从全因子组合中挑选出效用均衡值等于某个值时所对应的组合。效用均衡值的范围为 70%~90%，但在实验设计过程中效用均衡的精确值通常需要研究者根据经验进行界定，因此，利用该法可能出现无法得到实验组合的情况。某一实验组合的效用均衡值的计算方式[7]：

$$B_s = \prod_{j=1}^{J}\left(\frac{P_{js}}{1/J}\right)\times 100\%$$

式中：B_s 表示实验组合 s 的效用均衡值；

J 表示实验组合中选择枝的数量；

P_{js} 表示实验组合 s 中选择枝 j 被选择。

如果某一情景组合中存在主导项，那么主导项被选择的概率远大于组合内的其他选择枝，导致该情景组合的效用均衡值较小。被挑选出的实验组合方案的效用均衡值的计算方式如下：

$$B=1\Big/S\sum_{s=1}^{S}B_s$$

式中：B_s 表示实验组合 s 的效用均衡值；

S 表示实验组合数量。

应用效用均衡设计法时，还需要解决未知参数值的设定问题，这样才能得到选择概率 P_{js}。得到未知参数值的方式通常有：① 借鉴其他相似研究背景下的参数估计值；② 进行预调查，利用预调查数据求解未知参数。

7.3.4 基于 AVC 最小的实验设计法

模型渐进协方差矩阵（AVC）等于海塞矩阵的逆矩阵，其行列式值（D）可以反映模型参数估计结果精度。D 值越小，则模型参数估计的标准差就越小，对应的模型精度越高。基于 AVC 最小的实验设计法就是以渐进协方差矩阵行列式值最小为目标，在设定实验组合数量的前提下，反推实验组合方案。该方法的优点在于以模型本身为基础反推实验组合，增强调查问卷与模型的契合度，克服正交设计法无法按照研究需求设置实验组合的不足，还能避免主导项的存在。应用该方法时，需要事先得到未知参数的估计值。根据基于 AVC 最小的实验设计方法思想，选择 Multinomial Logit（MNL）模型为研究对象，推导其行列式值 D 的数学表达式。假设选择枝 i 的效用函数表达式为

$$V_{ni} = \partial_{ni} + \beta_{ni1}X_{ni1} + \beta_{ni2}X_{ni2} + \cdots + \beta_{nik}X_{nik} \tag{7.1}$$

式中：V_{ni} 为选择枝 i 对出行者 n 的效用函数；

X_{nik} 代表选择枝 i 的第 k 个属性；

β_{nik} 为选择枝 i 的第 k 个属性在效用函数中的未知参数。

出行者 n 选择 i 的概率 P_{ni}：

$$P_{ni}=\frac{\exp(V_{ni})}{\sum_{j=1}^{J}\exp(V_{nj})} \tag{7.2}$$

上式的极大似然函数：

$$L(X,\beta)=\sum_{n=1}^{N}\sum_{i=1}^{I}y_{ni}\log P_{ni} \tag{7.3}$$

式中：y_{ni} 表示被调查者 n 的选择结果，y_{ni}=1，表示被调查者选择了选择枝 i，y_{ni}=0，表示其他情况。

海塞矩阵的具体形式为

$$\boldsymbol{I}=\begin{bmatrix} \partial^2 L/\partial^2\beta_1^2 & \cdots & \partial^2 L/\partial\beta_1\partial\beta_{k_2} \\ \vdots & \partial^2 L/\partial\beta_{k_1}\partial\beta_{k_2} & \vdots \\ \partial^2 L/\partial\beta_1\partial\beta_{k_2} & \cdots & \partial^2 L/\partial\beta_{k_2}^2 \end{bmatrix} \tag{7.4}$$

海塞矩阵中每个元素的计算方法为

$$\frac{\partial^2 L}{\partial\beta_{j_1k_1}\partial\beta_{j_2k_2}}=\begin{cases} -\sum_{n=1}^{N}X_{nj_1k_1}X_{nj_2k_2}P_{nj_1}(1-P_{nj_2}),\ j_1=j_2 \\ \sum_{n=1}^{N}X_{nj_1k_1}X_{nj_2k_2}P_{nj_1}P_{nj_2},\ j_1\neq j_2 \end{cases} \tag{7.5}$$

式中：j 代表选择枝，如公式（7.1）所示，海塞矩阵的逆矩阵即渐进协方差矩阵 $\boldsymbol{\Omega}=-\boldsymbol{I}^{-1}$。其中，$\boldsymbol{\Omega}$ 代表渐进协方差矩阵。

$$D=\det(\boldsymbol{\Omega})^{1/K}=-\left[\det\left(\frac{\partial L^2(X,\beta)}{\partial\beta_{j_1k_1}\partial\beta_{j_2k_2}}\right)\right]^{1/K} \tag{7.6}$$

式中：K 为待估计参数的数量。

基于 AVC 最小的实验设计方法的具体步骤：

（1）为了减少最优解的迭代次数，首先采用正交设计法得到初始的属性组合方案，按照该方案设计意愿调查问卷，开展相应的数据调查工作，求解 MNL 模型得到未知参数的预估值 β_{nik}。

（2）根据实际研究需求确定属性组合数为 m 个，可能的方案数为 C_N^m，即组合方案为 B_1，B_2，…，B_q，$q=\mathrm{C}_N^m$。

（3）根据已获得的 β_{nik} 值，通过公式（7.1）~（7.5）计算第（2）步中选取的全部属性组合方案 B_1，B_2，…，B_q 的 D 值，分别记为 D_1，D_2，…，D_q，令 $D_{\min}=\min\{D_1, D_2, \cdots, D_q\}$。

（4）最终使用对应于 $D_{\min}$ 的实验组合方案进行意愿调查问卷设计，确定相应调查内容。

7.4 样本抽样

在调查抽样时需要关注两个问题：抽样对象和抽样方法。研究者首先确定抽样框架（Sampling Frame），即应该调查访问的有限个决策者。常用的抽样方法有三种：简单随机抽样（Simple Random Samples）、分层随机抽样（Stratified Random Samples）以及基于选择的抽样（Choice Based Sample）[8]，下面将逐一介绍。

7.4.1 简单随机抽样法

对于简单随机抽样法来说，最小样本量 n 取决于估计的准确度 $\hat{p}$，其计算公式为

$$n \geqslant \frac{q}{pa^2}\left[\Phi^{-1}\left(1-\frac{\alpha}{2}\right)\right]^2 \tag{7.7}$$

式中：p 为总体真实选择结果的比例，q 等于 $1-p$；

a 表示 $\hat{p}$ 与真实值 p 之间的允许误差范围，$\alpha = 1-\beta$，β 为置信水平；

$\Phi^{-1}\left(1-\frac{\alpha}{2}\right)$ 为标准正态分布函数的累计概率密度函数的倒数。统计理论表明具体服从单尾 Chi-square 分布，表示为 Z^2。在给定置信水平 β 的情况下，Z^2 的值可以通过计算获得。

7.4.2 分层随机抽样

实施分层随机抽样，首先将总体分为 G 个互斥的群组，每个群组 W_g 代表总体的一部分。分组的依据可以是总体的任一属性，如年龄、收入、位置等，但不能基于选择来分组，即不能将所有做出同一选择的决策者分为一组，以免丢失样本中的随机性。分层随机抽样时，各组最小样本量有两种计算方法：一是计算总的最小样本量，再将样本分为 G 个组，这样可以均分最小样本量，也可以根据事先的估计按比例分配；二是分组计算各组的最小样本量，再求和得到总的样本量。方法一可以有效控制总的样本数量，但是该方法误差范围 a 较大。方法二生成的总样本量更大，但该方法误差范围 a 较小。

7.4.3　基于选择的抽样

实施基于选择的抽样方法时，需根据选择枝在市场中的分担率，按照一定的比例抽取已选择对应选择枝（Alternative）的决策者样本。它是一种基于决策者选择结果的抽样方法，其优势是选择集（Choice Set）里面的所有选择枝都有望被观察到，并且可以得到做出该选择结果的决策者对属性的描述，从而提供关于某项选择枝的多个属性值。使用该抽样方式时，需要注意三个问题：

（1）基于选择的抽样方法只适于 RP 数据。其原因在于 SP 数据需要被调查者在一系列的假设情境中作答，即在不同属性值组合中做出选择。显然，研究者无法迫使决策者事先选择某个选择枝，再来了解该选择枝对应的属性值。

（2）研究者需要事先对各选择枝的市场分担率有一定的预估，对于份额较高的选择枝，可以适当减少抽样量（under-sampling），而对于份额较低的选择枝，可以适当以增加采样量（over-sampling）。这样做的原因是对于份额较低的选择枝，按照估计的比例抽样得到的选择结果通常会低于期望获得的选择数，因此要扩大样本以保证充分获得关于该选择枝的数据。例如，假设总体中只有低于 1%的人选择骑自行车去工作，而 60%的人选择开小汽车去工作。那么，在 400 个通勤者中，我期望观察到的骑自行车去工作的人数会低于 4 个，而开小汽车去工作的人数会高于 240 个。显然，获得的开小汽车的样本信息会多于骑自行车的，因此需要提高骑自行车的抽样量，减少开小汽车的抽样量。

（3）通过上述描述可知，研究者可以更改每个选择枝对应的抽样量。但是，真实的分担率就无法从集计 RP 数据中获得。因此需要对选择模型的结果进行修正，这就要求分析者对真实的市场份额有预先的认知。

实施抽样过程中还需注意两个问题：一是抽样方法中的最小样本量是指完整的最小样本量，在实际抽样中应适当扩样以保证获得足够完整的最小样本量；二是虽然可以通过为被调查者提供更多的选择来缩小需要调查的人数，但这样会导致人口属性特征的多样性减少，这不利于不同社会特征群体的行为分析。

在实际设计和实施调查时，有些基本经验可以遵循：① 对于 RP 调查，采用基于选择的抽样时，需确保每个选择枝至少被 50 个决策者选择。这类集计 RP 数据无法反映真实的分担率，这就需要对数据进行某种权重的分配。② 对于 SP 调查，建立一个准确的预测模型所需要的最小样本量并没有明确规定，但有一些研究者认为以 50 个为最小被调查者数量，每个被调查者面对 16 个选择情境，能够得到一些较为稳定的模型。

7.5　SP 与 RP 数据融合

分析出行者交通方式选择行为特征时，通常利用 SP 或者 RP 调查获取个体的出行数据。单一的数据类型（SP 或者 RP 数据）往往不能够提供足够的信息来准确估计模型参数。RP 数据是基于现实约束下的选择结果，只包含当前存在的选择枝，RP 只能描绘当前出行者的选择行为，并且完整的 RP 数据需要计算没有被选择的选择枝属性信息，RP 数据中属性之间存在相关性，这些导致基于 RP 数据的需求预测结果精度不高。这就是一些研究者更偏向使用 SP 数据的原因。即使 RP 数据的优劣程度可由研究者决定（通过多重线性检验），一旦检测到任何缺陷，研究者能改正这些缺陷的情况是极少的。

SP 数据恰好能够克服这些缺陷。SP 数据能够提供足够的属性水平信息，能够体现出行者对新增或者不存在的选择枝的偏好信息。但是，SP 数据同样存在缺点。如前所述，选择枝常数项不仅代表了不可观测因素对选择枝效用的影响，还能综合反映现实约束对选择枝效用的影响。SP 数据是在一系列缺乏现实约束的假定场景下获取的出行者选择结果，缺乏现实约束，所以基于 SP 数据得到的选择枝常数项没有意义。RP 数据是现实选择结果的直接呈现，因此基于 RP 数据得到的选择枝特有常数项能够反映实际约束作用。

针对 SP 数据与 RP 数据优势互补的特点，研究者考虑利用数据融合来拓展两种数据的优点，排除每种数据的缺点。由于不同的数据源包含的不可观测因素不同，而这些不可观测因素都是通过效用随机项 ε 来表示的，所以不同数据源中选择枝效用函数随机项是同分布的，但是其方差可能不相同。因此，RP 与 SP 数据融合模型中，定义变量 μ^2 等于 RP 与 SP 数据中效用函数的随机项之间方差之比。其对应的表达式为

$$\mu^2 = \frac{var(\varepsilon^2)}{var(\gamma^2)} = \frac{\pi^2/6\lambda^2{}_{\mathrm{RP}}}{\pi^2/6\lambda^2{}_{\mathrm{SP}}} = \frac{\lambda^2{}_{\mathrm{SP}}}{\lambda^2{}_{\mathrm{RP}}} \tag{7.8}$$

式中：ε，γ 分别代表基于 RP 数据与 SP 数据效用函数的随机项；λ 代表尺度参数。

因此，数据融合情形下选择枝 i 的效用函数可以表示为

$$\begin{aligned} U_i^{\mathrm{RP}} &= V_i^{\mathrm{RP}} + \varepsilon_i = \partial X_i^{\mathrm{RP}} + \theta Y_i^{\mathrm{RP}} + \varepsilon_i \\ \mu U_i^{\mathrm{SP}} &= \mu(V_i^{\mathrm{SP}} + \gamma_i) = \mu(\partial X_i^{\mathrm{SP}} + \varphi\omega_i^{\mathrm{SP}} + \gamma_i) \end{aligned} \tag{7.9}$$

式中：∂，θ，φ 为待估计的参数；X_i^{RP}，X_i^{SP} 为 RP 与 SP 数据中的共同属性；Y_i^{RP}，ω_i^{SP} 为 RP 与 SP 数据中特有的属性。

SP 数据中选择枝的效用随机项 $\mu\gamma_i$ 的方差等于 RP 数据中选择枝的效用随机项的方差。RP/SP 数据融合的方法就是建立一个虚拟的 NL 结构树，结构树中 RP 数据所包含的选择枝被置于 root 层下，而 SP 数据所包含的选择枝被置于单独的 SPL 层下。图 7.2 为 RP 与 SP 数据融合的虚拟 NL 结构树。

对于 SPL 层，其效用函数可以表示为

$$\begin{aligned} V^{\mathrm{SPL}} &= \mu \log \sum \exp(V^{\mathrm{SP}}) \\ V^{\mathrm{SP}} &= U^{\mathrm{SP}} - \varepsilon^{\mathrm{SP}} = \partial X_i^{\mathrm{SP}} + \varphi\omega_i^{\mathrm{SP}} \\ V^{\mathrm{SPL}} &= \mu(\partial X_i^{\mathrm{SP}} + \varphi\omega_i^{\mathrm{SP}}) \end{aligned} \tag{7.10}$$

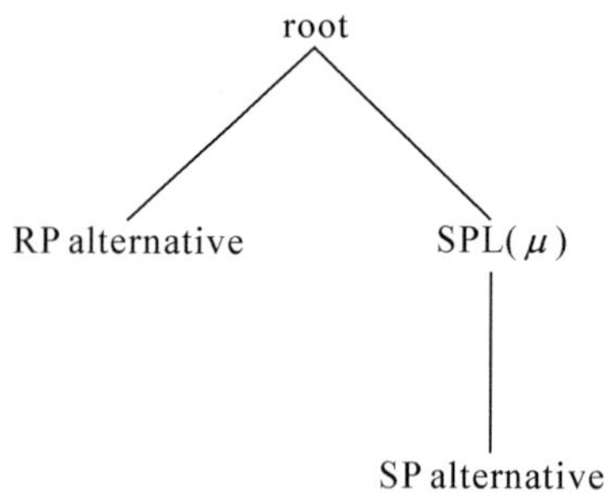

图 7.2　虚拟 NL 结构树

式（7.7）与式（7.6）具有相同形式，因此建立一个虚拟的 NL 结构树，利用极大似然函数法能够实现数据融合模型的求解。

参考文献

[1] Bunch D S, Bradley M L. Demand for clean-fuel vehicles in California-A discrete-choice stated preference pilot project. Transportation Research Part A, 27(1993): 237-253.

[2] Aoife A Ahern, Nigel Tapley. The use of stated preference techniques to model modalchoices on interurban trips in Ireland. Transportation Research Part A, 42(2008). 15-27.

[3] 陈林. 基于 Logit 模型的成渝通道交通选择行为研究[D]. 成都：西南交通大学, 2013

[4] 陈林. 基于心理账户论的交通决策行为建模分析[D]. 成都：西南交通大学, 2017

[5] Hensher D A, Rose J M, Greene W H. Applied choice analysis: A primer[M]. New York: Cambridge University Press, 2005.

[6] AncoHoen, Mark J Koetse. A choice experiment on alternative fuel vehicle preferences of private car owners in the Netherlands[J]. Transportation Research Part A, 2014, 61: 199-215.

[7] Ngene version1. 1. 1: User manual & reference guide[M]. Sydney, Australia: Choice Metric. , 2012.

[8] 冯士雍, 施锡铨. 抽样调查——理论、方法与实践[M]. 上海：上海科学技术出版社, 1996.

第 8 章

模型标定与结果解释

8.1 NLogit 软件

NLogit 软件是由计量经济学软件公司发行的一个重要的商业程序，是一个强大的模型标定和分析软件，大致包含了 200 种内置的标定程序，能够标定许多回归模型、离散选择模型、计算模型、生存模型、样本选择模型以及其他各种各样的模型。NLogit 软件对使用的数据形式有限制，数据集格式可在软件官方网站上查询[1-2]。

8.2 数据格式

利用 NLogit 软件标定离散选择模型时，对数据输入有特殊要求。习惯使用其他统计软件处理常规统计模型的读者，可能对 NLogit 软件要求的数据格式不熟悉。其他统计软件中每一行数据代表一个独立观测的样本，NLogit 软件中通常是几行数据代表一个单独的主体。每一行数据是严格的、互相依赖的，而不能被单独地看待。

假设收集了 3 个个体的选择数据。每个个体面临 2 个选择集，每个选择集有 4 个选择枝，即公共汽车、火车、飞机、私家车。为了方便分析，假设每个选择枝只有 2 个属性，即舒适性和出行时间。NLogit 软件中将数据分成块，每 1 块代表 1 个个体的选择集，块里的每一行相当于选择集里的 1 个选择枝。根据上述案例，每个个体的选择数据有 2 块，每个独立的块里存在 4 行数据。同样的，每个个体的选择数据将会是 8 行，如表 8.1 所示。

表 8.1 NLogit 软件数据导入格式

	id	altij	cset	choice	comfort1	comfort2	ttime
Car	01	1	4	1	1	0	14
Bus	01	2	4	0	1	0	12
Train	01	3	4	0	−1	−1	12
Plane	01	4	4	0	0	1	2
Car	01	1	4	0	0	1	10
Bus	01	2	4	1	0	1	14
Train	01	3	4	0	0	1	12
Plane	01	4	4	0	−1	−1	1.5

续表

	id	altij	cset	choice	comfort1	comfort2	ttime
Car	01	1	4	0	0	1	12
Bus	01	2	4	0	1	0	14
Train	01	3	4	0	−1	−1	12
Plane	01	4	4	1	1	0	1.5

表 8.1 中，变量 altij 代表每个选择枝集合中选择枝的编号。案例中，每个个体面临的选择枝集合内选择枝的个数是固定的，而一些研究可允许选择枝集合内选择枝个数不固定。如表 8.2 所示，第一个决策者面临的选择枝集合包含 4 个选择枝：私家车、公共汽车、飞机、快铁。该决策者面临的第二个选择枝集合包括 4 个选择枝：私家车、公共汽车、火车和飞机。

变量 cset 代表选择枝集合中选择枝的个数，表 8.1 和表 8.2 中选择集的大小都固定为 4 个选择枝。选择集中选择枝的数量是可变化的，在表 8.3 中，第一个选择枝集合中只有 3 个选择枝，而第二个选择枝集合中却有 5 个选择枝。

表 8.2　选择集中选择枝不同

	id	altij	cset	choice	comfort1	comfort2	ttime
Car	01	1	4	1	1	0	14
Bus	01	2	4	0	1	0	12
Plane	01	4	4	0	0	1	2
VFT	01	5	4	0	1	0	8
Car	01	1	4	0	0	1	10
Bus	01	2	4	1	0	1	14
Train	01	3	4	0	0	1	12
Plane	01	4	4	0	−1	−1	1.5

变量 choice 表示选择个体的选择结果，1 表示选择，0 表示没有被选择。每个选择集合内 choice 变量的和等于 1。如表 8.1 所示，第一个决策者在第一个选择枝集合中选择了私家车，在第二个选择枝集合中选择了公交车。第二个决策者在 2 个选择集中分别选择的是飞机和火车。

如果每个选择枝集合中选择枝与顺序都相同，则可不定义变量 altij 和 cset。NLogit 软件会基于所输入的命令中选择枝的名字计算选择枝的数量，并且假设每个选择枝集合都有这些选择枝。最重要的是，在每个决策者的选择集中选择枝的顺序一致。

关于表 8.3 中的最后 3 个变量，以变量 comfort 为例，数据集中有 2 个 comfort 变量。comfort（舒适性）是一个定性属性，在调查时是用语言来描述而不是数字。为了方便分析，需要把描述性语言用数字编码。对定性变量的编码方式是对每一个变量的属性水平赋一个独特的数值。假设 comfort 具有 3 个水平（低、中、高）：comfort 低时等于 0，comfort 中时等于 1，comfort 高时等于 2。以这种编码方式，对第一个决策者来说，表 8.1 可以变成表 8.4。

表 8.3　选择枝个数变化的选择集

	id	altij	cset	choice	comfort1	comfort2	ttime
Car	01	1	3	1	1	0	14
Bus	01	2	3	0	1	0	12
VFT	01	5	3	0	1	0	8
Car	01	1	5	0	0	1	10
Bus	01	2	5	1	0	1	14
Train	01	3	5	0	0	1	12
Plane	01	4	5	0	−1	−1	1.5
VFT	01	5	5	0	−1	−1	6

表 8.4　NLogit 软件数据导入格式

	id	altij	cset	choice	comfort1	ttime
Car	01	1	4	1	0	14
Bus	01	2	4	0	0	12
train	01	3	4	0	2	12
Plane	01	4	4	0	1	2
Car	01	1	4	0	1	10
Bus	01	2	4	0	1	14
Train	01	3	4	0	1	12
Plane	01	4	4	1	2	1.5

假设在决策过程中没有显著的时间变化，在决策过程中决策者的社会经济特性是不变的。因此，在输入个人的社会经济特性时，其属性水平是固定的。例如，假设已经收集每个决策者的年龄数据，其输入形式如表 8.5 所示。其他社会经济特性也是以同样的方式输入。

表 8.5　输入社会经济特性

	id	altij	cset	choice	comfort1	comfort2	ttime	age
Car	01	1	4	1	1	0	14	40
Bus	01	2	4	0	1	0	12	40
Train	01	3	4	0	−1	−1	12	40
Plane	01	4	4	0	0	1	2	40

续表

	id	altij	cset	choice	comfort1	comfort2	ttime	age
Car	01	1	4	0	0	1	10	40
Bus	01	2	4	1	0	1	14	40
Train	01	3	4	0	0	1	12	40
Plane	01	4	4	0	−1	−1	1.5	40
Car	01	1	4	0	0	1	12	32
Bus	01	2	4	0	1	0	14	32
Train	01	3	4	0	−1	−1	12	32
Plane	01	4	4	1	1	0	1.5	32
Car	01	1	4	0	−1	−1	12	32
Bus	01	2	4	0	0	1	12	32
Train	01	3	4	1	−1	−1	10	32
Plane	01	4	4	0	−1	−1	1.5	32

8.3 数据导入

NLogit 软件包含两种数据导入方法：一种是将数据直接输入 NLogit；另一种是通过 Excel 将数据导入 NLogit。

1）直接输入数据

首先创建新变量，再把数据输入对应的变量。打开 NLogit 软件，点击工具栏里的“Project”，选择“New”，再点击“Variable”，如图 8.1 所示。

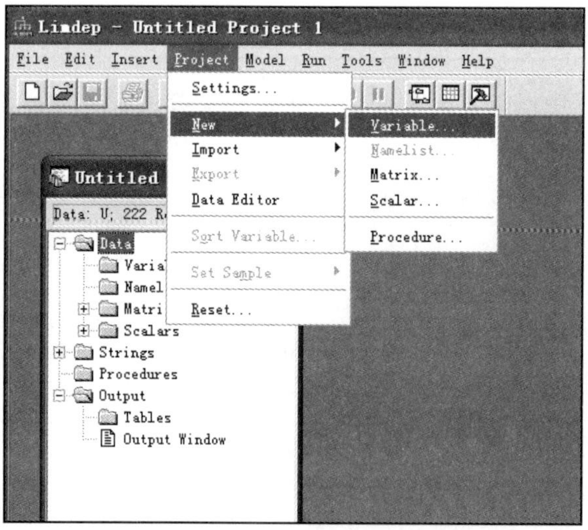

图 8.1 使用工具条命令创建新变量

打开“New Variable”对话窗口命名新变量，如图 8.2 所示。所有变量新建完成，双击如图 8.3 所示的 Project 文件中的 Variable 名称，打开的数据编辑器输入对应的数据，即完成数据输入。其输入方式与大多数统计软件和电子制表程序相似。

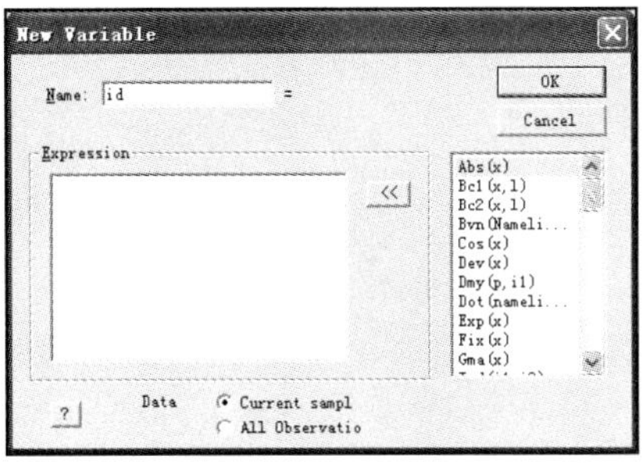

图 8.2　利用 New Variable 对话窗口命名新变量

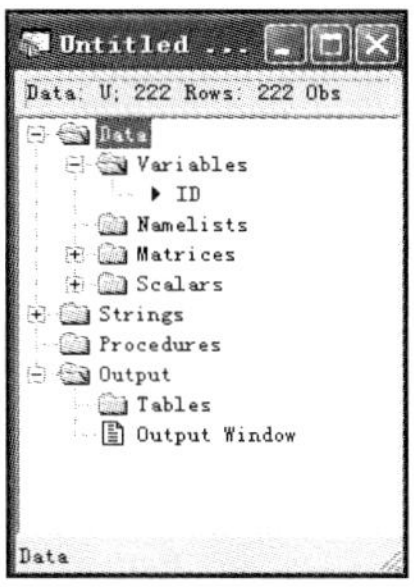

图 8.3　Project 对话窗口

2）数据导入

把数据直接输入 NLogit 较为麻烦。推荐使用 Excel 导入数据，将其另存为“csv”格式，点击工具栏里的“Project”，选择“Import”，再点击“Variable”，即可完成数据导入。

3）更改数据编辑器里系统默认值

在数据导入之前，首先需要辨别数据量的大小。NLogit 默认接收数据量是 200 列和 1 000 行。永久改变系统默认值，点击菜单栏“Tools”，点击“Options”，如图 8.4 所示。打开“Options”对话框，选择“Project”按钮，更改系统默认数值，如图 8.5 所示。新建 Project 文件后，数据编辑器的容量将变为设置值。

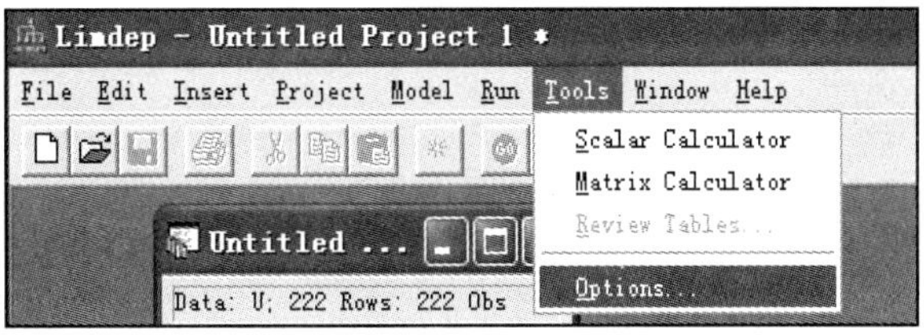

图 8.4　更改 NLogit 中的可用默认工作空间

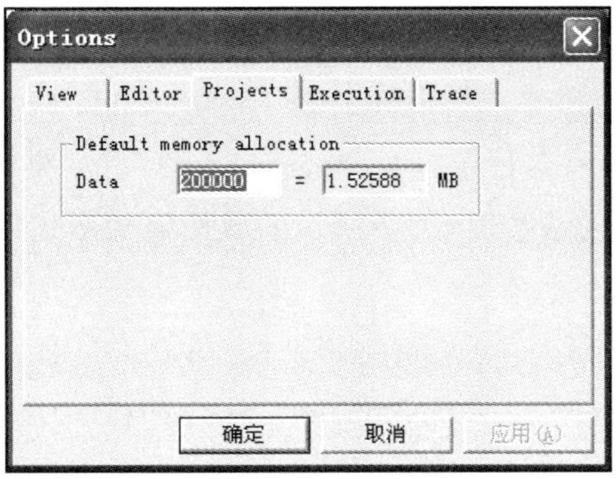

图 8.5　选项对话窗口

8.4 NLogit 参数标定命令

8.4.1 模型参数标定命令

在 NLogit 软件中，标定模型参数的基本命令如下：

NLogit

; lhs = choice, cset, altij

; choices =<names of alternatives>

; Model:

U (alternative 1 name) = <utility function 1> /

U (alternative 2 name) = <utility function 2> /

...

U (alternative i name) = <utility function i> $

命令的第一行表示软件将执行离散选择模型参数标定。命令“lhs”定义因变量，通常包括：变量 choice，表示个体选择结果；变量 cset，表示选择集内选择枝数量；altij 变量，表示选择枝集合中选择枝的编号。

命令“choices =<names of alternatives>”表示给选择枝命名。选择枝名称顺序需要和数据中 altij 变量里选择枝顺序一致，否则，软件可能输出错误的结果。

命令“Model：U (alternative 1 name) = <utility function 1> ”表示详细给出选择集中每一个选择枝的效用函数。每一个效用函数以斜线分隔开，最后一个效用函数以$符号结束，表示命令结束。

命令中效用函数编写形式如下：

U (<alternative name>) =<constant>+ <parameter>*<variable>

其中，变量名字必须与“Project”文件中的变量名一致。参数名称可以任意给定，但不能超过 8 个字符长度并以字母开头。如果相同的参数名称用在多个选择枝效用函数里，则标定出来的参数值只有 1 个。

U (<alternative 1 name>) = <parameter 1>*<variable 1> /

U (<alternative 2 name>) = <parameter 1>*<variable 1> /

上述两个效用函数中只会标定一个“parameter 1”。如果针对相同变量定义不同的参数，将分别标定出对应的参数值。如下所示的效用定义形式，将分别标定出“parameter 1”与“parameter 2”的值：

U (<alternative 1 name>) = <parameter 1>*<variable 1> /

U (<alternative 2 name>) = <parameter 2>*<variable 1> /

8.4.2 正交性检测

如果调查问卷采用正交设计法，需要验证所采集的数据之间是否也能保证正交性。正交性检测分为三步：

（1）依次选择一个属性对余下的属性作辅助回归分析。例如，如果数据中存在 6 个属性，则需要进行 6 次单独的回归分析，每次回归分析都应该包含常数项。

（2）根据回归分析的 R^2 值，计算 R_i 值：

$$R_{\mathrm{i}} = \frac{R^2_{X_1, X_2, X_3, \cdots, X_k} \Big/ (k-2)}{(1-R^2_{X_1, X_2, X_3, \cdots, X_k}) \Big/ (n-k+1)} \tag{8.1}$$

式中：$R^2_{X_1, X_2, X_3, \cdots, X_k}$ 是属性 x_i 对余下所有属性作回归分析的确定系数，k 为辅助回归分析中解释变量个数；n 是样本量。

（3） 将 R_i 与自由度是 k-2 和 n-k+1 的 F 分布的临界值作比较，如果 R_i 超过该临界值，则认为属性 x_i 与其余属性具有相关性，正交性没有得到有效保证。

正交性检测是针对每个选择枝进行的。因此，首先筛选数据，须用到“REJECT”命令。例如：对第一个选择枝包含的数据进行正交性检测，则命令如下：

REJECT；altij#1$

一旦筛选出需要的数据，利用命令“REGRESS”执行辅助回归分析。命令“lhs = <variable name>”指定因变量，命令“rhs= <variable name（s）>”则指定解释变量，常数项可直接定义为 one。如果省略了 one，则意味着没有常数项参数需要估计。

在 NLogit 软件中输入如下命令：

sample；all$

reject；altij#1$

regress

；lhs=cost

；rhs=one，dtime，intime，xtime，htime，sex，age，income，car$

运行结果如图 8.6 所示。

```
+----------------------------------------------------------------+
| Ordinary    least squares regression                           |
| Model was estimated Feb 07, 2013 at 09:32:32AM                 |
| LHS=COST         Mean                    =    3.000000         |
|                  Standard deviation      =    1.000347         |
| WTS=none         Number of observs.      =        1440         |
| Model size       Parameters              =           9         |
|                  Degrees of freedom      =        1431         |
| Residuals        Sum of squares          =    1417.829         |
|                  Standard error of e     =    .9953874         |
| Fit              R-squared               =    .1539640E-01      |
|                  Adjusted R-squared      =    .9891980E-02      |
| Model test       F[  8,   1431] (prob)   =    2.80 (.0045)     |
| Diagnostic       Log likelihood          =   -2032.100         |
|                  Restricted(b=0)         =   -2043.272         |
|                  Chi-sq [   8]  (prob)   =   22.34 (.0043)     |
| Info criter.     LogAmemiya Prd. Crt.    =   -.3015995E-02     |
|                  Akaike Info. Criter.    =   -.3016138E-02     |
| Autocorrel       Durbin-Watson Stat.     =   1.5103383         |
|                  Rho = cor[e,e(-1)]      =    .2448309         |
+----------------------------------------------------------------+
```

Variable	Coefficient	Standard Error	b/St.Er.	P[|Z|>z]	Mean of X
Constant	2.73192500	.22284225	12.259	.0000	
DTIME	-.00040004	.00633836	-.063	.9497	8.75000000
INTIME	-.00075861	.00525820	-.144	.8853	35.0000000
XTIME	.00132384	.00633937	.209	.8346	8.75000000
HTIME	-.00052706	.00633096	-.083	.9337	8.75000000
SEX	-.06640342	.05432256	-1.222	.2216	.50625000
AGE	.02136843	.01375023	1.554	.1202	4.01111111
INCOME	.09811600	.03219208	3.048	.0023	2.23402778
CAR	.06487096	.06668417	.973	.3306	.30625000

图 8.6　模型标定结果

NLogit 软件得到的辅助回归分析结果中包括方差分析、F 检验、拟合优度、参数估计、标准误差、t 统计、概率值等统计值。利用辅助回归分析检验正交性，需要关注的是值，图 8.6 中 R^2 等于 0.015 396 4。

根据 R^2 值并利用式（8.1）计算 R_i 值，根据图 8.6 所示结果，可知 k 等于 9，n 等于 1 440，R_i 值计算如下：

$$R_i = \frac{R^2_{X_1, X_2, X_3, \cdots, X_k} / (k-2)}{(1-R^2_{X_1, X_2, X_3, \cdots, X_k}) / (n-k+1)} = 3.198\,9 \tag{8.2}$$

将 R_i 值与 5%的置信水平下自由度为 7 和 1 432 的 F 分布的临界值（2.015）作比较，R_i 值明显大于临界值，认为费用属性与其余的属性是共线的，问卷的正交性没有得到保证。如果研究者认为，某些属性之间的共线不影响研究的问题，那么可以进行后续研究。

8.4.3　弹性计算

弹性是指在其他条件不变的情况下，某个变量变化导致需求量变化的敏感程度。

弹性分点弹性和交叉弹性。点弹性是在选择集内某一选择枝的某个属性改变给定的百分比情况下，该选择枝的选择概率变化。

MNL 模型的点弹性计算公式为

$$E^{P_{iq}}_{X_{ikq}} = -\beta_{ik} X_{ikq} (1 - P_{iq}) \tag{8.3}$$

计算样本点弹性有三种方法：第一种是利用调查样本内 X_{ikq} 平均值和 P_{iq} 平均值计算；第二种是计算每一个样本的弹性值，然后根据每个样本选择对应选择枝的概率加权弹性，该方法叫作样本枚举概率加权（Probability Weighted Sample Enumeration，PWSE）；第三种方法是只计算每个样本的弹性值，但不根据选择概率加权。

由于 MNL 模型的非线性特性，不适合采用第一种方法，此外，这种方法得到的样本弹性值可能有 20%的误差。采用第三种方法，则不能区分选择枝选择概率的影响。

利用 PWSE 方法计算样本弹性值的公式为

$$E_{X_{jkq}}^{\overline{P_i}} = \left(\sum_{q=1}^{Q} \hat{P}_{iq} E_{X_{jkq}}^{P_{iq}}\right) \Big/ \sum_{q=1}^{Q} \hat{P}_{iq} \tag{8.4}$$

式中：$\overline{P}_i$ 代表选择枝 i 的聚集概率；$\hat{P}_{iq}$ 是选择概率。

点弹性值意味着选择枝 i 中属性 X_{ikq} 变化 1，该选择枝的选择概率产生的变化。如果选择概率的变化大于 1，说明该属性是有弹性的；如果选择概率的变化小于 1，则说明该属性是非弹性的；如果恰好等于 1，则为单位弹性。

利用 NLogit 软件计算弹性值时，使用“Effects”命令。使用该命令还需要定义变量与选择枝，具体命令如下：

；Effects：<variable k（alternative i）>

如果一个变量存在于多个选择枝中，要计算该变量对所有相关选择枝的弹性值，则只需要把所有选择枝写在括号里，以逗号隔开，命令如下：

；Effects：<variable k（alternative i ，alternative j ）>

在 NLogit 软件中，也能同时计算多个变量的点弹性，只需要用斜线隔开，命令如下：

；Effects：<variablek（alternativei ） /variableh（alternativei ）>

要利用 PWSE 方法计算样本弹性，必须在命令语法中加上“；Pwt”。

最终，计算点弹性的命令如下：

NLogit

；lhs = choice，cset，altij

；Choices = <names of alternatives>

；Effects：<variable k（alternative i ）>

；Pwt

；Model：

U<alternative 1 name>） = < utility function 1> /

U（<alternative 2 name>） = <utility function 2> /

...

U（<alternative i name>） = <utility function i> $

8.5 MNL 模型结论解释

这里以成都市西南交大组团到天府广场组团的 SP 数据为基础，利用 NLogit 软件实现 MNL 模型的参数标定。根据上述标定命令定义方式，得到如下所示的标定命令：

NLogit

；LHS=mode，cset，altij

; choices=bus, metro, car

; model:

U (bus) =b+c*cost+d*dtime+h*htime+e*intime+f*xtime+s*sex+a*age+l*income/

U (metro) =t+c*cost   +h*htime+e*intime   +s1*sex+a1*age+l1*income/

U (car) =   c*cost   +e*intime +u*utime +k*car

; show model$

最终得出如图 8.7 所示的参数标定结果。

```
+---------------------------------------------+
| Discrete choice (multinomial logit) model    |
| Maximum Likelihood Estimates                 |
| Model estimated: Jan 23, 2013 at 05:21:47PM. |
| Dependent variable               Choice      |
| Weighting variable                 None      |
| Number of observations             1548      |
| Iterations completed                  7      |
| Log likelihood function       -1171.719      |
| R2=1-LogL/LogL*  Log-L fncn  R-sqrd  RsqAdj  |
| No coefficients  -1700.6518  .31102  .30766  |
| Constants only.  Must be computed directly.  |
|                  Use NLOGIT ;...; RHS=ONE $  |
| Chi-squared[13]           =     532.00270    |
| Prob [ chi squared > value ] =    .00000     |
| Response data are given as ind. choice.      |
| Number of obs.=  1552, skipped   4 bad obs.  |
+---------------------------------------------+
```

（a）模型拟合信息

Variable	Coefficient	Standard Error	b/St.Er.	P[|Z|>z]
B	-5.30355245	1.69083968	-3.137	.0017
C	-.37687119	.05766543	-6.535	.0000
D	-.04442718	.01410223	-3.150	.0016
H	-.01247459	.01391689	-.896	.3701
E	-.01503798	.00573150	-2.624	.0087
F	-.02475012	.01392842	-1.777	.0756
S	-.80645679	.23508786	-3.430	.0006
A	.19946089	.06891155	2.894	.0038
L	-.92200792	.11988087	-7.691	.0000
T	-6.11420713	1.67833468	-3.643	.0003
S1	-.74498653	.22278976	-3.344	.0008
A1	.04962371	.06721878	.738	.4604
L1	-.58631153	.10786280	-5.436	.0000
U	-.06944684	.01416380	-4.903	.0000
K	2.98915246	.31679050	9.436	.0000

（b）参数值信息

图 8.7　MNL 模型参数标定结果

图 8.7（a）为模型拟合信息，用于判断模型是否正确拟合以及相关统计信息。图 8.7（b）则为效用函数中未知参数的值等信息。接下来的内容会依次进行介绍。

8.5.1 样本大小与加权准则

图 8.7（a）所示的结果中，首先显示的是参数标定的方法，其次是完成标定的时间、因变量的名字以及使用了何种加权变量。

从图 8.8 可以看出，因变量为“choice”与标定命令“lhs”是相同的，且没有使用任何变量来加权。观测数量只用于标定的数据量，而不是样本数量。

```
Model estimated: Jan 23, 2013 at 05:21:47PM.
Dependent variable                   Choice
Weighting variable                    None
```

图 8.8 标定结果信息

样本量的大小等于观测数量除以选择集内选择枝的数量。如图 8.9 所示，观测数量为 1 548 组，选择枝集合内选择枝的数量为 3，样本数量为 516。如果模型输出的观测数量与实际数据不符，则说明数据存在缺失，应该仔细检查数据。

```
Number of observations              1548
```

图 8.9 观测数据量

8.5.2 模型收敛的迭代次数

图 8.10 所示的输出结果表示完成模型参数标定的迭代次数。

```
Iterations completed                   7
```

图 8.10 迭代次数

简单的选择模型一般迭代次数不会超过 25 次。针对 MNL 模型，如果迭代次数超过 25 次，那么模型标定的结果存在问题。可是，对于复杂模型，其迭代次数可能多达 100 次。

在 NLogit 软件中对任何模型可以指定最大的迭代次数，通过命令“Maxit=n”（n 表示迭代次数）来实现：

```
NLogit
; lhs = choice, cset, altij
; Choices= <names of alternatives>
; Maxit=n
```

```
; Model:
U<alternative 1 name>)  = < utility function 1> /
U（<alternative 2 name>）  = <utility function 2> /
...
U（<alternative i name>）  = <utility function i> $
```

需要注意的是，越复杂的模型需要的迭代次数越多。为了节省时间，采用命令“Maxit”将最大迭代次数限制在一个合理的范围内是有效的。如果一个模型迭代了 150 次还不能收敛，那么它可能永不收敛，或者模型拟合的效果差。

8.5.3 模型的显著性

由于 MNL 模型采用的是极大似然估计法来标定未知参数，其极大似然函数的估计值，如图 8.11 所示。

```
Log likelihood function         -1171.719
```

图 8.11　对数似然函数

极大似然函数的估计值只有在比较两个模型在统计上是否显著时才有意义，极大似然函数的估计值越接近零，表示该模型拟合效果越好。

8.5.4 模型的拟合度

图 8.12 所示的是 MNL 模型的拟合优度 R^2，调整拟合优度 R^2，以及没有估计任何参数情况下模型的极大似然函数估计值。

R2=1-LogL/LogL*	Log-L fncn	R-sqrd	RsqAdj
No coefficients	-1700.6518	.31102	.30766

图 8.12　拟合优度

离散选择模型 R^2 值不能等同于线性回归中的 R^2 值，这是因为离散选择模型基本上是非线性的。离散选择模型的拟合优度达到 0.3 就是一个很好的模型拟合度，相当于线性回归模型中约为 0.6 的 R^2 值。离散选择模型的拟合优度值处于 0.3~0.4 相当于线性模型中的 0.6~0.8。

离散选择模型拟合优度 R^2 值的计算公式为

$$R^2 = 1 - \frac{LL_{\text{Estimatedmodel}}}{LL_{\text{Basemodel}}} \tag{8.5}$$

需要注意，NLogit 软件的输出结果中 R^2 值并不是模型真实的拟合优度值。计算真实的拟合优度 R^2 值的过程中，式（8.5）的分母值应该是只估计选择枝固有常数项情况下得到的极大似然函数估计值。NLogit 软件输出的 R^2 值，其分母值是没有估计任何参数情况下模型的极大似然函数估计值：

$$R^2 = 1 - \frac{LL_{\text{Estimatedmodel}}}{LL_{\text{Basemodel}}} = 1 - (-1171.719)/(-1\,700.6518) \\ = 0.311\,02 \tag{8.6}$$

8.5.5 数据量和不良数据

图 8.7（a）所示的最后两行输出结果是数据类型、总的数据量。

NLogit 软件可使用不同类型的数据，如比例数据、频率数据和排序数据。如图 8.13 所示，案例使用的数据类型为个体选择结果数据。并且，案例所用的总观测数据为 1 552 组，其中有 4 组数据是不良数据，模型在标定过程中跳过了这 4 组数据，因此最后用于模型参数标定的观测数据量为 1 548 组，这同图 8.9 所示的结果一致。

```
Response data are given as ind. choice.
Number of obs.=  1552, skipped   4 bad obs.
```

图 8.13　数据集合

8.5.6 效用函数未知参数估计值

图 8.14 所示的是 MNL 模型效用函数中未知参数的估计值，这是后续行为分析、分担率预测、政策评估分析的关键。

Variable	Coefficient	Standard Error	b/St.Er.	P[|Z|>z]
B	-5.30355245	1.69083968	-3.137	.0017
C	-.37687119	.05766543	-6.535	.0000
D	-.04442718	.01410223	-3.150	.0016
H	-.01247459	.01391689	-.896	.3701
E	-.01503798	.00573150	-2.624	.0087
F	-.02475012	.01392842	-1.777	.0756
S	-.80645679	.23508786	-3.430	.0006
A	.19946089	.06891155	2.894	.0038
L	-.92200792	.11988087	-7.691	.0000
T	-6.11420713	1.67833468	-3.643	.0003
S1	-.74498653	.22278976	-3.344	.0008
A1	.04962371	.06721878	.738	.4604
L1	-.58631153	.10786280	-5.436	.0000
U	-.06944684	.01416380	-4.903	.0000
K	2.98915246	.31679050	9.436	.0000

图 8.14　参数标定值

结果的第一列为参数名字，它与标定命令所定义的参数名一致。第二列为对应参数的估计值。根据图 8.14 的输出结果，结合标定命令中每个参数所对应的变量，分别写出 3 个选择枝的效用函数：

$$U_{\text{Bus}} = -5.30355245+(-0.37687119)\times \text{cost}+(-0.04442718)\times \text{dtime}+ (-0.01247459)\times \text{htime}+(-0.01503798)\times \text{intime}+(-0.02475012)\times \text{xtime}+(-0.80645679)\times \text{sex}+0.19946089\times \text{age}+ (-0.92200792)\times \text{income}$$

$$U_{\text{Metro}} = -6.11420713+(-0.37687119)\times \text{cost}+(-0.01247459)\times \text{htime}+(-0.01503798)\times \text{intime}+(-0.74498653)\times \text{sex}+0.04962371\times \text{age}+(-0.58631153)\times \text{income}$$

$$U_{\text{Car}} = (-0.37687119)\times \text{cost}+(-0.01503798)\times \text{intime}+ (-0.06944684)\times \text{utime}+2.98915246\times \text{car}$$

得到每个选择枝的效用函数后，根据 MNL 模型的选择概率公式可以计算出每个选择枝的选择概率。

第三列是参数估计的标准差，代表参数估计值在真实值周边的波动情况。标准差越小，模型参数估计值的精度也就越高。

输出结果的第四列为对应参数的 Wald 统计值。一个变量是否对结果解释有贡献，在线性回归中通常以 t 检验或者 F 检验来判断。由于离散选择模型是非线性的，采用 Wald 检验进行判断。Wald 统计量的计算公式为

$$Wald = \frac{\beta_i}{standard\ error_i} \tag{8.7}$$

每个参数的 Wald 统计值与其临界值做比较。通常，95%置信水平下的 Wald 检验的临界值是 1.96。如果对应参数的 Wald 统计值的绝对值超过该临界值，认为该变量在统计上是显著的，能够对结果解释做出贡献；若 Wald 统计值的绝对值小于临界值，则认为该解释变量在统计上不显著，不能够对结果解释做出贡献。

结果的最后一列是 Wald 检验的概率 P 值。与 χ^2 检验类似，将 P 值与预先设定的置信度水平 α 值作比较，假设置信度水平 α 的值是 0.05，若 P 值小于 α 值，认为参数估计值在统计上不能等于零；如果 P 值大于 α，则认为该参数在统计上等于零，对应变量在统计上不显著。在相同的置信水平下，无论是 Wald 检验还是比较 P 值，都会得出相同的结论。

8.5.7 样本选择概率

NLogit 软件可增加参数估计值，计算样本数据中每个样本在选择枝集合内选择任

意一个选择枝的选择概率，并将其保存在“Project”文件内。计算选择概率的命令是“Prob = <name>”，形成如下标定命令：

```
NLogit
; LHS=mode, cset, altij
; choices=bus, metro, car
; model:
U(bus)=b+c*cost+d*dtime+h*htime+e*intime+f*xtime+s*sex+a*age+l*income/
U(metro)=t+c*cost          +h*htime+e*intime    +s1*sex+a1*age+l1*income/
U(car)=     c*cost          +e*intime +u*utime +k*car
; Prob = P1
; show model $
```

命令“Prob = P1”表示计算每个样本的选择概率，并将其保存在“Project”文件的变量“P1”内。这里将命令放在语句的最后，作为基本的 MNL 模型附加标定命令。

如果希望利用 NLogit 软件直接得到样本数据内各选择枝的分担率，还需进一步了解命令“Calc”，利用该命令可执行很多数学函数，如加和、求平均值等。命令基本形式为

Calc；<scalar name> = function（<existing variable name>）

该命令产生的结果直接储存于“project”文件中，在“project”文件中，点击文件“Scalars”会显示对应的变量名，点击该变量就能够得到对应的结果。

一般，最常用的命令如下：

Calc；Sum（<existing variable name>）$　　某变量样本值之和；

Calc；Xbr（<existing variable name>）$　　某变量样本值的平均值；

Calc；Sdv（<existing variable name>）$　　求某变量样本值的标准误差；

Calc；Var（<existing variable name>）$　　求某变量样本值的方差；

Calc；Min（<existing variable name>）$　　求某变量样本值的最小值；

Calc；Max（<existing variable name>）$　　求某变量样本值的最大值

如果要计算样本数据中选择枝公交分担率，还须用到命令“Reject”。首先，利用命令“Reject”筛选出所有样本选择公交的概率，然后利用命令“Calc”计算其平均值，从而得到样本数据中选择枝公交分担率。其具体标定命令如下：

```
Reject; altij#1$
Calc; K=Xbr(P1)$
```

在“project”文件中，点击文件名“Scalars”，点击变量“K”就能够看到选择枝公交分担率 16.877%，如图 8.15 所示。

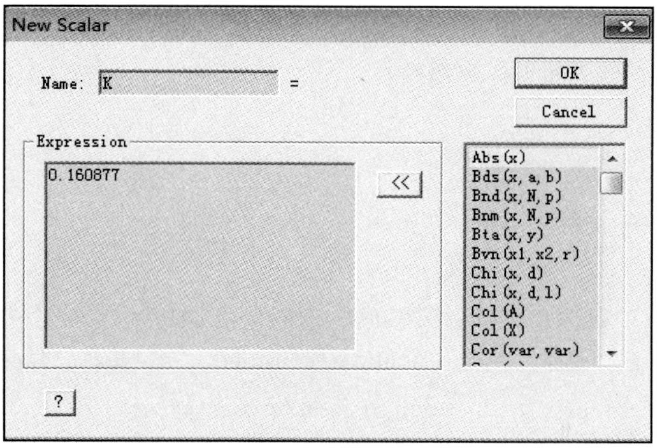

图 8.15　样本数据内选择枝公交分担率

参考文献

[1] https: //www. limdep. com/products/nlogit/.
[2] 陈林. 基于心理账户论的交通决策行为建模分析[D]. 成都: 西南交通大学, 2017.

第 9 章

离散选择模型应用与实践案例

2010 年上海世界博览会于 2010 年 5 月 11 日至 10 月 31 日在中国上海举行，根据 2010 年上海世博，会需求管理（同济大学，2005 年）和参观者意向调查（上海世博局，2004 年）研究结果如下：

（1）江苏、浙江两省共有 1 991 万人参观世博会，上海市郊区共有 596 万人参观世博会。

（2）根据江苏、浙江两省城市居民出行方式意愿之构成比重的调查数据（包括南京、常州、无锡、苏州、扬州、杭州、宁波等），小汽车（包括私车和公车）的出行平均比重为 17%；184 天内利用小汽车出行的参观人数为 338.47 万人，日平均人数 1.83 万人。

（3）根据总体意愿调查数据，世博会期间高峰月的比重为 32%，高峰月中高峰周的比重为 47%，高峰周中高峰日的比重为 30%；按照系统在不同情况下的需求比例，得到 184 天举办期间内：一般高峰日系数为 1.9，极端高峰日系数为 2.5，超极端高峰日系数为 3.8。

在此基础上推算，江苏、浙江两省利用私人小汽车出行的世博会参观者数量分别为：一般高峰日 3.48 万人次，极端高峰日 4.58 万人次，超极端高峰日 6.95 万人次。如果按照平均乘坐率为 3 计算，则换算成当量小汽车分别为：一般高峰日 11 600 辆，极端高峰日 15 300 辆，超极端高峰日 23 200 辆。

根据 2010 年上海世博会交通规划（同济大学，2004）之停车系统规划研究结果，世博园围栏区内的持通行证小汽车停车供应量为 6 751 ~ 11 729 个泊位，世博会周边区域（缓冲区）内的小汽车停车供应量为 2 263 ~ 7 176 个泊位。

由上述结果可知，不考虑上海本市内的小汽车出行参观世博会的交通量，仅江苏、浙江两省的小汽车参观出行量，即会对世博园区及其周围路网和停车设施造成强烈冲击。同时，考虑到外地小汽车进入上海后可能停留数日，停留期间将在市域范围内使用小汽车出行，也会对上海整体城市交通带来较大的干扰和压力，如果出现时空分布过于集中等情况，更会导致城市局部地区极度拥堵、无序甚至瘫痪，不仅严重影响世博会的正常举行，也会对上海市日常的交通出行和社会经济活动造成较大影响。

因此，对于私人小汽车方式蕴含的极大风险，必须在外部实施截流转换，停车换乘是主要对策之一。为了深入研究停车政策性因素、服务水平等对停车换乘选择行为的影响，支持世博会停车换乘的需求规模预测和政策制定，本章分别对不同出行属性和日程安排的停车换乘选择行为进行 SP 调查，运用离散选择 Logit 模型，建立了四种类型的停车换乘选择行为模型，多角度解析停车换乘行为，并在一定的多模式复合交通体系的目标下，对影响停车换乘模式选择的费用、时间等服务水平阈值进行了探讨，最后以世博会停车换乘为实例，给出了模型应用的算例，提出了相关交通对策与措施建议。

9.1 技术路线

基于 SP 调查，运用离散选择 Logit 模型，建立了四种类型的停车换乘选择行为模型，研究思路如图 9.1 所示。

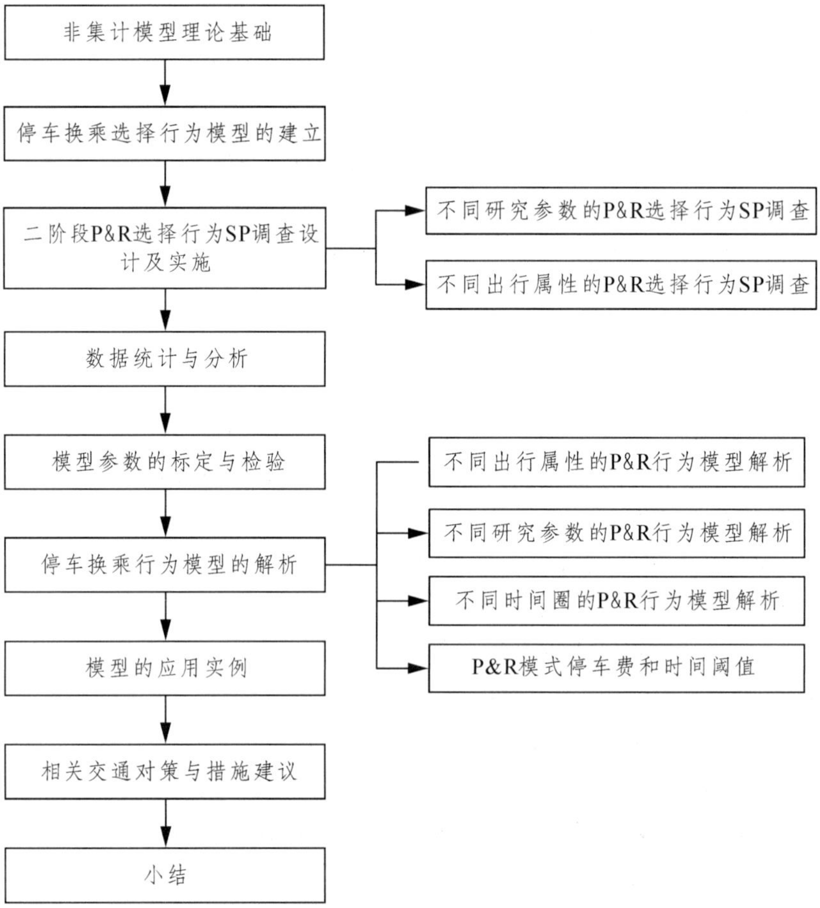

图 9.1　停车换乘选择行为模型的研究思路

9.2 停车换乘选择行为离散选择模型的提出

对于停车换乘问题来说，自驾车出行者的选择方案有两种：

（1）选择方案一（Alternative 1）：采用 P&R 模式，即出行者将小汽车开至 P&R 设施处停车，换乘公共交通去往目的地，返程时再乘坐公共交通返回 P&R 设施处，然后自驾回到出发地。

（2）选择方案二（Alternative 2）：全程自驾车。

设自驾车者 n 选择方案 i（i=1，2）的效用为 U_{in}，则 U_{in} 可以表示为

$$U_{in} = V_{in} + \varepsilon_{in} \tag{9.1}$$

以下针对停车换乘选择行为离散选择模型的特点，对效用函数的固定项、随机项进行确定和分析。

9.2.1 效用函数固定项

9.2.1.1 效用函数固定项的形式

停车换乘选择行为模型效用函数的固定项（V_{in}）中可以包含多个同种性质的变量，也可以包含多种不同性质的变量。其中，较为重要的变量是那些能够描述选择方案 i 特性的变量和表示出行者 n 特性的变量，统称“特性变量”。前者通常包括选择方案固有哑元（Alternative Specific Dummy Variables）、选择方案固有变量（Alternative Specific Variables）以及选择方案共生变量（Common Variables）；后者则包括出行者的职业、收入、年龄等。假设各个符号的意义如下：

x_{ink}：出行者 n 的第 i 个选择方案包含的第 k 个特性变量；

$\boldsymbol{X}_{ink} = [x_{in1}, \cdots, x_{ink}, \cdots, x_{inK}]'$：出行者 n 的选择方案 i 的特性向量；

K：特性变量的个数；

θ_k：第 k 个变量所对应的未知参数；

$\boldsymbol{\theta} = [\theta_1, \cdots, \theta_k]'$：未知参数向量。

效用函数中变量 x_{ink} 与效用函数固定项 V_{in} 的关系有很多种，最常用的形式为假设两者呈线性关系，如下式所示：

$$V_{in} = \boldsymbol{\theta} \boldsymbol{X}_{ink} = \sum \theta_k x_{ink} \tag{9.2}$$

除此之外，有时也假设它们之间呈现对数线性关系，也称考勃-道格拉斯形式（Cobb-Dauglas Type），即

$$V_{in} = \sum \theta_k \ln(x_{ink}) \tag{9.3}$$

另一种常用的函数形式为 CES（Constant Elasticity of Substitution）形式：

$$V_{in} = -\frac{1}{\gamma} \ln\left(\sum_{k=1}^{K} \theta_k x_{ink}{}^{-\gamma} \right) \tag{9.4}$$

在众多的效用函数形式中，线性效用函数结构简便，且不失一般性，在实际中应用最为广泛。本研究就是采用该形式表征效用函数固定项。

9.2.1.2 特性变量的选取

选择概率 P 与选择方案效用的水平本身（即效用值的绝对大小）无关，仅与选择方案的效用差有关。因此，只有选择那些使选择方案的效用产生了差异的变量才有意义，应遵循以下原则：

（1）变量能够明确描述选择方案的特征。

（2）变量应当尽量包括可以调节的政策变量。

（3）变量之间应当相互独立。

对于停车换乘问题效用函数的特性向量 X_{ink} 的选取，考虑以下四个方面：

（1）特性向量必须包含绝大部分对停车换乘选择行为产生影响的因素。

（2）特性变量要反映政策因素、服务水平对停车换乘选择行为的影响。

（3）特性向量能通过数学形式表达，而且便于通过调查获得。

（4）特性变量的个数宜为 2~3 个，此时通过调查得到的选择答案较为可靠（Bradley, 1988），更多变量复杂的组合可能会导致人们采取所谓的“词典式选择规则”（Lexicographic Choice Rules）应对，即在同一时间只考虑其中一个属性作答（Johnson and Meyer, 1984）。

特性变量是在世博会停车换乘选择行为 SP 初步调查结果（熊萍，2006）的基础上，参照上述原则最终选取。由停车换乘 SP 初步调查的结果可知：不同出行属性（当日往返和停留多日）的 P&R 选择行为特性有很大差异，对应的效用也不同；换乘公共交通是影响 P&R 选择行为的重要因素，愿意选择的公交方式主要是专线大巴、轨道交通和出租车，常规公交的选择比例很少，不同换乘公交方式的效用不同；换乘公交的服务水平是影响 P&R 选择行为的重要因素，按服务水平重要程度排序，首先是乘车时间，其次是步行时间、发车频率，对舒适性的要求比例也保持在一定水平，因此时间是反映公共交通服务水平的重要因素；P&R 与全程自驾车两种方式的停车费差异对 P&R 选择行为有较大影响；职业与收入对于费用的价值取向影响很大。

依据该结论，以换乘公交的服务水平和停车费作为选择方案的特性变量，同时考虑个人的收入作为个人属性的特性变量，具体的特性变量及其效用函数的确定分以下步骤进行：

（1）效用函数分类。

根据出行属性的不同，效用函数分为当天往返者和停留多日者两大类。

针对当日往返者，根据换乘公交方式的不同，效用函数细分为轨道交通和专线大巴（快速公交）两种类型。

（2）对于当日往返者，换乘公交服务水平的确定。

以时间来表征换乘公交的服务水平这一特性变量，包括利用 P&R 系统总的出行时间、车内时间、步行时间、发车频率（等车时间）。

不考虑换乘公交方式的类型时，重点考虑“利用 P&R 系统总的出行时间”，服务水平选取此一个变量。

轨道交通的发车频率较为固定，认为对选择行为影响较小，重要的是 P&R 步行至轨道交通的距离，因此其特性变量选取“车内时间”“步行时间”。

专线大巴可结合 P&R 停车场设置，故步行时间忽略不计，重要的是专线大巴的发车频率（等车时间），因此其特性变量选取“车内时间”“发车频率”。

（3）关于停留多日者的效用函数特性变量选取，后文将详细论述。

9.2.1.3 当日往返者的效用函数固定项

根据上一小节中特性变量的不同组合，分别对应当日往返者的三种类型的停车换乘选择行为模型：

（1）考虑出行时间和停车费两因素的 SP 调查方案一（模型一）。

（2）当换乘的公交方式是轨道交通时，考虑 P&R 换乘公交的车内时间、步行时间、停车费三因素的 SP 调查方案二（模型二）。

（3）当换乘的公交方式是专线大巴时，考虑 P&R 换乘公交的车内时间、发车频率、停车费三因素的 SP 调查方案三（模型三）。

选择 P&R 模式的效用函数固定项为

模型一：

$$V_{1n}=\sum a_k x_{ink}=a_0+a_1F_{p_{1n}}+a_2T_{1n}+a_3S_{1n} \tag{9.5}$$

模型二：

$$V_{1n}=\sum b_k x_{ink}=b_0+b_1F_{p_{1n}}+b_2I_{1n}+b_3W_{1n}+b_4S_{1n} \tag{9.6}$$

模型三：

$$V_{1n}=\sum c_i x_{ink}=c_0+c_1F_{p_{1n}}+c_2I_{1n}+c_3F_{r_{1n}}+c_4S_{1n} \tag{9.7}$$

其中：F_p——停车费（Parking Fee）；

T——利用 P&R 系统的出行时间（Time）；

S——收入（Salary）；

I——换乘公交的车内时间（In-vehicle Time）；

W——换乘公交的步行时间（Walking Time）

F_r——换乘公交的发车频率（Bus Frequency）；

a、b、c——各特性变量对应的参数。

选择方案二（全程自驾车）的效用函数可参照式（9.5）~式（9.7）中的变量对应

定义，模型一、二、三的效用函数特性变量及固定项分别总结如表 9.1~表 9.3 所示。

表 9.1 停车换乘选择行为模型（一）效用函数固定项

	特性变量			
选择方案	固有哑元	停车费	出行时间	收入
P&R（i=1）	1	$F_{p_{1n}}$	T_{1n}	S_{1n}
全程自驾车（i=2）	0	$F_{p_{2n}}$	T_{2n}	0
参数	a_0	a_2	a_1	a_3

表 9.2 停车换乘选择行为模型（二）效用函数固定项

	特性变量				
选择方案	固有哑元	停车费	车内时间	步行时间	收入
P&R（i=1）	1	$F_{p_{1n}}$	T_{1n}	W_{1n}	S_{1n}
全程自驾车（i=2）	0	$F_{p_{2n}}$	T_{2n}	0	0
参数	b_0	b_3	b_1	b_2	b_4

表 9.3 停车换乘选择行为模型（三）效用函数固定项

	特性变量				
选择方案	固有哑元	停车费	车内时间	发车频率	收入
P&R（i=1）	1	$F_{p_{1n}}$	T_{1n}	$F_{r_{1n}}$	S_{1n}
全程自驾车（i=2）	0	$F_{p_{2n}}$	T_{2n}	0	0
参数	c_0	c_3	c_1	c_2	c_4

9.2.1.4 停留多日者的效用函数固定项

根据第 5 章中的一阶段调查结果，停留多日者参观世博会的出行活动链与当日往返者完全不同。假设该类人群停留期间选择在中心城内住宿，则可能的行程活动安排如下：

（1）首先到达宾馆，再由宾馆去往世博会。

有三种方式选择：① 在去往宾馆的途中采用 P&R，换乘公交去宾馆，在市内停留期间全程放弃使用小汽车，结束行程后至 P&R 处取车返回其出发城市；② 不采用 P&R，先开小汽车至宾馆，然后自驾车至世博会；③ 不采用 P&R，自驾车至宾馆，然后以其他方式（如出租车、专线大巴、轨道交通等）至世博会。

（2）直接去往世博会，参观结束后返回宾馆。

有两种方式选择：① 在去往世博会的途中采用 P&R，换乘公交至世博会，在市内停留期间全程放弃小汽车，结束行程后至 P&R 处取车返回其出发城市；② 不采用 P&R，直接自驾车至世博会，再返回宾馆。

两种情形下的第一种方式选择 P&R，意味着自驾车出游多日以上的人群中途放弃使用小汽车，其可能性非常小，换言之，停留多日且选择中心城内住宿的自驾车参观者，选择 P&R 方式的可能性较小。

因此，为了截流去往中心城的私人小汽车，可行的重要对策之一是结合郊区新城的发展，吸引停留多日者在郊区新城住宿，然后选择利用郊区新城的 P&R 系统进入市区。此时出行链转变为以下形式（图 9.2）。

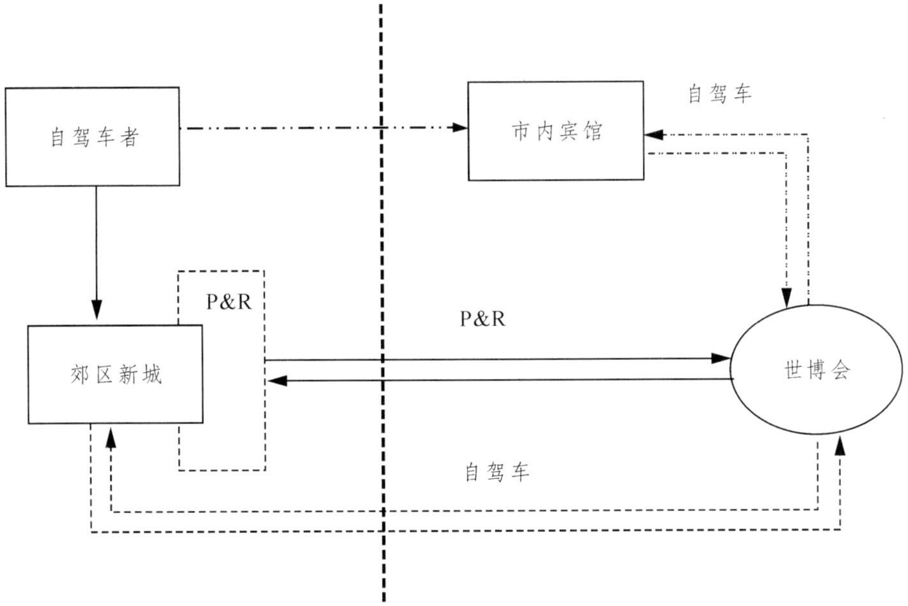

图 9.2　停留多日者利用郊区新城 P&R 系统的世博会出行链

对此种模式，首先需要增强郊区新城的吸引力，吸引自驾车者在郊区新城住宿，然后引导人们选择停车换乘，以达到“截流转换”的目的。

郊区新城的吸引力主要体现为较市区低廉的宾馆住宿费，低廉甚至免费的停车费，良好的自然环境、旅游资源、餐饮、票务、信息等配套服务，等等。“郊区新城吸引力指数”这一指标，特指郊区新城建设的世博基地，除交通方面的因素外，在宾馆住宿、餐饮、环境、旅游资源、费用等多方面综合起来，与市区吸引力相比的比值。“>1”表示吸引力较市区大，“<1”表示吸引力较市区小。

停留多日者的特性变量选取“利用 P&R 系统后的换乘公交的车内时间”“停车费的变化量”“郊区新城吸引力指数”，选择 P&R 方式的效用函数固定项表示为

$$V_{1n}=\sum d_k x_{ink}=d_0+d_1A_{1n}+d_2F_{p_{1n}}+d_3T_{1n}+d_4S_{1n} \tag{9.8}$$

其中：A——郊区新城的吸引力指数（Attraction Index）；

d_i——各特性变量对应的参数；

T、F_p、S 的含义与式（9.5）~式（9.7）中相同。

将停留多日者的停车换乘选择行为模型称为模型四，其效用函数固定项如表 9.4 所示。

表 9.4 停车换乘选择行为模型（四）效用函数固定项

	特性变量				
选择方案	固有哑元	吸引力指数	停车费	出行时间	收入
P&R（i=1）	1	A_{1n}	$F_{P_{1n}}$	T_{1n}	S_{1n}
全程自驾车（i=2）	0	A_{2n}	$F_{P_{2n}}$	T_{2n}	0
参数	d_0	d_1	d_3	d_2	d_4

9.2.2 效用函数随机项

效用随机项（ε）是由出行者的选择行为产生，它主要包括两方面的内容：

（1）出行者本身所产生的随机效用，即由于出行者自身对确定性效用（U）的估计偏差所产生。

（2）系统产生的随机效用，即由于出行者的选择行为偏好受到其他出行者的影响所产生。

在问题解析中，通常采用确定向量与服从一定概率分布的变动系数乘积来确定 ε。确定 ε 中的概率分布和分布参数可根据经验法。假设随机效用 ε 的分布密度函数为

$$F(\varepsilon) = \mu e^{-\mu(\varepsilon-\eta)} \exp[-e^{-\mu(\varepsilon-\eta)}] \tag{9.9}$$

且 ε 服从参数为(η,μ)的 Gumbel 分布，则 ε_j 为独立且服从参数(η_j,μ)的 Gumbel 分布。$\max(\varepsilon_1,\ \varepsilon_2,\ \cdots,\ \varepsilon_j)$同样为 Gumbel 分布，参数为$\left(\frac{1}{\mu}\sum e^{\mu\eta_j},\ \varpi\right)$。

9.2.3 停车换乘选择行为离散选择模型

在确定了效用函数固定项和随机项后，就可以计算出自驾车者选择行为所产生的效用，将效用函数代入式（9.13），即得到自驾车出行者 n 选择 P&R 模式（选择方案 i=1）的概率。四种模型的表达式分别如下：

模型一：

$$P_{1n} = \frac{e^{(a_0+a_1Fp_{1n}+a_2T_{1n}+a_3S_{1n})}}{e^{(a_0+a_1F_{P1n}+a_2T_{1n}+a_3S_{1n})}+e^{(a_1F_{P2n}+a_2T_{2n})}} \tag{9.10}$$

模型二：

$$P_{1n} = \frac{e^{(b_0+b_1F_{P1n}+b_2I_{1n}+b_3W_{1n}+b_4S_{1n})}}{e^{(b_0+b_1F_{P1n}+b_2I_{1n}+b_3W_{1n}+b_4S_{1n})}+e^{(b_1F_{P2n}+b_2I_{2n})}} \tag{9.11}$$

模型三：

$$P_{1n} = \frac{e^{(c_0+c_1F_{P1n}+c_2I_{1n}+c_3Fr_{1n}+c_4S_{1n})}}{e^{(c_0+c_1F_{P1n}+c_2I_{1n}+c_3Fr_{1n}+c_4S_{1n})}+e^{(c_1F_{P2n}+c_2I_{2n})}} \tag{9.12}$$

模型四：

$$P_{1n}=\frac{e^{(d_0+d_1A_{1n}+d_2F_{p1n}+d_3T_{1n}+d_4S_{1n})}}{e^{(d_0+d_1A_{1n}+d_2F_{p1n}+d_3T_{1n}+d_4S_{1n})}+e^{(d_1A_{2n}+d_2F_{p2n}+d_3T_{2n})}} \tag{9.13}$$

式中，各参数含义与式（9.5）~式（9.8）以及表 9.1~表 9.4 中相同。

为了标定模型中的未知参数，需要针对性进行停车选择行为的 SP 调查，即通过设定不同变量水平组合的情况，调查得到个人的意向选择偏好数据，代入模型进行计算。下文将分别论述停车选择行为 SP 调查和模型的标定与检验。

9.3 停车换乘选择行为 SP 调查

基于四类停车换乘选择行为模型，SP 调查分为四种类型的问卷调查，分别针对不同行程安排、不同换乘公交方式以及不同地区，如图 9.3 所示。除了选择方案属性的设问以外，SP 调查问卷中还包括收入、职位、性别、年龄等个人属性方面的问题。下面分别就不同假设变量的问卷设计进行说明。

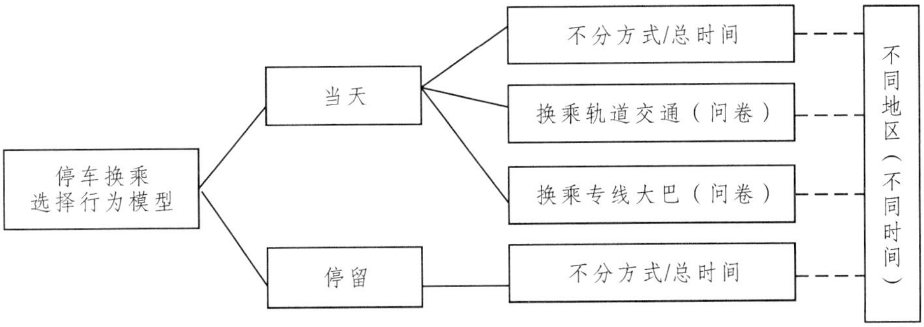

图 9.3 停车换乘选择行为 SP 调查分类

9.3.1 当日往返者的 SP 调查方案设计

9.3.1.1 SP 调查问卷一

问卷一是针对模型一设计的，选择方案包含两个变量：利用 P&R 系统后的出行时间和停车费。两个变量分别设置四个水平、三个水平。

表 9.5 问卷一 P&R 假设条件

问　题	P&R	
	停车费节省	时间增加
1	−25%	0
2	−25%	+ 15%
3	−25%	+ 30%

续表

问　题	P&R	
	停车费节省	时间增加
4	−25%	+ 45%
5	−50%	0
6	−50%	+ 15%
7	−50%	+ 30%
8	−50%	+ 45%
9	−100%	0
10	−100%	+ 15%
11	−100%	+ 30%
12	−100%	+ 45%

为了调查和建模方便，变量用相对值表示，即出行时间和停车费自 P&R 设施处为起点计算，使用小汽车方式的出行时间和停车费为 1，则利用 P&R 方式后的出行时间和停车费表示为增加或减少的百分比：P&R 方式的出行时间增加分别为 0、15%、30%、45%；停车费节省分别为 25%、50%、100%。

两变量组合后的假设条件如表 9.5 所示。

被调查者在上述组合情形下，选择是否会采用 P&R 方式。

9.3.1.2　SP 调查问卷二

问卷二是针对模型二设计的，假设停车换乘处衔接的公交方式是轨道交通，选择方案包含三个变量：利用 P&R 系统后的换乘公交的车内时间、步行时间和停车费。

表 9.6　问卷二 P&R 假设条件

问题	P&R		
	停车费节省	车内时间增加	换乘公交的步行时间/分钟
1	−25%	0	5
2	−25%	0	10
3	−25%	+ 15%	5
4	−25%	+ 15%	10
5	−25%	+ 30%	5
6	−25%	+ 30%	10
7	−50%	0	5
8	−50%	0	10
9	−50%	+ 15%	5
10	−50%	+ 15%	10

续表

问题	P&R		
	停车费节省	车内时间增加	换乘公交的步行时间/分钟
11	-50%	+30%	5
12	-50%	+30%	10
13	-100%	0	5
14	-100%	0	10
15	-100%	+15%	5
16	-100%	+15%	10
17	-100%	+30%	5
18	-100%	+30%	10

根据 P&R 选择行为初步调查结果，40%的人可接受的换乘公交步行时间在 5 分钟以内，75%可以接受 8 分钟以内，89%的人可接受 10 分钟以内，故步行时间设置 5 分钟与 10 分钟两个水平。全程自驾车方式的步行时间默认为 0。

与问卷一类似，出行时间和停车费用自 P&R 设施处为起点计算，使用小汽车方式的车内时间和停车费为 1，利用 P&R 系统后的换乘公交的车内时间及停车费表示为增加或减少的百分比，则有：P&R 系统换乘公交的车内时间增加设置三个水平，分别为 0、15%、30%；停车费节省设置三个水平，分别为 25%、50%、100%；步行时间设置两个水平，分别为 5 分钟、10 分钟。

三变量组合后的假设条件如表 9.6 所示。

被调查者在上述组合情形下，选择是否会采用 P&R 方式。

9.3.1.3 SP 调查问卷三

问卷三假设 P&R 处换乘世博专线大巴（或快速公交），选择方案包含三个变量：利用 P&R 系统后的换乘公交的车内时间、等车时间和停车费。

根据 P&R 选择行为初步调查结果，35%可接受 10 分钟的等车时间，70%的人可以接受 20 分钟以内，故等车时间设置 10 分钟与 20 分钟两个水平。全程自驾车方式的等车时间默认为 0。

出行时间和停车费用自 P&R 设施处为起点计算，使用小汽车方式的车内时间及停车费为 1，利用 P&R 系统后换乘公交的车内时间及停车费表示为增加或减少的百分比，则有：P&R 系统换乘公交的车内时间的增加设置三个水平，分别为 0、15%、30%；停车费节省设置三个水平，分别为 25%、50%、100%；专线大巴的等车时间设置两个水平，分别为 10 分钟、20 分钟。

三变量组合后的假设条件如表 9.7 所示。

表 9.7 问卷三 P&R 假设条件

问题	P&R		
	停车费节省	车内时间增加	换乘公交的等候时间/分钟
1	−25%	0	10
2	−25%	0	20
3	−25%	+15%	10
4	−25%	+15%	20
5	−25%	+30%	10
6	−25%	+30%	20
7	−50%	0	10
8	−50%	0	20
9	−50%	+15%	10
10	−50%	+15%	20
11	−50%	+30%	10
12	−50%	+30%	20
13	−100%	0	10
14	−100%	0	20
15	−100%	+15%	10
16	−100%	+15%	20
17	−100%	+30%	10
18	−100%	+30%	20

被调查者在上述组合情形下，选择是否会采用 P&R 方式。

9.3.2 停留多日者的 SP 调查方案设计

停留多日者的 SP 调查问卷四针对模型四设计，选择方案包含三个变量：利用 P&R 系统后的出行时间、停车费的变化量、郊区新城吸引力指数。

出行时间和停车费用自 P&R 设施处为起点计算，使用小汽车方式的出行时间、停车费、市区住宿的吸引力为 1，利用 P&R 系统后的出行时间、停车费的变化量表示为增加或减少的百分比，则有：利用 P&R 系统后的出行时间增加设置三个水平，分别为 0、15%、30%；停车费节省设置三个水平，分别为 25%、50%、100%；郊区新城吸引力指数设置两个水平，分别为<1（假设为 0.8）、>1（假设为 1.2）。

三变量组合后的假设条件如表 9.8 所示。

表 9.8 问卷四 P&R 假设条件

问题	P&R		
	新城吸引力指数	停车费节省	时间增加
1	0.8	-25%	0
2	1.2	-25%	0
3	0.8	-25%	+15%
4	1.2	-25%	+15%
5	0.8	-25%	+30%
6	1.2	-25%	+30%
7	0.8	-50%	0
8	1.2	-50%	0
9	0.8	-50%	+15%
10	1.2	-50%	+15%
11	0.8	-50%	+30%
12	1.2	-50%	+30%
13	0.8	-100%	0
14	1.2	-100%	0
15	0.8	-100%	+15%
16	1.2	-100%	+15%
17	0.8	-100%	+30%
18	1.2	-100%	+30%

被调查者在上述组合情形下，采用 P&R 系统对以下三种情况做出选择：（1）不会在新城住宿；（2）在新城住宿，但仍然自驾车去世博会；（3）在新城住宿。

9.3.3 调查方案的实施

停车换乘选择行为 SP 调查于 2006 年 5 月 1 日 8:00—18:00，在沪杭高速公路沿线的枫泾和嘉兴服务区进行，调查对象主要是浙江省（包括部分江苏省）自驾车者去往上海的人群，采取的办法是调查员对在该服务区内的停车者进行解释和询问，当面填写调查表。由于几乎没有获得样本母体的可能，采用的调查方法是非随机抽样。

选择该时间和地点的原因是：

（1）选取的被调查对象均来自江浙地区的自驾车且有意向参观 2010 年世博会，并在调查前进行询问筛选。

（2）选取的被调查对象的出行目的均为休闲旅游（在调查中询问筛选），因此与自驾车参观世博会的出行目的具有类似性。

（3）选取的被调查者均有超过多次（≥10 次）的当天往返自驾游经历（在调查过

程中询问筛选），若认为以往的经历可能对将来的行为习惯产生影响，则该部分人群在较大倾向上是，P&R 设施服务的目标人群。

（4）被调查人群所覆盖的浙江（江苏）城市面较为广泛，且其抽取具有某种程度上的随机性。

（5）调查前询问被调查者自驾车参观世博会，是否当日往返或停留数日，因此保证了各类型问卷的被调查对象符合问卷设计要求。

（6）获取样本数量的充裕性。嘉兴服务区的资料显示，2005 年该服务区日均停留的车流量 13 000 余辆。由于黄金周是休闲旅游出行的高峰期，车流量较平时更大，因此调查样本的数量得到保证。

此次调查共得到 746 份有效问卷，其中问卷一 166 份，问卷二 176 份，问卷三 202 份，问卷四 202 份，获得的 P&R 选择结果数据分别为 1992、3168、3636、3636 个样本。

9.3.4 调查结果统计

1）调查问卷一的 P&R 选择结果

问卷一如表 9.9 所示。结果显示，P&R 选择比例随时间的变化大于随费用的变化，说明对于当日往返者而言，时间变化是影响 P&R 选择的关键因素。

表 9.9 SP 调查问卷一的 P&R 选择结果

费用节省	总的时间增加	选择 P&R 的比例				
		性别		职位		
		男	女	普通员工	中层	高层
25%	0%	33%	33%	41%	27%	28%
25%	15%	17%	18%	22%	14%	12%
25%	30%	8%	3%	11%	4%	6%
25%	45%	3%	1%	5%	1%	3%
50%	0%	41%	43%	48%	39%	33%
50%	15%	22%	24%	26%	21%	16%
50%	30%	11%	7%	13%	9%	8%
50%	45%	4%	2%	6%	2%	5%
100%	0%	57%	63%	64%	53%	52%
100%	15%	32%	37%	37%	30%	28%
100%	30%	18%	17%	23%	15%	14%
100%	45%	9%	8%	12%	5%	9%

从性别上比较，当 P&R 出行时间增加小于 15%时，女性选择 P&R 的比例高于男性；当出行时间增加大于 15%时，女性选择 P&R 的比例低于男性，说明女性自驾车者对时间的忍耐程度较低。

从职位分布上比较，普通员工在各情形下选择 P&R 的比例均最高，尤其是当费用节省 100%时；中层几乎在各组合下选择 P&R 的比例最低；高层在时间增量最大的情形下，选择 P&R 的比例随时间增量的变化最缓慢。由此说明，停车价格政策对于职位或收入较低的人群更有效果，高层职位者对于时间的宽容度较高。

2）调查问卷二的 P&R 选择结果

问卷二的 P&R 选择结果分布见表 9.10。

表 9.10　SP 调查问卷二的 P&R 选择结果

停车费节省	车内时间增加	步行时间/分钟	选择 P&R 的比例				
			性别		职位		
			男	女	普通	中层	高层
25%	0%	5	32%	36%	29%	36%	36%
25%	0%	10	27%	26%	24%	28%	30%
25%	15%	5	22%	24%	18%	24%	27%
25%	15%	10	15%	14%	12%	14%	24%
25%	30%	5	10%	5%	9%	7%	15%
25%	30%	10	6%	4%	7%	3%	11%
50%	0%	5	46%	52%	48%	47%	43%
50%	0%	10	40%	35%	44%	35%	35%
50%	15%	5	30%	32%	31%	29%	29%
50%	15%	10	22%	26%	25%	20%	26%
50%	30%	5	20%	14%	23%	12%	28%
50%	30%	10	11%	11%	14%	6%	17%
100%	0%	5	73%	84%	77%	74%	71%
100%	0%	10	71%	66%	74%	68%	66%
100%	15%	5	60%	61%	61%	61%	56%
100%	15%	10	41%	35%	41%	37%	44%
100%	30%	5	32%	16%	38%	22%	32%
100%	30%	10	27%	15%	30%	18%	30%

与问卷一具有类似的规律，女性在车内时间增加小于 15%时，女性选择 P&R 比例高于男性；女性在车内时间增加大于 15%时，该比例低于男性。

从职位分布上比较，普通员工在停车费节省较多时，选择 P&R 比例最高；中层、高层在时间增量较小时，选择 P&R 比例较高，高层在时间增量最大（30%）时，选择 P&R 比例相比中层、普通员工较高，说明高层受时间的影响较小。

3）调查问卷三的 P&R 选择结果

从表 9.11 的统计结果可知：女性选择 P&R 的比例在各种假设条件下几乎均低于男性；从职位分布上比较，在费用节省较少（25%）时，中层职位者随时间递增的选择比例下降最快，普通员工次之，高层则下降最慢；当费用节省最多（100%）时，普通员工选择 P&R 的比例最高，而且随时间递增的下降幅度最小，中层仍然是下降幅度最大的。总体来说，普通员工对费用变化较为敏感，中层人员对时间变化较为敏感，相对而言高层对 P&R 的接受认知程度较高，受时间、费用的影响较小。

表 9.11 SP 调查问卷三的 P&R 选择结果

费用节省	车内时间增加	候车时间/分钟	选择 P&R 的比例				
			性别		职位		
			男	女	普通	中层	高层
25%	0%	10	14%	12%	15%	15%	12%
25%	0%	20	4%	3%	4%	4%	3%
25%	15%	10	3%	1%	4%	3%	2%
25%	15%	20	1%	1%	1%	1%	1%
25%	30%	10	1%	0%	1%	1%	1%
25%	30%	20	1%	0%	1%	1%	1%
50%	0%	10	28%	18%	25%	28%	28%
50%	0%	20	18%	12%	17%	17%	16%
50%	15%	10	11%	4%	10%	10%	9%
50%	15%	20	5%	3%	6%	5%	4%
50%	30%	10	1%	0%	1%	1%	1%
50%	30%	20	1%	0%	1%	1%	1%
100%	0%	10	61%	55%	59%	59%	60%
100%	0%	20	42%	39%	42%	40%	43%
100%	15%	10	26%	19%	26%	24%	24%
100%	15%	20	17%	17%	20%	16%	14%
100%	30%	10	7%	6%	10%	5%	7%
100%	30%	20	5%	5%	8%	2%	5%

4）调查问卷四的 P&R 选择结果

问卷四是针对停留多日者的调查，如表 9.12、表 9.13 所示。结果显示，当新城吸引力指数低于市区时，大部分都选择不住新城，选择住新城的人群中，开小汽车和采用 P&R 的比例相当；当新城吸引力指数高于市区时，选择住新城且采用 P&R 的比例要高于其他两种选择。

表 9.12　SP 调查问卷四的 P&R 选择结果（分职业）

新城吸引力指数	费用节省	总的时间增加	各选择方案的比例								
			不住新城			住新城但开小汽车			住新城且采用 P&R		
			普通员工	中层	高层	普通员工	中层	高层	普通员工	中层	高层
0.8	25%	0%	58%	76%	76%	46%	17%	25%	7%	10%	4%
0.8	25%	15%	59%	82%	80%	40%	15%	22%	7%	9%	3%
0.8	25%	30%	64%	97%	92%	20%	10%	6%	10%	5%	2%
0.8	50%	0%	44%	65%	68%	57%	35%	41%	9%	8%	4%
0.8	50%	15%	48%	69%	72%	49%	30%	44%	9%	9%	3%
0.8	50%	30%	57%	86%	88%	25%	23%	15%	11%	6%	1%
0.8	100%	0%	33%	59%	58%	61%	35%	33%	16%	14%	10%
0.8	100%	15%	39%	65%	65%	56%	29%	34%	15%	13%	7%
0.8	100%	30%	48%	82%	86%	27%	21%	13%	22%	9%	2%
1.2	25%	0%	22%	25%	40%	45%	37%	36%	41%	50%	20%
1.2	25%	15%	24%	32%	44%	40%	33%	27%	44%	49%	20%
1.2	25%	30%	29%	43%	52%	31%	25%	17%	52%	46%	19%
1.2	50%	0%	10%	19%	27%	43%	48%	67%	40%	37%	15%
1.2	50%	15%	12%	25%	32%	37%	49%	62%	45%	35%	15%
1.2	50%	30%	18%	34%	39%	32%	42%	40%	53%	38%	18%
1.2	100%	0%	4%	11%	17%	36%	30%	33%	35%	34%	18%
1.2	100%	15%	6%	16%	20%	34%	32%	35%	43%	36%	20%
1.2	100%	30%	11%	23%	22%	29%	28%	31%	61%	47%	27%

表 9.13　SP 调查问卷四的 P&R 选择结果（分性别）

新城吸引力指数	费用节省	总的时间增加	各选择方案的比例					
			不住新城		住新城但开小汽车		住新城且采用 P&R	
			男	女	男	女	男	女
0.8	25%	0%	70%	72%	22%	32%	6%	4%
0.8	25%	15%	74%	71%	19%	27%	6%	5%
0.8	25%	30%	87%	71%	9%	17%	4%	7%
0.8	50%	0%	61%	48%	27%	62%	7%	7%
0.8	50%	15%	65%	55%	25%	52%	7%	6%
0.8	50%	30%	83%	54%	13%	33%	5%	9%

续表

新城吸引力指数	费用节省	总的时间增加	各选择方案的比例					
			不住新城		住新城但开小汽车		住新城且采用 P&R	
			男	女	男	女	男	女
0.8	100%	0%	52%	41%	32%	53%	14%	14%
0.8	100%	15%	59%	46%	26%	54%	12%	12%
0.8	100%	30%	78%	46%	14%	31%	9%	19%
1.2	25%	0%	27%	37%	31%	29%	44%	30%
1.2	25%	15%	32%	38%	27%	27%	42%	34%
1.2	25%	30%	42%	37%	18%	27%	40%	37%
1.2	50%	0%	21%	10%	33%	39%	45%	56%
1.2	50%	15%	25%	14%	32%	32%	42%	58%
1.2	50%	30%	33%	17%	24%	38%	40%	55%
1.2	100%	0%	12%	5%	23%	28%	62%	77%
1.2	100%	15%	16%	5%	23%	29%	58%	80%
1.2	100%	30%	21%	8%	19%	30%	55%	80%

停留多日者与当日往返者相比，差异在于新城吸引力是影响 P&R 选择的关键因素，且费用因素对选择结果的影响大于时间因素。

从职业分布看，当新城吸引力指数较低时，中层和高层职位大部分选择不住新城，普通员工选择住新城的比例较高，且费用愈节省，选择 P&R 的比例增幅愈高于中层和高层。当新城吸引力指数高于市区时，高层的选择行为改变不大，而中层和普通员工则较多的转移到住新城且采用 P&R，费用对普通员工的选择行为影响较大，对中层的选择行为影响则较小。

性别分布显示，当新城吸引力指数低时，男性选择不住新城的比例高于女性，在选择住新城的人群中，女性较多的采用小汽车出行，而男性较多的采用 P&R；当新城吸引力指数较高时，更多的男性转移到住新城且大部分采用 P&R。另外，费用对于女性选择行为的影响较大，时间对于男性的选择行为影响较大。

9.4 模型的标定检验与结果解析

9.4.1 停车换乘行为模型的标定与检验

将调查问卷得到的样本数据整理，根据表 9.1~表 9.4 所示的效用函数建立模型参数标定需要的数据结构。以模型一为例，样本整理后的数据结构如表 9.14 所示。

表 9.14　停车换乘选择行为模型一的数据结构

样本编号 n	选择 7 方案 i	选择结果 δ_{in}	固有哑元 X_{in}	停车费用 $F_{p_{in}}$	出行时间 T_{in}	收入 S_{in}	城市
1	P&R（i=1）	0	1	0	1.45	100	杭州
	小汽车（i=2）	1	0	1	1	0	
2	P&R（i=1）	1	1	0	1.3	10	嘉兴
	小汽车（i=2）	0	0	1	1	0	
3	P&R（i=1）	1	1	0	1.15	100	杭州
	小汽车（i=2）	0	0	1	1	0	
4	P&R（i=1）	1	1	0	1	100	宁波
	小汽车（i=2）	0	0	1	1	0	
5	P&R（i=1）	0	1	0.75	1.3	4	嘉兴
	小汽车（i=2）	1	0	1	1	0	
…	…	…	…	…	…	…	…
未知参数			a_0	a_1	a_2	a_3	/

对未知参数 a_i 的标定采用最大似然估计法，对模型一即式（9.10）构造似然函数：

$$L^* = \prod_{n=1}^{N} P_{2n}^{\delta_{2n}} P_{2n}^{\delta_{2n}} \tag{9.14}$$

对 L^* 取对数，得到对数似然函数：

$$L = \sum_{i=1}^{N} \left[\delta_{1n} \ln\left(\frac{1}{1+\mathrm{e}^{-\theta'(X_{1n}-X_{2n})}} \right) + \delta_{2n} \ln\left(\frac{\mathrm{e}^{-\theta'(X_{1n}-X_{2n})}}{1+\mathrm{e}^{-\theta'(X_{1n}-X_{2n})}} \right) \right] \tag{9.15}$$

对上式 a_i 分别求解偏导数，令偏导数为零，即可确定系数 a_i 的值。采用牛顿-拉普松（Newton-Raphson，NR）法，编写 MATLAB 数值计算程序，对 a_i 值进行求解。

模型的相关统计量的检验如下：

（1）t 检验：当 t 的绝对值大于 1.96（2.576）时，在 95%（99%）的可靠性水平上认为该参数相应的变量是对选择概率产生影响的因素；反之，在 95%（99%）的可靠性水平上认为该参数相应的变量对选择概率不产生影响。

（2）$-2(L(0)-L(\hat{\theta}))=\chi_0^2$，是检验所有的参数的值是否为零的假设的统计量；当 $\chi_0^2>\chi_\alpha^2$（α=5%或 1%）时，在 95%（或 99%）的可靠性水平上拒绝所有参数全为 0 的假设。

（3）$-2(L(c)-L(\hat{\theta}))=\chi_c^2$，是检验选择方案固有哑元以外的参数的值是否为零的假设的统计量；当 $\chi_c^2>\chi_\alpha^2$（α=5%或 1%）时，在 95%（或 99%）的可靠性水平上拒绝选择方案固有哑元以外的参数的值全为 0 的假设。

（4）命中率 Hit，表示观测的实际选择行为的结果与用模型预测的结果一致率。该值越接近 1，命中率越高。通常在实践中，Hit 能达到 70%～80%，则该模型的精度可视为相当高。

对调查问卷一所获得的 1 992 个样本数据，应用 MATLAB 程序计算，初步计算的结果显示 a_4 的 t 检验值无意义，即在 99%的可靠性水平上认为该参数对应的收入变量对选择概率不产生影响，因此，需要将收入从影响因素中剔除后重新计算，得到的结果如表 9.15 所示。

表 9.15　模型一的参数计算结果

变　量	固有哑元	停车费用	出行时间
参　数	a_0	a_1	a_2
	−1.0231	−1.4607	−6.8087
t 检验值	−11.409	−13.8349	5.993325
$-2(L(0)-L(\hat{\theta}))=\chi_0^2$	285.5669		
$-2(L(c)-L(\hat{\theta}))=\chi_c^2$	3705.70		
命中率 Hit	73.39%		

同理，得到模型二、模型三、模型四的参数计算结果，如表 9.16~表 9.18 所示。

“收入”项的调查结果差异较大，范围在几万元到一百余万元之间，且较多为大概范围，可靠性较低，经计算收入项的参数值均没有通过 t 检验，因此在最后结果中将收入变量剔除后重新应用 MATLAB 程序计算；模型四中的出行时间参数值 c_3 也未通过 t 检验，因此在 99%的可靠性水平上认为出行时间变化对停留多日者的 P&R 选择概率基本无影响，表 9.19 中列出的结果是除出行时间变量后重新计算的参数值。

表 9.16　模型二的参数计算结果

变量	固有哑元	停车费	车内时间	步行时间
参数	b_0	b_1	b_2	b_3
	−1.263 3	−1.553 9	−5.949	−0.062
t 检验值	−2.774 261	−8.331 46	−8.406 27	−2.343 38
$-2(L(0)-L(\hat{\theta}))=\chi_0^2$	296.898 4			
$-2(L(c)-L(\hat{\theta}))=\chi_c^2$	2 526.1			
命中率 Hit	67.55%			

表 9.17　模型三的参数计算结果

变量	固有哑元	停车费	车内时间	发车频率
参数	c_0	c_1	c_2	c_3
	−1.238 1	−2.456 3	−8.623 4	−0.056 9
t 检验值	−3.645 3	−8.769 2	−9.590 1	−4.001 1
$-2(L(0)-L(\hat{\theta}))=\chi_0^2$	577.57			
$-2(L(c)-L(\hat{\theta}))=\chi_c^2$	3047.80			
命中率 Hit	73.05%			

表 9.18　模型四的参数计算结果

变量	固有哑元	停车费	出行时间	吸引力指数
参数	d_0	d_1	d_2	d_3
	−1.989 0	−1.323 3	(−0.351 0)	5.436 3
t 检验值	−4.388 0	−4.297 8	(−0.750 4)	8.627 6
$-2(L(0)-L(\hat{\theta}))=\chi_0^2$	411.933 2			
$-2(L(c)-L(\hat{\theta}))=\chi_c^2$	936.059 4			
命中率 Hit	70.74%			

从上述结果来看，模型一、模型二、模型三的参数计算与检验均通过要求，且精度较高，由此可知模型结果能较好地反映停车换乘的选择行为。

表 9.19　停车换乘选择行为模型（当日往返者）

类型		模型结果	说　明
当日往返者的 P&R 选择模型	模型一	$P_{1n}=\dfrac{1}{1+\mathrm{e}^{1.0231-1.4607\Delta F_p+6.8087\Delta T}}$	不分换乘公交方式，模型变量为停车费节省 ΔF_p 和总的出行时间增加 ΔT
	模型二	$P_{1n}=\dfrac{1}{1+\mathrm{e}^{1.2633-1.5539\Delta F_p+5.949\Delta I+0.062W}}$	换乘公交为轨道交通，模型变量为停车费节省 ΔF_p、车内时间增加 ΔI、和换乘轨道的步行时间 W
	模型三	$P_{1n}=\dfrac{1}{1+\mathrm{e}^{1.2381-2.4563\Delta F_p+8.6234\Delta I+0.0569F_r}}$	换乘公交为专线大巴，模型变量为停车费节省 ΔF_p、车内时间增加 ΔI、专线大巴的发车频率 F_r
停留多日者的 P&R 选择模型	模型四	$P_{1n}=\dfrac{1}{1+\mathrm{e}^{1.9890-1.3233\Delta F_p-4.4363\Delta A}}$	不分换乘公交方式，模型变量为停车费节省 ΔF_p、郊区新城/市区吸引力指数差 ΔA

将参数值代入式（9.10）~式（9.13），则得到如表 9.19 所示的四类停车换乘选择行为。为了便于对比分析 P&R 模式相对于原自驾车方式的差异，模型中的变量均表达为两者的相对差值。

模型中各变量符号说明如下：

P_{1n}：个体选择停车换乘 P&R 方式的概率。

ΔF_p：以世博园入口就近停车的停车费为 1 计，P&R 模式的停车费节省的百分比绝对值（%）。

ΔT：以自驾车自 P&R 设施处后总的出行时间为 1 计，P&R 模式出行时间增加的百分比绝对值（%）。

ΔI：以自驾车自 P&R 设施处后的车内时间（in-vehicle time）为 1 计，P&R 模式的车内时间增加的百分比绝对值（%）。

W：当换乘公交为轨道交通时，自 P&R 设施处至换乘轨道交通之间的步行时间（分钟）。

F_r：当换乘公交为专线大巴时，专线大巴的发车频率（分钟）。

ΔA：以市区的吸引力指数为 1 计，郊区新城的吸引力指数减去市区的吸引力指数的差值；

9.4.2 停车换乘行为模型结果分析

从当天往返者的三类模型可知：

（1）选择 P&R 模式的概率 P_{1n}，随时间变化量 ΔT，ΔI，W，F_r 的增加而减小，随停车费节省 ΔF_p 的增加而提高。

（2）时间变化量对应的系数是停车费变化量系数的数倍之上，说明对于 P&R 选择行为，时间因素的重要程度远超过费用因素。

（3）模型二和模型三说明，相对于出行的车内时间，步行时间和候车时间的重要性次之。

1）模型一

对模型一的结果（表 9.20）分析：

$$P_{1n}=\frac{1}{1+\mathrm{e}^{1.0231-1.4607\Delta F_p+6.8087\Delta T}}$$

（1）选择 P&R 模式的概率随着出行时间的增加迅速下降：当 P&R 处的停车免费，ΔT 从 0 增加至 50%时，P_{1n} 从 61%减小为 5%；当 P&R 处的停车费比中心区就近停车减少 50%，P_{1n} 从 43%减小为 2%。

（2）费用变化对 P&R 选择行为也有较大影响：当 ΔT 保持 0 不变时，ΔF_p 从免费变为 50%时，P_{1n} 降低了 18%。

表 9.20　模型一的 P&R 选择结果

ΔF_p	100%	100%	100%	100%	100%	100%	50%	50%	50%	50%	50%	50%
ΔT	0	10%	20%	30%	40%	50%	0	10%	20%	30%	40%	50%
P_{1n}	60.8%	43.9%	28.4%	16.7%	9.2%	4.9%	42.7%	27.4%	16.1%	8.8%	4.7%	2.4%

2）模型二

对模型二的结果（表 9.21）分析：

$$P_{1n}=\frac{1}{1+\mathrm{e}^{1.2633-1.5539\Delta F_p+5.949\Delta I+0.062W}}$$

（1）若 P&R 处停车费免费（ΔF_p=100%），轨道交通的步行时间为 3 ~ 15 min，ΔI 从 0 增加到 50%，P_{1n} 的减小幅度为 47% ~ 32%；当 ΔI 增加为 50%，P_{1n} 最高达到 19%；

（2）若 P&R 处停车费免费（ ΔF_p=100%），ΔI 为 0 ~ 50%，轨道交通的步行时间从 3 min 增加到 15 min，P_{1n} 的减小幅度为 18% ~ 3%；当 W 为 15 min，P_{1n} 最高达到 35%。

（3）为了分析停车价格政策对 P&R 选择行为的效果影响，将 ΔI 固定不变，分析 P_{1n} 随 ΔF_p 的变化情况；假设 ΔI=30%，ΔF_p 由 100%变为 50%时，P_{1n} 下降幅度为 8% ~ 4%，当步行时间 W 较小时，停车费的节省对 P&R 选择结果的影响更为显著。

由此可知，车内时间的影响远大于步行时间的影响，且步行时间对 P_{1n} 结果的影响随着车内时间的增加而增大；若时间增加在可以接受的范围内，人们对停车费用的敏感程度随着换乘时间服务水平的提高而增大。

表 9.21　模型二的 P&R 选择结果

ΔF_p	ΔI	W=3	W=5	W=8	W=10	W=15	ΔF_p	ΔI	W=3	W=5	W=8	W=10	W=15
100%	0	52.6%	49.5%	44.9%	41.8%	34.5%	100%	30%	15.7%	14.1%	12.0%	10.8%	8.1%
100%	10%	38.0%	35.1%	31.0%	28.4%	22.5%	90%	30%	13.8%	12.4%	10.5%	9.4%	7.0%
100%	20%	25.3%	23.0%	19.9%	18.0%	13.8%	80%	30%	12.0%	10.8%	9.1%	8.1%	6.1%
100%	30%	15.7%	14.1%	12.0%	10.8%	8.1%	70%	30%	10.5%	9.4%	7.9%	7.0%	5.3%
100%	40%	9.3%	8.3%	7.0%	6.2%	4.7%	60%	30%	9.1%	8.1%	6.8%	6.1%	4.5%
100%	50%	5.4%	4.8%	4.0%	3.5%	2.6%	50%	30%	7.9%	7.0%	5.9%	5.3%	3.9%

3）模型三

对模型三的结果（表 9.22）分析：

$$P_{1n} = \frac{1}{1+\mathrm{e}^{1.238\,1-2.456\,3\Delta F_p+8.623\,4\Delta I+0.056\,9Fr}}$$

（1）假设专线大巴发车频率 F_r 为 10、15、20、25、30 min 5 个水平，P&R 处停车免费（ ΔF_p=100%），则随着车内时间 ΔI 从 0 增加到 50%，P_{1n} 从 66%减小到 3%；ΔI 超过 20%后，选择 P&R 的比例低于 20%。

（2）假设 ΔI=20%不变，则随着停车费节省 ΔF_p 由 100%减小到 50%，P_{1n} 减少 15%，且随着发车频率 F_r 的增加，P_{1n} 的下降幅度变小，说明人们对停车费的敏感程度随着换乘专线大巴的时间服务水平时提高而增大。

表 9.22　模型三的 P&R 选择结果

ΔF_p	ΔI	F_r=10	F_r=15	F_r=20	F_r=25	F_r=30	ΔF_p	ΔI	F_r=10	F_r=15	F_r=20	F_r=25	F_r=30
100%	0%	65.7%	59.0%	52.0%	44.9%	38.0%	100%	20%	25.4%	20.4%	16.2%	12.7%	9.9%
100%	10%	44.7%	37.8%	31.4%	25.6%	20.6%	90%	20%	21.1%	16.7%	13.1%	10.2%	7.9%
100%	20%	25.4%	20.4%	16.2%	12.7%	9.9%	80%	20%	17.3%	13.6%	10.6%	8.2%	6.3%
100%	30%	12.6%	9.8%	7.5%	5.8%	4.4%	70%	20%	14.0%	10.9%	8.5%	6.5%	5.0%
100%	40%	5.7%	4.4%	3.3%	2.5%	1.9%	60%	20%	11.3%	8.8%	6.7%	5.2%	3.9%
100%	50%	2.5%	1.9%	1.4%	1.1%	0.8%	50%	20%	9.1%	7.0%	5.4%	4.1%	3.1%

与换乘方式为轨道交通的模型二相比，换乘专线大巴的车内时间对选择 P&R 比例的影响更大。

4）模型四

对模型四的结果（表 9.23）分析：

$$P_{1n} = \frac{1}{1+\mathrm{e}^{1.989\,0-1.323\,3\Delta F_p-4.436\,3\Delta A}}$$

停留多日者的停车换乘选择行为与当日往返者完全不同，对后者最重要的影响因素“出行时间”在模型四中被认为基本可以忽略，停留多日者最重要的因素是郊区新城的吸引力 ΔA 大小，该项的参数值（4.436 3）是费用项 ΔF_p 的参数值（1.323 3）的数倍。表 9.23 显示，新城对出行者的吸引力是否高于市区，对 P&R 选择结果的影响悬殊，当新城的吸引力很低时，P_{1n} 几乎接近于零。

停留多日者的停车换乘选择行为与当日往返者完全不同，后者的总体 P&R 选择概率远高于前者，对后者最重要的影响因素“出行时间”在模型四中被认为基本可以忽略，停留多日者最重要的因素是郊区新城的吸引力 ΔA，ΔA 的参数值（4.436 3）是费用项 ΔF_p 的参数值（1.323 3）的数倍。

郊区新城作为世博基地对选择者的吸引程度，与许多因素有关，包括郊区新城届时 2010 年的发展程度、设施资源、环境、配套服务等，且受个人的需求与价值观判断的影响，因此对指标 ΔA 本身的评价需要进一步深入研究。本章仅分 $\Delta A>1$ 和 $\Delta A<1$ 两种假设情况，研究对停车换乘选择行为的影响。

表 9.23 显示，停留多日者的选择行为很大程度上受郊区新城吸引力大小的影响，新城对出行者的吸引力是否高于市区，对 P&R 选择结果的影响悬殊：当新城的吸引力很低时，P_{1n} 几乎接近于零，此时 P&R 停车费节省 ΔF_p 的影响甚微；当新城吸引力超过市区时，P_{1n} 最高可达到 60%，且随 ΔF_p 变化的增减幅度也较大。

表 9.23　模型四的 P&R 选择结果

ΔF_p	ΔA	P_{1n}	ΔF_p	ΔA	P_{1n}
100%	−0.5	3.3%	50%	−0.5	1.7%
100%	−0.4	5.5%	50%	−0.4	2.9%
100%	−0.3	9.1%	50%	−0.3	4.9%
100%	−0.2	14.8%	50%	−0.2	8.2%
100%	−0.1	23.0%	50%	−0.1	13.3%
100%	0	33.9%	50%	0	21.0%
100%	0.1	47.0%	50%	0.1	31.4%
100%	0.2	60.4%	50%	0.2	44.0%

模型一至模型四的分析再次说明，当日往返者是停车换乘模式吸引的重点对象，

对停留多日者，重点是要增强郊区新城的吸引力，吸引在郊区新城住宿，然后停车换乘，从而在一定的交通系统目标下，根据模型对影响因素（包括政策因素、服务水平）进行规划，引导私人小汽车以较满意的服务水平向公共交通方式转换，构建世博会多模式复合交通体系。

9.4.3 不同时间圈的停车换乘行为模型结果分析

不同区域到上海的距离不同，需要耗费的交通时间也不同，因此停车换乘选择行为差异较大。SP 初步调查中针对不同城市的停车换乘选择行为进行了定性分析；二阶段调查则根据距上海的交通时间，将调查对象的出发城市进行分类，建立不同时间圈的停车换乘行为模型，支持 P&R 规模预测。

将嘉兴/苏州划为 1 小时圈，杭州划为 2 小时圈，宁波/温州/台州/衢州等其余城市划为 4 小时圈。本节以模型三为例，将调查问卷三得到的人群样本据城市分类重新计算，得到各时间圈的停车换乘选择模型如表 9.24 所示。

表 9.24　分时间圈层的停车换乘选择行为模型

	总体	1 小时圈	2 小时圈	4 小时圈
选择方案哑元参数 b_1	−1.2381	−1.2717	−1.2376	−1.1538
t_1	−3.6453	−3.2356	−3.9287	−3.4892
停车费用参数 b_2	−2.4563	−2.5438	2.1672	3.0563
t_2	−8.7692	−8.6315	−9.0112	−8.2937
车内时间增加参数 b_3	−8.6234	−7.4865	8.5039	9.4127
t_3	−9.5901	−9.5028	−9.7736	−9.0114
步行时间参数 b_4	−0.0569	−0.0693	−0.0607	−0.0523
t_4	−4.0011	−4.1112	−4.3927	−3.8725
命中率 Hit	73.05%	71.45%	73.55%	72.13%

从各个时间圈的模型结果分析：

（1）停车费变化对 P&R 选择的影响程度，4 小时圈的最高，1 小时圈的次之，2 小时圈的最低。

（2）车内时间增量对 P&R 选择的影响程度，4 小时圈的最高，2 小时圈的次之，1 小时圈的最低。

（3）步行时间对 P&R 选择的影响程度，1 小时圈的最高，2 小时圈的次之，4 小时圈的最低。

由此可见，不同时间圈的 P&R 行为与费用之间并无显著关系，影响费用价值观的主要因素是收入或职位；随着时间圈的增大，不同城市除去交通时间外的可支配时间越少，因而对 P&R 系统的出行时间要求越高。

以嘉兴/苏州 1 小时圈模型为例，在不同的费用、时间值组合情况下，P&R 选择概率结果如表 9.25 所示。

表 9.25　模型三 1 小时圈（嘉/苏）的 P&R 选择结果

ΔF_p	ΔI	F_r=10	F_r=15	F_r=20	F_r=25	F_r=30	ΔF_p	ΔI	F_r=10	F_r=15	F_r=20	F_r=25	F_r=30
100%	0%	0.685	0.606	0.522	0.435	0.353	100%	20%	0.328	0.256	0.196	0.147	0.109
100%	10%	0.508	0.422	0.340	0.267	0.205	90%	20%	0.270	0.208	0.156	0.116	0.085
100%	20%	0.328	0.256	0.196	0.147	0.109	80%	20%	0.220	0.166	0.123	0.091	0.066
100%	30%	0.187	0.140	0.103	0.075	0.055	70%	20%	0.176	0.131	0.097	0.070	0.051
100%	40%	0.098	0.072	0.052	0.037	0.027	60%	20%	0.140	0.103	0.075	0.054	0.039
100%	50%	0.049	0.035	0.025	0.018	0.013	50%	20%	0.110	0.080	0.058	0.042	0.030

与模型三的总体样本对比，1 小时圈内的 P&R 选择比例要高于总体，同理计算可知，随着时间圈的增大，P&R 的选择比例逐渐降低。因此，相对而言，近距离城市自驾车人群是 P&R 模式吸引的重点。

9.4.4　P&R 模式的停车费与时间阈值

建立停车换乘模型的目的之一是研究政策性因素对选择行为的影响，同时支持停车换乘设施的需求规模预测。本章的模型和分析表明，停车费用和时间起到了调节停车换乘选择行为的作用，是影响 P&R 模式选择的重要因素，即某种停车费率、时间服务水平确定了相应的 P&R 模式的需求结构。

停车换乘作为多模式复合交通体系中实现私人交通方式向公共交通方式转换的关键环节，是服务和服从于一定的交通系统目标的，因此，需要探讨在一定的多模式复合交通体系的服务目标下 P&R 系统的停车费率、服务水平的阈值。此处阈值的含义为在该水平下，停车换乘模式的选择结果适应于一定的交通通道容量约束和系统服务目标，满足复合交通体系中的交通设施、需求结构、运输组织方式等各种要素的均衡运行。

根据《2010 年上海世博交通需求管理研究》对各种交通方式下的交通量预测和相应交通基础设施容量的预测，提出了将 30%的小汽车出行方式转换为公共交通方式的目标。以此作为多模式复合交通体系的服务目标，进一步假设其中 20% 来自江浙地区的自驾车参观者（山东、安徽等其他邻近省市及上海市内小汽车出行者占 10%），即 20%的江浙地区自驾车者选择 P&R 模式，在此目标下探讨停车费和换乘公交时间服务水平的阈值。

为了具体讨论某种换乘公交方式的车内时间、步行时间、发车频率的阈值，分别以模型二和模型三为例说明。

当换乘公交方式为轨道交通时，假设由 P&R 设施步行至轨道交通的时间为 5 min 和 10 min 两种情况，停车费节省为 25%、50%、100%三种情况，根据模型二得到轨道交通时间服务水平的阈值，如表 9.26 所示。

表 9.26 P&R 模式的停车费和轨道交通时间服务水平阈值

停车费节省 ΔF_p	100%	100%	50%	50%	25%	25%
车内时间增加 ΔI /min	23%	18%	16%	11%	10%	5%
步行时间 W/min	5	10	5	10	5	10
P_{in}	20.0%	19.8%	20.4%	20.2%	19.9%	19.7%

当换乘公交方式为专线大巴时，假设其发车频率为 20 分钟、30 分钟、40 分钟三种情况，停车费节省为 50%、100%两种情况，根据模型二得到轨道交通时间服务水平的阈值，如表 9.27 所示。

表 9.27 P&R 模式的停车费和专线大巴时间服务水平阈值

停车费节省 ΔF_p	100%	100%	100%	50%	50%	50%
车内时间增加 ΔI /min	17%	10%	4%	3%	0%	0%
发车频率 F_r/min	20	30	40	20	30	40
P_{in}	20.0%	20.6%	19.7%	19.7%	（15.2%）	（9.2%）

因此，为了实现 P_{1n}=20%的目标，对应的 P&R 模式停车费和时间阈值：

（1）当换乘公交方式为轨道交通，P&R 的位置距离轨道站点的步行时间在 10min 以内，P&R 处停车费变化值 ΔF_p =100%时，轨道交通的车内时间比自驾车时间增加需要满足 ΔI <23%；当 ΔF_p =25%时，需要满足 ΔI <10%。

（2）当换乘公交为专线大巴，发车频率假设在 40min 以内，P&R 处停车费变化值 ΔF_p =100%时，专线大巴的车内时间比自驾车时间增加需要满足 ΔI <17%；当 ΔF_p =50%时，则仅在发车频率为 20min 且 ΔI =3%时，可满足 P_{1n}=20%。

从上述分析可知，对于世博多模式复合交通体系中的重要环节——私人小汽车交通方式转换为公共交通方式，要实现 20% 的江浙地区自驾车者停车换乘的目标，即使在 P&R 停车费免费、步行时间 5 min、发车频率为 20 min 的情况下，公交方式的车内时间较自驾车时间增加也需要满足在 20% 以内，因此对于换乘公交的时间要求相当高，建议利用专线大巴（快速公交）的方式作为接驳，本节提出的公交服务水平阈值相应的可作为 P&R 处停车费政策、发车班次及行车时间等制定的参考依据。

9.5 停车换乘选择行为模型的应用

以浙江方向的自驾车世博会参观者为对象，应用停车换乘模型二和模型三进行实例研究。

根据世博会停车换乘设施圈层特征分类，提出如下假设：

（1）设置两处 P&R：在松江新城设置外围区永久性 P&R，在沪杭高速与外环交接处设置压力扩散区 P&R。

（2）换乘公交方式分为轨道交通和世博专线大巴（快速公交）两种。

（3）仅对沪杭高速公路方向自驾车分析（嘉兴杭州等），同理可得沪青平高速公路方向（湖州）的自驾车停车换乘分析。

（4）轨道交通的行车时间由平均站距与站数的乘积除以运营速度得到，取中心城内速度为 30 ~ 35 km/h，中心城外速度为 40 ~ 45 km/h，平均站距由各条线路具体计算得出。

P&R 的位置如图 9.4 所示。

图 9.4　沪杭高速方向停车换乘点设置示意图

注：1 为松江新城，2 为轨道线外环站。

停车换乘系统的位置、换乘公交方式等如图 9.5 所示。

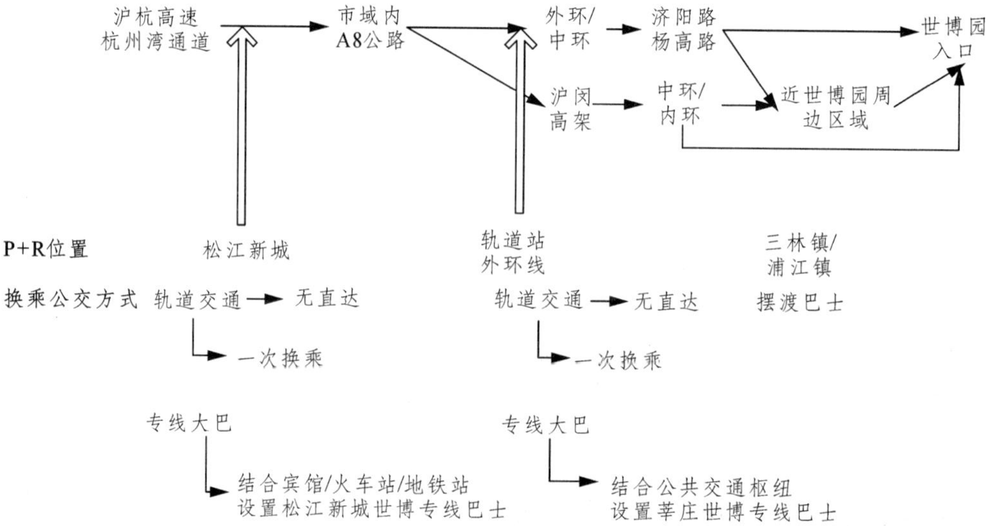

图 9.5　沪杭高速方向停车换乘系统示意图

1）在松江新城选择换乘

换乘方式为专线大巴，车内时间比自驾车增加 10%，自驾车以平均值 40 min 计。

换乘方式为轨道交通，市域轨道线 R4 起点在松江新城，无直达世博线路，需一次换乘，有两种方案：

（1）由 R4 线乘坐 19 站，换乘 M8 线乘坐 1 站，所需总车内时间为 71 min，比自驾车时间增加 78%；轨道交通步行时间按 5 min 和 10 min 两个水平计算。

（2）由 R4 线乘坐 14 站，换乘 M4 线乘坐 5 站，所需总车内时间为 67 min，比自驾车时间增加 68%。

可见，第二种方案较为节省时间，以第二种方案计算。

2）在轨道站外环线换乘

换乘方式为专线大巴，车内时间比自驾车增加 10%，自驾车以平均值 18 min 计。

换乘方式是轨道交通，无直达世博线路，需一次换乘，有两种方案：

（1）由 R1 线乘坐 6 站，换乘 M8 线乘坐 4 站，所需车内时间为 22 min，比自驾车时间增加 22%；步行时间按 5 min 和 10 min 两个水平计算。

（2）由 R1 线乘坐 9 站，换乘 M7 线乘坐 6 站，所需车内时间为 33 min，比自驾车时间增加 83%。

可见，第一种方案时间节省，以第一种方案计算。

松江新城 P&R 点换乘轨道交通的情形下，假设停车费较世博园就近停车节省 100%、75%、50%、25%，步行时间分别为 5 min 和 10 min，则根据模型二得到 P&R 选择结果，如表 9.28 所示。

表 9.28　松江新城停车换乘点 /换乘轨道交通的 P&R 系统选择比例

停车费用节省 $F_{p_{n1}}$	100%		75%		50%		25%	
车内时间增加 T_{n1}	68%							
步行时间（分）W_{n1}	5	10	5	10	5	10	5	10
选择 P&R 系统的比例	1.7%	1.2%	1.2%	0.8%	0.8%	0.6%	0.5%	0.4%

同理，外环线轨道站设置的 P&R 点，根据模型二得到 P&R 选择结果，如表 9.29 所示。

表 9.29　外环线轨道站停车换乘点 /换乘轨道交通的 P&R 系统选择比例

停车费用节省 $F_{p_{n1}}$	100%		75%		50%		25%	
车内时间增加 T_{n1}	22%							
步行时间（分）W_{n1}	5	10	5	10	5	10	5	10
选择 P&R 系统的比例	20.9%	16.3%	15.2%	11.6%	10.9%	8.2%	7.6%	5.7%

换乘专线大巴的情形下，由于认为专线大巴的车内时间均比自驾车时间增加 10%，则不同的停车换乘点的 P&R 选择比例是相同的，根据模型三得到 P&R 选择结果如表 9.30 所示。

表 9.30　换乘专线大巴的 P&R 系统选择比例

停车费用节省 $F_{p_{n1}}$	100%			75%			50%		
车内时间增加 T_{n1}	10%								
发车频率（分）W_{n1}	20	30	40	20	30	40	20	30	40
选择 P&R 系统的比例	31.4%	20.6%	12.8%	19.8%	12.3%	7.3%	11.8%	7.0%	4.1%

由上述的模型计算结果可知：

（1）松江新城的 P&R 系统如果与轨道交通衔接，则车内时间增加 68%，此时 P&R 选择比例很低（<1.7%）。

（2）松江新城的 P&R 系统如果与专线大巴衔接，则在停车免费和发车频率 20 min 时 P&R 选择比例达到 31%，停车免费和发车频率为 30 min，或停车费为世博就近停车的 1/4 与发车频率为 20 min 的组合下，P&R 选择比例约为 20%，能够较好地达到多模式系统的服务目标。

（3）轨道线外环站的 P&R 系统，由于轨道交通的车内时间增加较少（22%），采取轨道交通和专线大巴的换乘方式均能达到 P&R 转换比例为 30%和 20%的目标。

从实例的分析可知，当 P&R 系统设置在松江郊区新城时，与轨道交通衔接的停车换乘效果很差，需要采取专线人巴换乘的方式；当 P&R 系统设置在轨道线外环站时，轨道交通与专线大巴换乘方式的衔接，均能达到 20%的江浙地区自驾车参观者停车换乘公共交通的目标，因此，在一定的政策水平和服务水平的情形下，引导浙江地区的自驾车参观者进行停车换乘，从而实现截流转换的策略是较为有效的。

9.6　模型的用途和局限性

9.6.1　模型的用途

1）停车换乘设施的需求预测支持

在模型标定的基础上，根据换乘公交方式、行程时间、驻留时间（步行及等候）、停车费率差等条件，预估 P&R 方式转换的比例，并进一步通过交通仿真等手段，进行有无停车换乘设施前后的路网流量变化分析，预估 P&R 设施的实施效果。

2）相关交通政策与服务模式决策支持

通过把握人们的选择行为与特征，了解人们对停车换乘模式的服务需求，根据模型推算在一定的 P&R 转换目标下，需要提供的服务水平、服务模式，以及相应的停车收费价格，为制定最有效的管理方案提供决策支持。

3）停车换乘设施的选址决策与评价支持

根据模型对备选的停车换乘选址集合的转换效果预测，得到出行者对于不同 P&R

停车场的选择结果，从而分析 P&R 设施和道路在选择行为下的服务水平，支持 P&R 的选址预测和评价。

9.6.2 模型的局限性

（1）模型的最后结果简化了个人属性特征（收入等）对选择行为的影响，同化了对象群体（有车者）的时间费用价值观，但实际上是有差异的；本研究对不同时间圈的人群分别建立了模型分析，试图说明不同城市的经济水平特征下的人群的停车换乘行为的差异，一定程度上弥补了这一不足；收入分级特征下的停车换乘选择行为有待进一步深入研究。

（2）本模型没有考虑交通信息条件对停车换乘选择行为的影响，认为出行者追求自身效用的最大化；但实际情况是，出行者有可能接收到一定的活动区域交通信息，在信息条件下的出行者选择行为还需进一步讨论。